L'ENFER PARISIEN

Paris. — Soc. d'imp. PAUL DUPONT (Cl.) 1131.1.88.

HUGUES LE ROUX

L'ENFER PARISIEN

PARIS

VICTOR-HAVARD, ÉDITEUR

168, Boulevard Saint-Germain, 168

1888

A

M̄ONSIEUR ADRIEN HÉBRARD

HOMMAGE

de mon respectueux dévouement.

HUGUES LE ROUX

L'ENFER PARISIEN

DANS LA FOURNAISE

I

BALS DE L'OPÉRA

Carnaval a fait ces jours-ci sa première entrée dans son palais de l'Opéra avec les honneurs qui lui sont dus. Des dragons lui ont présenté leurs sabres au bas des marches; derrière les grilles, le bataillon enrubanné des ouvreuses l'attendait rangé sur deux lignes, et, au moment où, l'escalier franchi en trois bonds, il s'est élancé dans la salle de bal avec un grand bruit de grelots, d'un seul mouvement, tous les musiciens de l'orchestre ont abaissé la crosse de leurs violons et raclé l'accord d'ouverture.

Je suis surpris que Plutarque, Franklin ou quelque autre de ces moralistes qui sont persuadés que les lectures de biographies des hommes excellents ont la vertu de rendre l'humanité plus sage, n'aient jamais songé à écrire la vie de Carnaval. C'est un personnage dont la gaieté est pour le moins d'un aussi bel exemple que la sérénité d'Épictète. Carnaval naît le jour des Rois, il sait qu'on l'enterrera le mercredi des Cendres, ou que si le siècle, qui a peu de foi, lui accorde un léger sursis, en tout cas il ne mangera point d'œufs de Pâques. Et pourtant, au lieu de verser sur son sort des larmes romantiques, il veut que cette vie si courte soit bonne; il se trémousse de telle façon qu'il ne reste pas un grelot grelottant à ses chausses le jour où on vient le prendre pour le mettre en bière. Plus cette gaieté est factice, plus elle est admirable. Croyez que le héros, ce n'est pas Rolla, qui fait tant de simagrées pour en finir et qui pousse l'égoïsme jusqu'à vouloir être pleuré : c'est Carnaval, qui, pour mourir, se peint sur ses lèvres pâles un large sourire de clown, rouge et fixe.

On conte qu'un Turc des temps passés, qui avait séjourné à Paris pendant les jours gras, raconta au sultan, à son retour à Constantinople, que les Français devenaient fous en certains jours et qu'ensuite un peu de cendre qu'on leur appliquait sur le front les faisait rentrer dans leur bon sens. Je ne sais quel rapport les Seizièmes Honneurs malgaches, qui, dit-on, assistaient incognito au dernier bal de l'Opéra, pourront bien adresser, à leur retour, à la reine des Hovas. Un aimable farceur qui a eu la bonne fortune de feuilleter, au lendemain de cette fête chorégraphique, le petit cahier de notes et impressions d'un de ces nobles insulaires, m'affirme y avoir lu ces deux réflexions, qui ne manquent pas de profondeur : « Nous avons eu hier la preuve que les Français reconnaissent implicitement la supériorité de la race noire sur la race blanche ; dans les cérémonies de gala, les personnages les plus distingués par leur habileté dans la danse ne se montrent en public qu'après s'être barbouillés de suie, ou au moins ils se cachent la moitié du visage avec un petit masque de velours noir, ce qui atténue un peu l'effet de leur désagréable blancheur. »

La nouvelle que ces grands dignitaires devaient honorer de leur présence le bal de l'Opéra a été cause d'une surprise bien explicable.

Comme à l'ordinaire, longtemps avant l'heure de l'ouverture des grilles, une foule de badauds stationnaient sur le refuge de la place, encadrés des gardiens de la paix réglementaires.

Tout à coup un mouvement se produit dans l'assistance et quelqu'un crie :

— Les Malgaches !

Six personnages absolument noirs, coiffés de

plumes, et portant des cerceaux dans le nez et dans les oreilles, viennent de déboucher sur la place. La foule curieuse se précipite à leur rencontre; elle les entoure, les acclame :

— Vivent les Seizièmes Honneurs !

En vain les gardiens de la paix, débordés et craignant que cet enthousiasme irrespectueux ne choque les hôtes de la France, s'efforcent de contenir l'enthousiasme populaire; on veut toucher du doigt les ambassadeurs malgaches, on les palpe sur toutes les coutures. Ils rient, bons enfants, et même l'un d'eux — probablement l'interprète — crie d'une belle voix de basse, avec le pur accent du faubourg :

— A la..... enlit !

Renseignements pris, les six Seizièmes Honneurs étaient des pirates malais, évadés du théâtre de la Porte-Saint-Martin, en grand costume, grâce à la complicité d'un machiniste.

Le deuxième épisode joyeux de ces heures d'attente a été, sur le coup d'onze heures moins le quart, l'arrêt d'un fiacre déposant au bas de l'escalier désert un monsieur en gilet blanc et deux dames déjà masquées. Évidemment ces braves provinciaux ignoraient que la saturnale ne commence qu'à minuit, et ils regardaient d'un air désolé le monument hermétiquement clos. Enfin, après un long conciliabule, le cavalier s'étant décidé à aborder un officier de paix et à lui demander, le chapeau à la main, « si le bal était déjà fini », cette question un peu naïve a provoqué un tel fou rire dans le groupe des titis, sur le refuge, que le trio confus a dû battre en retraite et chercher un abri au Café de la Paix.

Cet établissement flambait dans le brouillard, éblouissant de lumière, flanqué, au bas de l'escalier des salons, d'une marquise de velours comme on en dresse pour les noces. Malgré le froid très vif, les consommateurs regorgeaient jusque sur les trottoirs. Et, dans la foule des habits noirs, les garçons circulaient, les cheveux encore plus luisants, le linge encore plus blanc que de coutume, avec cet air d'entrain qu'on remarque sur leurs visages toutes les fois qu'il y a de la bisque et du champagne dans l'air.

Elle est pittoresque à voir, de cette terrasse de café, juste à belle distance, l'arrivée des masques et des travestis.

De l'ombre de la place où la foule grouille, ils surgissent tout d'un coup, au haut des marches, dans la grande flaque de clarté lunaire que les lampes électriques versent sur les dalles.

Déjà à moitié gris, cinglés par le froid qui leur pique la chair à travers les maillots, ils se querellent, se bousculent, s'injurient, gesticulent, falots et rapetissés par la distance à des tailles de marionnettes.

Puis, tout d'un coup, une grande clameur s'élève :

les grilles viennent de s'ouvrir, et, au galop, avec des tintements de grelots, dans une confusion de moutons rompant le parc, le troupeau se précipite dans l'escalier, gravit les degrés à la hâte, s'engouffre dans les couloirs, impatient de trouver les lumières, la musique et la chaleur de la salle de bal.

Les gens du monde arrivent bien plus tard, quand déjà tous les balcons du grand escalier sont chargés de curieux.

C'est le poste d'observation, l'endroit où il faut se tenir si l'on veut avoir chance de retrouver dans la foule les dominos attendus, qui montent, un par un, d'aucuns un peu troublés sous cette fusillade de regards.

.C'est vainement que vous espéreriez entendre le fameux « Monsieur en habit noir » qui traite « d'abonné de la *Revue des Deux-Mondes* » les gens dont le nez lui déplaît ; ce monsieur-là est mort, mort comme Gavarni, mort comme l'esprit rapin. Les clercs de notaire d'aujourd'hui ne vont pas chercher si loin leurs plaisanteries, mais, ayant dans la mémoire, toute fraîche, la pièce de M. Alexandre Dumas, ils se contentaient de crier, selon l'occasion :

— Ohé ! Riverolles !

— Ohé ! Rosalie !

— Ohé ! Francillon !

Et, en chœur :

— Paye-nous à souper.

Mais Francillon ne vient pas chercher aventure, elle a quelqu'un qui l'attend, elle sait où elle va ; et quand elle a rompu, à coups d'éventail, la ronde de farceurs dansant autour d'elle, elle court, toute tremblante, frapper à la porte d'une loge, qui s'ouvre vite.

— Enfin c'est donc vous, Francillon, je croyais que vous m'aviez manqué de parole !

C'est des loges que le spectacle est le plus surprenant. Des profondeurs du théâtre la musique arrive comme un vent d'orage qui prend les couples et les entraîne dans un tourbillon. Ils tournent, presque sur place, comme les deux valseurs de plomb — le bon nègre et la ballerine de la boutique à treize. Les oripeaux sont fanés, les velours blanchis, les galons rachetés aux chineurs. Mais, à cette distance, dans le coup-de lumière tombant d'aplomb et crue, cette foule bariolée, emportée dans le mouvement circulaire des valses, semble une immense toupie-caméléon de couleur incessamment changeante, qui tourne sur sa pointe et ronfle avec une vitesse frénétique.

De loin en loin, perdu, noyé dans cette marée de débardeurs, un couple étrange :

Elle masquée, le menton levé, la tête un peu renversée en arrière, les lèvres entre-closes, isolée, perdue dans son rêve, emportée bien loin du milieu où elle se trouve, sur l'aile de la musique, seulement consciente du mouvement qui la berce et de l'étreinte qui la porte; Lui, l'œil aux aguets, les coudes en défense, en garde des contacts fangeux, ne cédant qu'à contre-cœur à ce caprice de la femme aimée.

Et c'est ce couple-là qui tout bas fait envie aux « honnestes dames » que leurs maris moroses ont consenti à conduire au bal de l'Opéra, mais à l'expresse condition qu'on ne sortirait de la loge que pour faire un tour de foyer, rapidement, au bras du seigneur et maître. Et, pour être franc, cette maussaderie me paraît bien excusable, car il n'est pas sûr que les maris aient beaucoup à gagner à satisfaire eux-mêmes certaines curiosités de leurs femmes.

« Mon fils, dit le vieux marquis de Riverolles au mari de Francillon, la jeune fille que l'on vous a confiée et qui ne savait rien de la vie, vous la pouviez pétrir à votre guise. Il vous a convenu de lui raconter vos anciennes fredaines, de lui nommer vos anciennes maîtresses, dé la mener dans tous les cabarets et lieux de plaisir mal famés et malsains où elle pouvait se trouver en contact et en lutte avec des créatures dont elle ne devait même pas soupçonner l'existence. Mais alors ne vous étonnez pas que, le jour où elle apprend votre perfidie et où elle veut vous la faire payer, ce soit une idée de femme galante qui lui traverse l'esprit. »

Les maris prudents sont un peu de cet avis-là, et, pendant qu'ils font prendre l'air du foyer à leurs moitiés, ils s'efforcent, comiquement, de détourner leur attention des clercs de notaire pour leur faire admirer le plafond de Baudry.

Il y a toutefois pour un mari un accident plus fâcheux que de conduire lui-même sa femme au bal de l'Opéra :

C'est qu'elle y aille seule.

Seule, tout à fait seule ?

Celles qui sont simplement curieuses ont rarement tant d'audace. En revanche, on se permet volontiers cette petite débauche avec une bonne amie. A deux on se sent plus de courage pour affronter le péril inconnu. Et puis, il est constant qu'à l'inverse des hommes, qui ne se soucient pas d'avoir des témoins de leurs fautes, les femmes n'aiment point à pécher sans complice. Et je vois à cette disposition plusieurs raisons, dont celle-ci : étant faibles créatures, les femmes ne se sentent pas le cœur qu'il faut pour porter toutes seules le poids du péché, mais il leur plaît d'avoir quelqu'un près de soi, pour se décharger du fardeau sur d'autres épaules.

Au bal de l'Opéra, l'endroit périlleux pour les femmes, le cap des Tempêtes, c'est le corridor, corridor de l'amphithéâtre, corridor des loges. D'abord, la bousculade y est horrible, puis la demi-obscurité qui y règne autorise toutes sortes d'audaces. C'est là qu'on voit faire en règle le siège des dominos récalcitrants, là que l'on pille les corsages et les épaules, et que les belles masques fuient devant les cavaliers entreprenants, avec des cris aigus d'hirondelles qui couvrent le bruit des dialogues et le mugissement des deux orchestres.

Il y a longtemps qu'on a fait cette remarque que, chez les femmes, le geste de la pudeur effarouchée n'était point du tout le mouvement de Diane surprise au bain, mais la main mise sur les yeux, — erreur adorable des petits enfants qui se croient invisibles et cachés quand une fois ils ont la tête abritée ! Si le masque donne tant d'audace aux visiteuses des bals de l'Opéra, c'est que — s'il laisse leur vertu sans défense — il met leur pudeur à couvert ; et il y a de quoi être confondu par la hardiesse que ce fragile rempart de velours inspire à de jeunes femmes dont beaucoup ne sont qu'imprudentes et qui ne donneraient même pas, comme Francillon, leur bouquet de bal au cavalier qui porte sur elles des mains hardies.

Et vraiment, ce couple que vous rencontrez ici, dans toutes les portes, l'homme amoureux qui cherche à plaire, la femme avec son loup qui se défend à coups d'éventail, n'est-ce pas une très parfaite image de l'éternelle comédie des amours, où l'homme, trahi par son désir, se montre tel qu'il est, où la femme demeure l'éternellement masquée, — l'inconnue dont la forme enchante, dont on aperçoit la taille, le sourire, la couleur d'yeux, mais dont on n'arrive jamais à découvrir l'expression, l'âme ; — être embusqué tirant sur son adversaire découvert, dans la bataille inégale de l'amour ?

Dès qu'en pareil lieu on se met à rêver à la place de rire et de se plonger dans l'universelle folie, le plus sage est de déguerpir promptement. Car la tristesse du bal est là qui vous guette, la plus mélancolique de toutes les tristesses, celle qui sanglote dans le carnaval de Schumann, dans la fête chez Capulet de Berlioz, celle qui faisait dire à Palmerston que la vie serait supportable sans les plaisirs.

Après des heures d'étourdissement, les sens s'habituent à cette atmosphère de griserie, les oreilles entendent le cri de basse ivresse qui clame dans cette musique dansante, les yeux voient la laideur des oripeaux, l'odorat souffre des parfums mêlés à toutes ces odeurs humaines. C'est la minute où, selon le mot de l'honnête Barbier, le carnaval apparaît comme « de la misère avec un peu de lie ».

Et c'est le moment de partir.

Le froid de la nuit, toujours pleine de brouillard, nous guette à la porte.

En même temps que moi, quatre travestis débouchent sur les marches du péristyle : trois cavaliers, un seigneur François Ier, un pêcheur napolitain et un homme d'âge bedonnant costumé en Dante ; deux femmes en maillot rose, l'une enveloppée dans un vieil ulster, l'autre roulée dans un châle.

On est groupé en cercle, on examine le fond des bourses. François Ier et le pêcheur napolitain se disent des injures. Le Dante les réconcilie.

Puis toute la société hèle un fiacre — l'affreux maraudeur à galerie attelé d'un mecklembourgeois et d'un cheval breton.

On ne se querelle plus, on rit. François Ier, le pêcheur et les maillots roses s'installent dans la voiture. Le Dante monte sur le siège et emprunte du feu au cocher.

Puis, une voix joyeuse crie :

— Aux Halles !

Et le fiacre s'ébranle.

Je m'en retourne le long des boulevards déserts en songeant à une triste statistique que M. Levasseur a publiée : celle de la mortalité des nouveau-nés à Paris.

Après les belles moyennes d'août et de septembre, tout d'un coup, à des dates toujours les mêmes, la courbe s'élance, s'élève à de lamentables totaux de décès. Et, chaque année, ces affolements correspondent au neuvième mois révolu à dater du mardi gras et de la mi-carême.

Willette avait traduit cela, l'an dernier, dans une

saisissante allégorie dont le souvenir me hante encore.

Dans une chambre, sous les toits, — la mansarde de Jenny l'ouvrière, — il avait dessiné une jeune femme qui se tordait la ceinture enflée, nue, sur un petit lit de de fer. Sur le pavé, un enfant ironique surgissait de la coque d'un œuf de Pâques brisé, et, dans le cadre de la fenêtre, d'énormes cloches, des cloches de cathédrale, sonnaient à toute volée :

> Il reviendra à Pâques
> Ou à la Trinité

II

LES AVOCATS, LES FEMMES
ET LE SECRET DES LETTRES

Au commencement de l'année dernière, les casuistes mondains qui, de cinq à six heures, s'assemblent autour des chaises longues pour raisonner
de l'amour et des affaires de cœur furent mis en
révolution. Le bruit se répandit que les avocats
avaient discuté dans leur conférence cette question
délicate : « *Le mari peut-il se prévaloir de l'autorité maritale pour ouvrir les lettres particulières
adressées à sa femme ou envoyées par elle?* » Les
avocats reconnaissaient au mari le droit d'accomplir cette vilaine besogne.

Naturellement cette décision souleva des polémiques, de grands éclats d'indignation et de colère. Le péril était qu'un débat qui gît dans une
question de principe, s'égarât sur le terrain des
cas particuliers. J'eus donc la pensée de demander

l'avis de trois experts qui personnifieraient les trois morales régnantes : la morale catholique, la morale protestante et la morale mondaine. La question posée par les avocats méritait bien que l'on consultât cet imposant aréopage : elle était de celles qui, sans qu'il y paraisse, portent sur tout l'ensemble de la croyance.

Restait à choisir ces trois juges.

Je m'adressai à M. Alexandre Dumas, à M. de Pressensé et à un prêtre mondain d'une paroisse de Paris.

— Je n'hésite pas une seconde me répondit M. Alexandre Dumas. Les avocats, en disant oui, ont étés guidés par le simple bon sens. Quelle est la tradition la plus vieille de l'humanité? L'homme et la femme sont placés dans un paradis, ils y resteront tant que l'homme écoutera la parole de Dieu. La première chose qu'il fait cet homme, c'est de suivre les conseils de la femme. Il est chassé de sa demeure bienheureuse. Pour remettre tout en état, il faut que Dieu lui-même descende sur la terre. Et qu'est-ce que fait, la seule femme qui approche ce Dieu homme, la seule femme à qui un lien l'unisse, la Vierge? Elle tente l'homme une seconde fois, aux noces de Cana, elle lui demande de changer l'eau en vin.

« Femme, répond-il, il n'y a rien de commun entre vous et moi. »

La Vierge comprend, elle baisse la tête et murmure :

. « Faites tout ce qu'il vous dira. »

A ce moment-là, au nom de toutes les femmes, la Vierge accepte l'éternelle, l'absolue soumission.

La femme est et doit être toute sa vie la mineure de l'homme; elle est sa fille, la chair de sa chair; il est son maître : maître de son corps, maître de ses secrets, maître de sa pensée. La femme a assez de moyens à sa disposition pour cacher cette pensée-là, assez de ressources de tromperie dans son sac — et ces tromperies ont trop d'inconvénients — pour que tous les modes de surveillance soient bons. Un mari qui a des doutes sur sa femme et qui hésite à ouvrir, pour s'éclairer, les lettres qu'elle reçoit, est un imbécile.

— Il est difficile de donner une solution absolue à une question si délicate, m'a dit d'autre part M. de Pressensé; mais, à première vue, je suis pour que le mari respecte les secrets de sa femme. En jugeant comme ils ont fait, les avocats sont dans la tradition latine, la tradition romaine. Ils ne tiennent pas compte d'un mouvement d'opinion qui s'est produit en faveur de la femme, chez nous trop abaissée et foulée aux pieds. Je tiens pour ma part que la famille a besoin d'un chef et que ce chef doit être le mari; mais combien de tempéraments sont nécessaires dans la pratique! Dans ce cas particulier du secret de la correspondance, voudrez-vous empêcher une femme de demander un conseil à une amie qui lui est chère et en qui elle a confiance? Je me souviens pour ma part que, lorsque j'étais jeune homme, je m'ouvrais à ma mère de mes plus secrètes pensées. Je ne sais si j'aurais eu le même abandon avec mon père. Si la mesure que les avocats ont prise ne vise que la femme adultère, elle peut être défendue; mais n'y a-t-il dans le monde que des femmes adultères?

— Monsieur, m'écrivit le prêtre dont j'ai parlé, la doctrine de l'Église est absolue sur la question que vous me soumettez. Le mari est le maître dans la maison. Le confesseur, qui est non l'ennemi, comme quelques-uns le croient ou feignent de le croire, mais le soutien de l'autorité maritale, répondrait à la pénitente qui se plaindrait de la violence faite à ses lettres : « Mon enfant, votre mari a le droit de tout décacheter chez vous. » Et il ajouterait : « Si votre orgueil est mortifié de cette nécessité, efforcez-vous de vous faire aux yeux de Dieu un mérite de votre sacrifice. »

J'aurais cru manquer à toutes ces règles de la justice si, après cette enquête, je n'avais demandé aux femmes de me donner leur opinion sur la sentence des avocats et sur les commentaires des casuistes. Mme Adam et Mme de Peyrebrune voulurent bien prendre la parole, au nom de leur sexe outragé.

Voici leurs lettres :

LETTRE DE Mme ADAM

« Cher monsieur, vous me demandez mon avis sur la question que les avocats viennent de résoudre affirmativement en conférence.

« Si messieurs les avocats ont répondu oui, je suis convaincue que tous les hommes bien élevés répondront non. Le mari, chef suprême de la famille, a établi les rapports conjugaux à son entier bénéfice ; il s'est octroyé tout ce qu'il a pu prendre, et ses droits vont du commandement à l'assassinat.

« Les mœurs et l'intérêt moral du mari corrigent presque toujours la loi ; le plus souvent, la dignité de l'épouse est respectée : elle la conserve vis-à-vis de ses parents, de ses amis, de ses enfants, d'elle-même. La personnalité qu'elle conquiert, malgré la loi, dans le mariage, fait peser sur elle des responsabilités que l'on n'aurait aucun droit d'imposer à une créature aveuglément soumise. La femme a donc la liberté de penser et de communiquer avec sa mère, sa sœur, ses filles, ses amies ; elle a la liberté d'écrire et de recevoir des lettres qu'elle ouvrira seule et qu'elle reste maîtresse de faire lire à son mari. Sans cette liberté, elle serait réduite à se servir pour des secrets honnêtes de la poste restante, et de la complaisance soupçonneuse et dégradante des porteurs et des domestiques.

« Messieurs les avocats répondront que la loi est faite pour les secrets malhonnêtes. S'il s'agit de la fidélité de l'épouse sauvegardée par les tracasseries d'un mari, je trouve que les seules garanties vraiment certaines sont tout simplement le sérail et l'eunuque.

« Chez nous, la femme traitée en inférieure avait jusqu'ici un recours dans cette éducation surveillée par elle, dont l'une des formes est ce qu'on appelle la galanterie française; si on lui enlève ce recours, si son mari peut, de par la loi, surprendre les réserves de sa pensée, — eh bien, messieurs les avocats auront donné le droit d'offense grossière à leurs clients, et tout mari sera libre d'ajouter à la qualité de maître celle de goujat.

« JULIETTE ADAM. »

LETTRE DE Mme DE PEYREBRUNE

« Monsieur et cher confrère, la conférence des avocats n'a été que logique en reconnaissant au mari le droit d'ouvrir les lettres adressées à sa femme. C'est une conséquence des lois qui restreignent la liberté morale de la femme dans le mariage. C'est un moyen de plus pour essayer de la maintenir dans l'obéissance qui lui est commandée par nos lois. Dénier ce droit au mari serait le priver de l'une de ses prérogatives de tuteur légal. La conférence des avocats a sagement jugé!

« Et puis ?... Vous qualifiez, monsieur, cette mesure d'iniquité. C'est alors que la loi oppressive dont elle découle vous révolte, et je vous en félicite. Mais rassurez-vous cependant. Ce n'est pas la reconnaissance même légale de ce droit inquisitorial qui gênera beaucoup les femmes pour recevoir et envoyer une correspondance devant être soustraite à l'indiscrétion maritale. Chacun sait que ces missives spéciales ne circulent pas seulement par la grande poste. Laissez donc messieurs les maris se réjouir et triompher, s'ils sont assez maladroits et mal élevés pour décacheter les lettres qui ne leur sont pas adressées. Ce n'est pas encore cela qui les empêchera d'être... ce qu'ils méritent, ne fût-ce que par juste représailles, comme dit Francillon.

« GEORGES DE PEYREBRUNE. »

Le débat était ouvert.

J'annonçai que j'attendais les objections des hommes et les protestations des dames qui trouvaient qu'on les voulait ramener au temps où Beaumanoir déclarait sans ambages que le mari est « baron de sa femme. »

★

Tout de suite, des quatre coins de Paris, de
toutes les provinces et même de l'étranger, des
lettres m'arrivèrent, anonymes ou signées d'ini-
tiales, avec ces noires estampilles qu'on déchiffre
curieusement, quand les écritures intriguent, quand,
avant de faire sauter le cachet, on se donne une
minute pour deviner quelle surprise nous ménage
un inconnu.

Si je reproduisais ici tous les billets qui méritent
d'être cités, ce volume n'y suffirait pas. Ce qui me
console d'être obligé de faire un choix, c'est que,
sur la question proposée, les opinions ne peuvent,
en somme, varier à l'infini. Il y a une ou deux
solutions typiques auxquelles tous les avis se ra-
mènent.

Ils n'ont guère été ménagés, ces pauvres avocats, tant dans les lettres féminines que j'ai lues,
que dans les articles de quelques-uns de mes confrères. Il me semble donc que ce serait manquer à
toutes les règles de la courtoisie que de ne pas
leur donner tout d'abord l'occasion de se justifier.
Aussi bien, le grand coupable, l'homme qui a levé
le lièvre, M. Ambroise Colin, avocat à la cour de
Paris et secrétaire de la conférence, m'a-t-il fait le
plaisir de m'écrire pour expliquer ses véritables
intentions et celles de ses confrères.

LETTRE DE M. AMBROISE COLIN

« C'est moi, monsieur, qui ai posé devant la conférence des avocats la question qui vous occupe. J'en ai été le rapporteur ; enfin, en qualité de secrétaire de la conférence, j'ai dû résumer les débats et conclure en proposant une solution. Peut-être trouverez-vous intéressant de connaître les raisons générales qui ont déterminé le vote presque unanime dont vous faites la critique.

« Il y a un point sur lequel on peut se mettre d'accord. Le mari qui ouvre arbitrairement la correspondance de sa femme est souvent un goujat, c'est toujours un imprudent.

> C'est nous inspirer presque un désir de pécher
> Que montrer tant de soins de nous en empêcher,

dit la Lisette de l'*École des Femmes*.

« Mais là n'est pas la question. La conférence des avocats n'avait à se préoccuper que de la loi.

« Dans la législation actuelle, le mari a-t-il un droit de surveillance sur les lettres particulières adressées ou reçues par sa femme ?

« Eh bien, la lettre et l'esprit de la loi répondent : Oui.

« La lettre, c'est l'article 213 du Code civil, qui s'exprime ainsi : « Le mari doit protection à la femme, la femme obéissance à son mari. »

« L'esprit, c'est la définition singulièrement élevée que donnait du mariage le premier consul : « Le mariage est l'union des âmes. » Les intérêts et les devoirs moraux des époux forment un patrimoine commun dont le mari est l'administrateur responsable. S'il abusait de sa mission, si, dans notre espèce, il se rendait, sans motifs, coupable d'une ingérence arbitraire, curieuse, tyrannique, dans la correspondance de sa femme, celle-ci devrait chercher un recours non dans une action reposant sur un droit personnel et distinct, mais dans l'action en séparation de corps ou en divorce, fondée sur l'injure grave dant elle se prétendrait victime. C'est la seule sanction que la loi organise en cette matière.

« Vous voyez que le droit du mari n'est pas sans comporter de graves périls. En tout cas, il est indiscutable dans notre législation. Je n'ai pas cru manquer de galanterie en proposant, à la conférence des avocats, de le consacrer par son vote.

« Hors du terrain juridique, nous nous serions tous associés à l'éloquente protestation de Mme Juliette Lambert. Une lettre doit être sacrée pour un galant homme. Elle doit l'être doublement quand elle appartient à une femme.

Ambroise COLIN,
Secrétaire de la conférence des avocats.

D'autre part, maître Allou, interrogé à son tour, s'est exprimé en ces termes :

LETTRE DE Me ALLOU

« Vous me demandez une consultation sur la question à la mode : le mari a-t-il le droit de décacheter les lettres adressées à sa femme ou écrites par elle ?

« La réponse me semble facile.

« Dans le cours ordinaire de la vie, les lettres destinées à la femme lui sont remises directement ; elle les ouvre. Si le ménage est un peu solennel et guindé, la femme rend tout simplement compte à son mari de ce qu'elles contiennent. Si les relations sont délicates et affecteuses, la femme passe les lettres tout ouvertes, à celui pour lequel elle n'a pas de secrets. Quant aux lettres expédiées par la femme, les choses se passent absolument de même.

« Mais aux heures de crise, lorsque naissent les noirs soupçons, même les simples inquiétudes, le mari peut-il s'emparer des lettres de sa femme ? La question est singulière à poser en théorie. C'est le fait brutal qui la tranchera toujours : les tiroirs seront forcés, le buvard sera fouillé, les serrures voleront en l'air, la femme de chambre sera contrainte de livrer la lettre qu'elle emporte. Il n'y a pas de règle qui tienne ! Mais enfin le mari, puisqu'on veut raisonner, a-t-il le droit de se comporter ainsi ?

« Infailliblement oui.

« La puissance maritale, qui est le fondement nécessaire de l'association conjugale, est bien là dans sa sphère. Elle comporte le contrôle de la conduite de la femme, et l'examen de la correspondance est une des formes naturelles, légitimes, de ce contrôle. Si l'acte violent du mari est justifié par la lecture d'une lettre saisie, de quoi se plaindrait la femme ? S'il ne l'est pas, de quoi se plaindrait-elle encore, en présence du mari confus et d'un entraînement qui n'est qu'une des formes de la tendresse et de la jalousie ?

« La question s'est plus d'une fois posée juridiquement dans les procès de séparation de corps. La femme a voulu souvent arguer du droit du destinataire d'une lettre à en rester seul propriétaire, en s'opposant à ce que lecture fût donnée en justice, de lettres par elle reçues ou par elle écrites ; les tribunaux ont toujours reconnu et affirmé, à titre d'exception des règles générales de la propriété en matière de correspondance, que le droit du mari était complet et qu'il n'y pouvait pas être apporté d'obstacle.

« Voilà, il me semble, à quels termes peut se ramener ce grave problème, où l'on risque bien de rencontrer à peu près unanimement, les femmes d'un côté et les maris de l'autre ; mais je crois que c'est du côté du mari que sont la vérité et le droit ; avec les tempéraments, bien entendu, du tact, de la mesure, du bon goût — s'il y a encore un peu de place pour tout cela dans la vie conjugale d'aujourd'hui. »

E. ALLOU.

Ces explications très nettes éclaircissent singulièrement la question. D'ailleurs, ils avaient pu s'en rendre compte eux-mêmes en lisant la lettre de Mme de Peyrebrune, MM. les avocats n'étaient point mis en cause. Ce ne sont point eux qui font la loi. Et l'on ne saurait nier que, au point de vue du droit, leur décision ne soit rigoureusement déduite de la lettre du texte et inspirée de son esprit. MM. les avocats ne pouvaient voter autrement qu'ils n'ont fait. Maintenant, que cette loi soit un peu caduque, qu'elle choque aujourd'hui bien des délicatesses, c'est une autre affaire, — mais, je le dis tout bas, si j'en juge par la foule des lettres que j'ai lues et qui commencent par ces mots : « Voici, monsieur, mon humble avis de femme heureuse, aimée et soumise... » ce n'est pas demain que cette loi sera réformée. Beaucoup de mes correspondantes, et ce ne sont pas les moins intelligentes, m'ont rappelé par leur goût de l'obéissance, Kallyopitch, le vieux serviteur russe que Tourgueneff a peint dans *Terres vierges*, qui, quand on lui demande s'il n'a pas entendu parler de l'affranchissement des serfs, répond inva-

riablement « qu'il se dit bien des bêtises de par le
monde, que c'est chez les Turcs qu'il y a la
liberté et que, quant à lui, grâce à Dieu, ça l'a
épargné jusqu'à présent. »

★

S'il est acquis que le mari a l'autorisation légale
d'ouvrir les lettres de sa femme, il n'est point
prouvé pour cela qu'en bonne morale, dans l'habi-
tude de la vie de ménage, il puisse user sans abus
de pouvoir, sans tyrannie, sans défiance, de ce
droit injurieux. Or, pour nous autres, tout le débat
gît là.

Je ne voudrais pas reprendre les choses d'aussi
haut que M. Dumas, qui — pour le dire en passant — n'est guère ménagé dans les lettres que
j'ai reçues. Mes correspondantes lui reprochent
son mépris non déguisé de la femme, et l'une
d'elles fait remarquer spirituellement que, si l'on
remonte jusqu'à la naissance du monde, comme
M. Dumas, on voit que Dieu ayant commencé par
créer les animaux inférieurs, s'est élevé des pois-
sons aux oiseaux, des oiseaux aux singes, du
singe à l'homme et de l'homme à la femme, avec
la pensée de rapprocher sans cesse son œuvre de
la perfection ; d'où les femmes auraient le droit de
conclure à leur supériorité évidente sur nous autres.

Pour les hommes, ils accusent M. Dumas de manquer de suite dans les idées :

« Je m'étonne, dit l'un d'entre eux, qu'après avoir si éloquemment défendu l'égalité des sexes au point de vue des devoirs conjugaux, l'auteur de *Francillon* semble aujourd'hui faire de l'homme un maître et de la femme une esclave. Mais nous serions naïfs de chercher la logique dans les doctrines du saint Jérôme Paturot de l'avenue de Villiers, qui mélange, avec une si amusante fantaisie, dans ses pièces, ses livres et ses préfaces, le cynisme du bohême, le mysticisme biblique du Père de l'Église, les chimères généreuses du socialiste et la prud'homie conservatrice du garde national. »

Si je cite cette boutade, c'est que je l'ai retrouvée dans dix lettres à l'état d'ébauche et que je suis sûr qu'elle ravira ce batailleur qu'est M. Alexandre Dumas.

Donc, sans remonter comme lui jusqu'au paradis terrestre, je reprends le mariage au jour de sa célébration, à cette minute où, d'un murmure de lèvres et par le symbole de l'anneau mis au doigt, la jeune fille a accepté de devenir la femme d'un homme qu'elle connaît, qu'elle estime et qu'elle aime.

Nous savons tous que ces trois conditions, qui seules font la valeur morale de l'engagement pris, sont difficiles à remplir ; que, le plus souvent, ce sont des indifférents qui placent leurs mains l'une dans l'autre, parfois des ennemis. Mais, si nombreux que soient ces tristes époux, ils doivent compter comme l'exception ; ce n'est pas à eux que l'on doit penser quand on cherche à limiter quelle part la tendresse du mari, tempérée par l'usage de l'autorité nécessaire, doit laisser dans le ménage à l'indépendance de la femme.

Je songe donc à ce jeune couple idéal auquel Michelet s'est adressé dans les livres de la *Femme* et de l'*Amour*. Je prends ces deux êtres à l'heure où ils sont pour la première fois réunis, débarrassés, après les longues réserves des fiançailles et les pompes de la fête, de tous témoins, des glaciales réserves, — « enfin seuls ! » comme dit la légende d'une honnête lithographie que vous avez vue dans toutes les corbeilles de noce, et que, selon leur instinct artistique, les nouveaux mariés fourrent au grenier ou accrochent dans la chambre nuptiale.

Il y a, à cette minute-là, chez la femme qui sent brusquement briser tous les liens qui l'attachaient à son ancienne vie, une minute de vertige, un besoin peureux de se jeter, les yeux clos, sur la poitrine de son mari pour lui demander d'exercer au nom de l'amour cette protection que lui attribue la loi.

Croyez qu'à cette minute où la tremblante épouse dit :

— Je suis et je serai toujours toute à toi, je

2.

n'aurai pour toi ni défiance ni secret ; il n'y aura jamais rien en moi de caché pour toi...

Si l'époux demandait pour mettre cette tendresse à l'épreuve :

— Quoi ! même le secret de tes lettres, tu me le livrerais ?

La jeune femme amoureuse lèverait les épaules en souriant et répondrait :

— Eh ! sans doute, cela comme le reste.

C'est qu'à cette minute elle n'a pas d'arrière-pensée ; son ancienne vie est finie ; elle a quitté la rive où elle habitait pour venir aborder à une rive nouvelle. Elle aperçoit devant elle des perspectives enchantées, sans ombres, des routes toutes droites, en apparence trop unies pour qu'elle craigne d'y faire un faux pas.

Pourtant le mari aura raison de ne jamais user de cette liberté une fois donnée et d'attendre que sa jeune femme, elle-même, lui montre ses lettres. Elle les lui apportera toutes avec confiance, et il aura raison d'y jeter les yeux. Presque toujours il se heurtera à des influences liguées contre sa volonté et qu'il faudra combattre. Et ce n'est pas seulement la mère qui peut-être est dangereuse à cette heure difficile, c'est l'amie, l'ancienne amie d'enfance qu'il a vue, lui, le mari, quelquefois, pendant les fiançailles, et dont il s'est défié d'instinct.

Cela est logique. Il lui est pénible qu'une personne de par le monde connaisse mieux sa femme qu'il ne fait lui-même, et se vante de savoir des secrets, les secrets du passé, que, lui, il ignore. D'ailleurs, la nature même de l'amie est d'ordinaire antipathique au mari. En amitié on est attiré surtout par des qualités et des défauts opposés : nous allons à ceux qui sont comme un contrepoids de nous-mêmes. En amour on recherche son pareil, sa moitié harmonieuse ; aussi un jeune mari, vraiment épris des charmes et des travers de sa femme, est sûr qu'il se heurtera aux angles du caractère de celle que sa femme, jeune fille, appelait « ma bonne amie ». Ce sentiment n'est pas particulier aux hommes. Nous avons tous éprouvé la froideur avec laquelle les jeunes femmes reçoivent les anciens camarades de leur mari. Les Italiens ont pour exprimer ces nuances un proverbe significatif : *Uomo casato, amico perduto*, homme marié, ami perdu.

Cette tendre surveillance qu'un mari intelligent doit exercer sur les relations de sa femme au début du mariage prend fin d'elle-même quand la victoire est définitivement gagnée. Un homme sincèrement amoureux et un peu délicat peut la continuer aussi longtemps que cela est nécessaire, sans froisser la dignité de l'épouse.

Il viendra pourtant une minute où le mari devra faire preuve de diplomatie et de fermeté.

Infailliblement sa femme lui dira un jour :

— Tu ouvres toutes mes lettres et je le désire.

Mais j'imagine que je puis en user de même avec toi ?

Cette préoccupation du droit de représailles apparaît dans presque toutes les lettres féminines qu'on m'a écrites, et je crains bien de m'attirer de vifs reproches en disant, comme je le pense, que là, pas plus qu'ailleurs, il n'y a égalité dans les droits des sexes.

Le jour donc où la jeune femme demandera à son mari la permission de décacheter sa correspondance, il me semble qu'il devra lui répondre :

— Non, mon amie, cela ne se doit point. Nous ne jouons pas, vous et moi, le même personnage dans le monde, et cela par l'ordre de la nature, qui a voulu que le mâle allât chercher la pâture, pendant que la petite femelle couvait sur le nid. Le jour où nous nous sommes mariés, on a dit que vous étiez « sans profession »; pour moi, on a fait suivre mon nom d'un titre qui désignait mon état. J'ai donc une vie extérieure à laquelle vous ne devez point être mêlée, car les intérêts qui me sont confiés ne sont pas mes intérêts, les secrets qu'on m'apporte ne m'appartiennent pas. Enfin, parmi ceux qui sont à moi-même, à moi tout seul, il y en a que je ne puis vous laisser pénétrer par surprise. Et cela dans l'intérêt de votre repos, pour vous épargner mes inquiétudes aux heures où vous êtes trop impressionnable pour juger tranquillement les choses et prendre, sans souffrance inutile, votre parti des revers. Quand vous serez une femme d'âge, d'expérience, une matrone, dont les conseils pourront être utiles à vos amis, à vos enfants, alors vous aurez à votre tour une vie extérieure et quelques secrets que vous ne me direz pas. Je n'en serai pas froissé. Pour le moment, innocente et pure comme vous êtes, laissez-moi lire jusqu'au fond de votre pensée sans exiger que je vous ouvre toute la mienne. Vous n'avez point comme moi des fautes dans votre passé, des inquiétudes inévitables dans le présent. C'est un fardeau qui serait trop lourd pour vos épaules. Je veux le porter seul.

Il me semble que voilà la règle que suivent d'instinct les époux qui s'aiment. La femme d'un avocat, d'un homme politique, même d'un négociant, ne doit point chercher à entrer dans tous les secrets de son mari. Elle peut le mettre de moitié dans toutes ses confidences. Du moins tant que durent l'estime et la tendresse. Seul le mari qui a su se rendre digne de cette affection a le droit d'être initié à toutes les pensées de sa femme; celui qui, à la minute où la défiance se dresse entre les époux, ouvre, dans une curiosité de suspicion, des lettres qui ne lui sont point adressées, est un goujat, comme disait Mme Adam, et qui pis est, un maladroit.

Tout ce qu'on voudra. Ce ne sont point des considérations de galanterie qui l'arrêteront. Quand

le foyer est culbuté, le passé profané, quand un
mari qui veut se débarrasser de sa femme est prêt
pour cela à étaler sous les yeux des magistrats la
literie adultère, on comprend qu'il ne recule pas,
pour trouver des preuves, devant le viol d'une
lettre et qu'il use largement des droits que les avocats viennent de lui reconnaître. Toutefois, il est
à craindre que ces messieurs de la conférence
aient desservi les maris en quête de motifs de divorce, quand ils leur ont donné l'autorisation de
faire sauter tous les cachets; les femmes, averties,
n'écriront plus à leurs galants, et les maris ne dé-
cachetteront que des notes de dentelles.

M. Joseph Reinach, qui est de cet avis, m'a envoyé un joli sonnet-apologue que je cite comme
« moralité » de ces débats :

LE MARI, LA FEMME ET LA LETTRE

Une femme avait un amant;
La chose est assez ordinaire.
Le mari — naturellement —
Est jaloux de son caractère.

Il ricane, et d'un air charmant :
— « Vous avez lu, dit-il, ma chère,
Qu'un mari peut impunément.....
— Être brutal et nous déplaire,

Non, monsieur, ce n'est point écrit.
— Paix ! fait le mari qui bougonne,
C'est de vos poulets qu'il s'agit

Et que je puis — la cour l'ordonne —
Tous décacheter..... » Il sortit.
— « Halô ! » fit-elle au téléphone.

III

LA MODE

Dernièrement, dans le salon de conversation d'un grand hôtel parisien, j'attendais un ami qui tardait à paraître, et j'avais déjà parcouru tous les journaux qui traînaient sur la table et sur les guéridons, quand mon attention fut attirée par un bout de dialogue entendu, derrière mon dos, dans l'embrasure d'une fenêtre.

Je me retournai.

Une jeune personne fort élégante causait avec un homme qui avait un accent allemand très prononcé.

— Et fous tites, répétait ce Tudesque en caressant ses favoris, que ce chabeau Poulanger sera le succès te l'hifer?

— Oui pour l'exportation.

— Pour les bays tu Miti?

— Et l'Amérique du Sud.

— A guoi ressemple-d-il pien au chuste?

— Voilà: c'est un véritable chapeau de général, en feutre noir, avec des plumes sur le côté. On a vu le premier à l'Hippique, sur la tête d'une femme de théâtre qui voulait se faire remarquer du général Boulanger. On l'a beaucoup remarqué; pourtant je ne crois pas qu'il prenne à Paris. Ce n'est point qu'il ne soit seyant, mais il sent trop le déguisement. Par exemple, il aura certainement du succès à l'étranger, à cause du nom du général, et aussi à cause de son originalité un peu tapageuse.

— Fous en afez abborté un motèle?

— Oui, j'en ai un type, en bas, dans ma voiture.

— Vaites-le monter tans ma champre.

La jeune personne sortit suivie du commissionnaire, et, comme mon ami ne rentrait toujours pas de ses courses, l'idée me vint d'aller pour tuer le temps faire visite à une grande modiste de la rue de la Paix.

— Je l'interrogerai, me dis-je, sur les secrets charmants de son art, sur le petit monde si pittoresque qu'elle emploie, sur la façon dont se crée un chapeau « parisien », dont se lancent une forme et une couleur. Tous les artistes qui concourent à embellir les femmes, et les modistes sont au premier rang de cette phalange d'élite, méritent que ceux qui aiment les femmes prêtent à leurs travaux l'attention dont ils sont dignes.

J'avais lu, l'hiver dernier, dans je ne sais plus quel « Carnet mondain » que le succès des modes avait été pour un chapeau dit *Jane Hading*, signé d'une artiste véritable dont le nom, presque aussi célèbre que celui de M. Pasteur, est connu dans les quatre parties du monde. Comme on m'avait dit que cette grande faiseuse était doublée d'une femme d'esprit qui connaît fort bien les goûts et le cœur de la Parisienne — et comment ne deviendrait-on point quelque peu philosophe devant le spectacle quotidien de tant de passions montrées à nu? — j'ai été lui demander, en lui promettant de ne pas ébruiter toutes ses confidences, qu'elle trahît en ma faveur quelques-uns de ses secrets professionnels.

On connaît le décor d'un grand magasin de modes. Point de lettres d'or au balcon, point de réclames tapageuses, point d'inscription sur les murailles ; il n'est pas nécessaire d'indiquer aux profanes le chemin du temple, et les initiées en connaissent la route.

La modiste célèbre loge d'ordinaire à l'entresol, dans un grand appartement qui n'a aucune des allures d'un magasin et dont les architectes ont aménagé les salons en vue d'éclatantes réceptions.

L'antichambre, où sont installés les caissiers, est encombrée de cartons qui montent jusqu'au plafond en colonnes. C'est le blanc péristyle du temple. Par toutes les portes ouvertes, on aperçoit les salons. Des femmes en toilette sont assises devant les grandes glaces et contemplent leurs images réfléchies. Elles sont sérieuses et muettes; elles se mirent, elles attendent l'inspiration. Les essayeuses tournent autour d'elles, patientes, insinuantes, habiles à deviner les goûts, à diriger les choix, et sur le parquet, brillant comme les miroirs, elles glissent légères entre les *pieds* de bois tourné sur qui, comme des oiseaux sur des perchoirs, sont posés les élégants chapeaux.

La fameuse insensibilité des bonzes en extase n'est rien auprès de l'indifférence qu'une Parisienne qui essaye un chapeau devant la glace témoigne pour tout ce qui l'entoure, et je gagerais bien que pas une des clientes de la maison ne s'est aperçue l'autre jour du long aparté que nous avons eu, la grande modiste et moi, dans un petit coin du salon.

J'avais demandé, pour éclaircir mes ignorances, qu'on me contât la genèse complète d'un chapeau à la mode.

— Voulez-vous, m'a-t-on répondu, entendre l'histoire de l'*Hading* ? Aussi bien, elle est typique.

Et voici ce qu'on m'apprit:

Quand les répétitions de *la Comtesse Sarah*

furent une fois commencées, Mme Hading vint rue
de la Paix pour demander un chapeau.

— Contez-moi donc la pièce, répondit la modiste.

Et du récit qu'on lui fit elle conclut qu'il s'agissait de coiffer une petite femme nerveuse, élégante,
surtout excentrique. L'*excentricité* devait être le
caractère dominant du chapeau de la comtesse
Sarah. Mais il fallait de plus entrer dans le goût
individuel, dans le caprice de Mme Hading. Cette
délicieuse et artificielle créature sait bien qu'un
des principaux ornements de son visage c'est sa
chevelure rebelle, souple, mousseuse, que l'on sent
toujours prête à échapper aux dents du peigne
pour se dérouler sur les épaules. Mme Hading voulait que son chapeau laissât voir ses cheveux par
derrière et par devant.

Ayant donc exprimé son désir, elle vint s'asseoir
devant la grande glace, et la modiste posa sur ses
fameux cheveux d'or la maquette du chapeau
rêvé. Ce n'était, à ce momment-là, qu'une forme
incolore, moitié sparterie, moitié linon, traversée
de souples fils de fer. Et patiemment, habilement,
d'une main légère, avec des reprises, des retouches
minutieuses, des reculs, des clignements d'yeux
pour juger de l'effet, Mme X... modela ce chapeau
excentrique à l'air de la petite figure minaudeuse.
Toutefois — ceci va ravir M. Francisque Sarcey —
l'artiste, qui sait son métier, appuyait un peu sur

tous ses effets, accommodant sa forme à l'optique
du théâtre, lequel, pour les chapeaux — aussi bien
que pour la psychologie — exige décidément une
mise au point particulière.

En deux séances, la forme était dessinée. On la
confia au couseur de pailles, qui renvoya le chapeau après l'avoir moulé tout humide sur la sparterie et vivement séché au fer.

Alors la modiste s'informa des couleurs de la
toilette, et, pour orner le chapeau, chercha des har-
monies de ton congruantes à la robe. Il n'y a que
l'embarras du choix, et vous savez que la palette
de la modiste est éblouissante : plumes, oiseaux,
insectes, fourrures, fleurs, fruits, rubans, velours,
dentelles, perles, acier, jais, — la faune, la flore
entières concourent à mettre dans tout leur éclat,
ces œuvres délicates de sculpture polychrome.

— Voilà, me dit Mme X..., l'histoire commune
des chapeaux de théâtre. Les dames voient notre
œuvre à la première représentation de la pièce. Si
le modèle a du succès, tout le monde nous le demande. Mais il y a aussi des chapeaux qui sont
lancés par des femmes du monde. On les remarque
sur leur tête dans une cérémonie officielle ou religieuse, au concours hippique, au Bois. Et tout de
suite nos clientes en réclament de pareils. On nous
dit : « Faites moi donc un *Pourtalès* ». Et il y a des
mondaines qui sont très fières de savoir qu'un

chapeau qui fait le tour du monde a été baptisé de leur nom.

Ce chapeau, élaboré avec tant de soin et bien accueilli par le public, devient tout de suite un chapeau type. On l'essaye sur toutes les têtes des demoiselles de la maison, pour voir quelles légères modifications il convient de lui faire subir afin de l'accommoder à l'air de tous les visages. Il faut au minois de l'une plus de hauteur, à une autre plus de largeur de bords, à une troisième plus d'évasé.

Et c'est ainsi qu'on arrive à donner à l'étalon primitif une descendance nombreuse comme le sable de la grève, comme les étoiles de la nuit. On a vendu en un hiver tout près de trois mille *Hading*, et vous jugez quelle a dû être la foule des contrefaçons et des copies habiles.

Les grandes modistes savent que chaque année leur apportera ainsi un succès inattendu. On est sûr qu'il viendra, pourtant on ne se laisse jamais prendre au dépourvu.

Deux fois par an, en février pour le printemps, en septembre pour l'hiver, chaque maison établit ses modèles particuliers de chapeaux de visite, de voiture, de théâtre et de chapeaux dits « pour toujours aller ». Alors le petit bataillon des garnisseuses s'éparpille, s'envole à travers Paris. Les jeunes filles courent les boutiques des marchands de gravures, observent les chapeaux qu'elles voient dans les rues, dans les cérémonies. C'est ainsi qu'elles ont rapporté de leurs excursions trois types de chapeaux que l'on lancera cet hiver : le fameux *Général Boulanger*, dont je parlais tout à l'heure, le *Chapeau-Toit* et la *Ténébreuse*.

Voici comment ces modèles ont été établis :

Au retour de leurs promenades, les garnisseuses s'emparent de vieilles formes en sparterie et des bouts de ruban qui traînent sur les tables de l'atelier. Elles cherchent, tâtonnent, et, quand une fois elles croient tenir leur idée, elles se risquent à exécuter le chapeau. Tous ces modèles, au nombre d'une centaine, sont présentés, au concours, à la modiste, qui choisit dans la foule une quinzaine de types.

On ne sait jamais au juste quelle sera la couleur à la mode.

— Je n'ai jamais pu, m'a dit Mme X..., ni prévenir là-dessus le goût de mes clientes, ni, une fois que la vogue était établie, remonter à sa source. Du moins, quand il est bien entendu que le lilas, ou le jaune, ou le vert d'eau font fureur, nous hâtons-nous de traiter avec nos marchands de rubans et de velours, qui s'engagent à ne point livrer ces articles à nos concurrents.

Toutes ces habitudes varient d'ailleurs infiniment, selon le genre des affaires de la modiste et les mœurs de sa clientèle. Bien entendu, les maisons qui travaillent pour l'exportation n'usent point de tous ces raffinements. Mais la clientèle parisienne a des exigences inépuisables.

C'est avec la clientèle d'artistes que la modiste a le plus de satisfaction. Non seulement les actrices d'aujourd'hui sont exactes dans leurs payements, mais, ce qui est d'un prix inestimable, elles apportent à la modiste le savoir consommé de ce qui leur sied et de ce qui ne leur va point, des idées originales et toujours beaucoup d'audace.

Puis viennent les femmes du monde, — mauvaises payeuses, celles-là. Elles sont très préoccupées de copier les modes des personnes de théâtre et des demi-mondaines. De leur côté, les cocottes ont fait l'autre moitié du chemin ; elles ont mis des bornes à leurs excentricités, et il est devenu impossible, pour l'œil le plus exercé, de deviner à la seule vue si un chapeau de femme est condamné à sauter, un jour ou l'autre, par-dessus les moulins.

Moins audacieuses, très dociles, un peu tremblantes sont les bourgeoises qui, deux fois l'an, viennent se faire coiffer dans une grande maison. Elles n'osent guère s'adresser à la modiste elle-même. Elles ont leur vendeuse attitrée, qui les prend un peu en pitié, les protège et leur impose d'autorité un chapeau qui leur va pour les sauver des plaisanteries des petites camarades.

Mais ce qui fait la joie sournoise des demoiselles, c'est la visite de la bonne dame provinciale qui vient, une fois dans sa vie, acheter chez la grande modiste un chapeau lequel fera pâlir de jalousie toutes les habituées du salon de la sous-préfète. Presque aussi ridicule que cette bonne personne est la fiancée du Marais qui vient acheter, flanquée de sa mère et de son futur mari, le chapeau des visites de noce. Le jeune homme trouve que tout va bien, oh! délicieusement. Il n'ose préférer ceci à cela : tout est parfait. La belle-mère hausse les épaules, rien ne lui paraît assez beau; elle rêve le prodigieux, elle veut un miracle pour son argent. Dame! quand on met cent cinquante francs à un chapeau, vous avouerez que c'est pour paraître dessous à son avantage?

Cent cinquante francs est le prix moyen du chapeau dans une grande maison; la balance oscille entre cent et deux cents francs. Il y a cependant des fantaisies qui mènent bien au delà. C'est ainsi que j'ai vu la facture d'un chapeau de dentelles que l'on a payé six cents francs.

Sans atteindre ces gros chiffres, il y a un certain nombre de clientes qui ne dépensent pas moins d'une douzaine de mille francs tous les ans chez la modiste. Ces folies se satisfont presque toujours en dehors des maris — ou de ceux qui payent.

— Que de fois, m'a dit Mme X..., m'a-t-on prié d'envoyer mes notes cachetées, ou m'a-t-on apporté la moitié de la somme due, en me suppliant d'inscrire sur le mémoire que j'adresserais seulement la moitié du compte.

L'existence des riches est pleine de tragiques aventures, et ceux qui les voient vivre de près pourraient en compter bien long sur les scandales, les faiblesses, les fautes et les douleurs muettes.

Ainsi un type de cliente que ma modiste a fréquemment rencontré, c'est la jeune femme délaissée qui vient demander timidement qu'on lui fasse un chapeau pareil, oui, tout pareil à celui de la maîtresse de son mari, et qui s'essaye maladroitement, la pauvre, à copier des allures tapageuses de fille, pour tâcher de reconquérir le cœur de l'infidèle.

Les modistes sont romanesques ; donc celle-là, on la plaint, et personne ne raille quand elle demande avec un sourire triste :

— Trouvez-vous que cela m'aille aussi bien qu'à mademoiselle X...?

Mais ce qui met toute la maison en joie, c'est quand on voit paraître le mari qu'une femme jalouse traîne après soi dans ses courses et dans ses visites, et quand ce galérien profite de l'essayage pour venir glisser un regard sournois dans la porte entr'ouverte de l'atelier.

Il reste là rougissant, la bouche en cœur, toussant discrètement, par convenance, tandis que tout l'atelier pouffe de rire en sourdine.

Quel spectacle peut donc le troubler à ce point, le pauvre homme, et le clouer dans cet entre-bâillement de porte ?

IV

LES MODISTES

On sait qu'il y a sur le pavé de Paris plus d'institutrices que d'écoles ; il y en aura bientôt autant que d'écolières. La « demoiselle » que le mauvais sort a mise dans la nécessité imprévue de gagner le pain pour soi-même, pour les vieux et pour les petits, ne peut plus avoir foi dans la vertu du brevet, voire double, qu'elle a obtenu au prix de tant d'efforts, sur qui elle comptait, pour se faire, par le travail, une vie digne et honorée. Je connais une de ces vaillantes qui, après avoir vainement attendu la place longtemps promise et dépensé ses dernières économies à faire insérer dans les annonces d'un journal mondain la petite note que vous connaissez :

INSTITUTRICE bien élevée possédant deux diplômes, désirerait position, etc.

vient de prendre tout à coup un parti héroïque.

— C'est décidé, je me fais modiste, m'a-t-elle dit l'autre jour en jetant un coup d'œil mélancolique à son diplôme de parchemin accroché, sous un verre, à la muraille— et, si j'ai un regret, croyez-moi, c'est de n'avoir pas commencé par là.

De fait, les modes sont le refuge de toute une catégorie de jeunes personnes fort intéressantes, venues après le naufrage de la fortune familiale demander leur pain à un état qui réclame plus de goût et de grâce que d'effort, au seul métier manuel où ne se déforment point les doigts ! Souvent aussi les jeunes modistes sont des filles d'artistes qu'on n'a pas voulu exposer aux périls de la vie de théâtre, ou encore des enfants de naissance irrégulière auxquelles un père réduit à se cacher fait, avec le désir de les établir plus tard, apprendre un métier honorable. Ainsi, les petites modistes sont, à leur façon, des déclassées : dans l'exercice de leur profession, elles gardent une fierté très susceptible de la fortune passée, cela les rend parfois un peu prétentieuses, mais sauvegarde leur amour-propre de « demoiselles ». On ne peut pas leur faire d'injure plus sensible que de les confondre avec les « ouvrières », dont elles n'ont ni le genre, ni les mœurs, ni la tenue. La plus pauvre d'entre elles ne consentirait jamais même à traverser la rue « en cheveux ». Elles ne sortent qu'avec un chapeau et des gants, aussi bien attifées que possible.

J'ai entendu une faiseuse à la mode à qui une
cliente avait dit d'un ton dédaigneux :

— Faites appeler l'ouvrière.

Répondre :

— Vous voulez dire la demoiselle, madame ?

Et ce souci de la dignité professionnelle est pris
si fort au sérieux que l'on peut lire sur le mur du
palier d'une maison de modes parisienne :

ESCALIER DES ARTISTES.

Il y a deux façons d'entrer, comme on dit, dans
la mode. Les jeunes filles dont je viens de parler
débutent d'ordinaire en qualité d'élèves payantes.
La modiste les prend alors en pension, pendant
une année, pour une somme qui varie entre huit
cents et mille francs. Ces jeunes filles sont dési-
gnées sous le nom d'*apprenties*. La modiste les
nourrit et les couche ; elle leur confie de vieilles
formes, d'anciennes fleurs, des bouts de ruban
avec lesquels, au début, elles s'exercent à confec-
tionner un chapeau, s'efforcent de montrer leur
adresse. D'ailleurs, on ne les occupe guère qu'à
coudre du fil de fer autour des chapeaux, à « pré-
parer les formes ». Le goût s'éduque, s'affine au
spectacle des ouvrages d'autrui. Cet apprentissage dure d'ordinaire deux années. A la fin de la

première, l'apprentie cesse de payer pension, et désormais la modiste entretient et loge gratuitement la jeune fille en échange de son travail.

Quant à la fillette qui n'a point le moyen d'entrer chez la marchande de modes comme élève payante, son apprentissage est plus long et plus rude. Toute la journée elle est en course pour les rassortiments, pour l'achat des fournitures. Le soir, quand les demoiselles ont quitté l'atelier, elle ramasse sous les tables les *camions* et les *emballeurs* (lisez les grosses et les petites épingles), et même, dans certaines boutiques, elle met la main au balai. Celle-là, c'est le « modillon » que l'on croise sur les trottoirs, éternellement flanquée d'un carton plus gros qu'elle-même.

Il est bien rare que l'apprentie monte en grade sur place. Elle préfère se séparer de sa première patronne après dix-huit mois d'apprentissage, et, par l'intermédiaire de quelque fournisseur de mode, elle cherche à entrer, comme *apprêteuse*, dans une maison bien achalandée.

C'est le second chevron.

L'apprêteuse n'invente rien, elle exécute les ordres des premières, son talent n'est point dans sa tête, mais dans ses doigts. Elle gagne d'ordinaire de quarante-cinq à cinquante francs par mois ; par exception, lorsqu'elle est, dans sa « partie », d'une habileté tout à fait extraordinaire, elle arrive à toucher jusqu'à cent francs d'appointements.

En ce cas, elle renonce à monter en grade et se cantonne dans une spécialité qui convient à ses aptitudes.

Tous les caporaux ne deviennent pas maréchaux, toutes les apprêteuses ne deviennent pas *garnisseuses*.

J'ai parlé tout à l'heure du rôle des garnisseuses dans l'établissement du chapeau et dans l'invention des modèles. Ce sont elles les vraies artistes, dont la fantaisie règne et s'impose. Aux premières représentations, dans toutes les cérémonies, à la Madeleine et à Saint-Augustin, les jours de grands mariages, on les voit par petits groupes qui se poussent le coude au moment du défilé. Au commencement des saisons, elles courent les musées, visitent, le long des quais, les marchands d'estampes, explorent les vieux recueils, les almanachs de modes, les galeries de costumes, avec une fièvre de concurrence, une rivalité de rapporter une plus riche moisson que leurs camarades. Comme il est juste, elles sont largement payées, en proportion de leur mérite. Il n'y a pas de garnisseuse qui demande moins de cent francs d'appointements par mois ; les plus habiles reçoivent jusqu'à six cents francs, mais jamais elles ne sont intéressées aux bénéfices.

Il n'en est pas de même des *vendeuses*, qui forment dans le petit peuple des modistes une tribu à part. Beaucoup de vendeuses n'ont point fait d'apprentissage et débutent de but en blanc. En effet, ce que l'on attend d'elles, c'est bien moins le savoir professionnel que des qualités natives. Elles sont constamment en rapport avec les clientes, il convient donc qu'elles soient distinguées, avenantes, un peu diplomates, qu'elles aient l'instinct des affaires, cette sûreté de coup d'œil qui permet de juger une cliente dès la porte, de lui imposer un goût, de lui dire avec autorité :

— C'est cela qu'il vous faut, madame, rien ne vous coiffera mieux.

Les vendeuses qui parlent une langue vivante peuvent gagner dans les deux cents francs par mois. On m'a nommé une grande modiste qui donne aux plus habiles d'entre ses vendeuses jusqu'à trois mille francs de gratification annuelle.

Dans les maisons qui travaillent pour l'exportation, province ou étranger, la vendeuse est encore chargée d'aller visiter les commissionnaires. Ceux-ci sont de deux espèces : il y a les commissionnaires en magasin et les voyageurs de passage.

C'est là le côté le plus périlleux du métier, — j'entends pour la vertu des filles ; — aussi beaucoup de demoiselles stipulent dans leur engagement qu'elles ne « feront pas le commissionnaire ». Quelques-unes — naturellement ce ne sont point les plus scrupuleuses — se chargent au contraire très volontiers de ces visites.

Tout le monde le sait, il y a dans Gaudissart un pacha qui sommeille ; or ce pacha est réveillé tous les matins par le toc-toc discret de la petite vendeuse, qui vient le surprendre au saut du lit, dans sa chambre d'hôtel. Gaudissart n'a que l'embarras du choix. Tandis qu'il reçoit sa jolie visiteuse, cinq ou six autres attendent dans l'antichambre, sur la banquette, leur carton entre les genoux. Toutes lui adressent la même prière :

— Venez visiter notre maison et voir nos modèles.

Et, dame ! Gaudissart est homme ; il n'est pas insensible à un regard en coulisse, à la friponnerie des sourires. Il donne trop souvent la préférence aux jolies filles qui ne sont point farouches et qui consentent à venir traiter l'affaire à table pour l'arroser, en cabinet, d'un peu de mousse de champagne...

Il m'a paru que les mœurs des modistes variaient singulièrement selon la clientèle et le genre d'affaires. C'est ainsi qu'il faut distinguer très nettement la *modiste en appartement* de la *modiste en boutique*

Il a été question dans le précédent article de la marchande de modes en appartement ; restent les boutiques, qui ont des physionomies infiniment plus variées et originales.

Peintes de couleurs sombres, on les reconnaît tout de suite aux rideaux de soie ou de peluche tendus derrière la glace, assez hauts pour empêcher les regards des passants de se glisser dans l'intérieur. De cette façon, les chapeaux qui garnissent la *montre*, mis à l'effet, vibrent harmonieusement, sur leurs pieds, et les clientes peuvent minauder en paix devant les miroirs à l'abri des yeux.

Le personnel de la maison est d'ordinaire composé, outre la patronne et la vendeuse, d'une garnisseuse qui prend le nom de *première* et qui a sous ses ordres trois ou quatre apprêteuses, autant d'apprenties. Quelques-unes de ces boutiques sont fort bien achalandées; il en est qui font trente à quarante mille francs d'affaires par an. Elles vivent surtout par la clientèle des bourgeoises et les caprices des demi-mondaines, qui, en passant, remarquent un chapeau dans une montre, entrent, l'essayent et l'achètent.

La modiste en boutique ne crée point de modèles; aussi n'y a-t-il pas de ruse à laquelle elle ne recoure pour surprendre au début de la saison les secrets des grandes faiseuses.

Le plus simple de tous les pièges consiste à envoyer chez la modiste en vogue une des demoiselles du magasin, la plus élégante, la plus habile. Elle se présente, bonnement, comme une cliente, et, de l'air le plus innocent du monde, demande à voir les nouveautés.

Mais on s'attend à ces visites et l'on fait bonne

garde. Tout de suite, l'espionne est flairée, elle se trahit d'ailleurs soi-même par un geste, par un mot trop entendu, ou bien quelqu'un, dans l'atelier, reconnaît la suspecte et la dénonce. Aussitôt, brusquement, les modèles rentrent dans l'armoire, et il faut prendre la porte, trop heureuse si ceux qu'on a voulu tromper ne tirent point une éclatante vengeance d'une telle félonie. On conte, en effet, dans la mode que, il y a une vingtaine d'années, une certaine Mᵐᵉ Laure ayant voulu surprendre les secrets d'une certaine Mᵐᵉ... — mettons Angèle, — et lui ayant envoyé une espionne, Mᵐᵉ Angèle, outrée du procédé, fit enfermer la coupable dans un cabinet noir et l'y laissa, au pain et à l'eau, jusqu'à ce que la perfide Laure fût venue en personne réclamer sa « première ».

Les catégories de modistes en magasin, sont très diverses, à commencer par les notables commerçantes pour finir par les petites boutiques où la patronne est vendeuse, garnisseuse, apprêteuse et le reste. Bien souvent, dans ce cas, la modiste est une ancienne femme galante à qui un protecteur a acheté ce fonds en se mariant. Et certes, c'est une bonne charité de donner à Sapho grisonnante le moyen de gagner honnêtement le pain de ses vieux jours. Ce qui est plus étrange, c'est la tranquillité avec laquelle ce dénouement de la séparation est attendu comme une chose fatale par des filles séduites, qui viennent se mettre d'elles-mêmes en apprentissage à l'apparition des premières rides et qui demandent à leurs protecteurs, comme une grâce suprême, de payer leur pension chez une bonne faiseuse.

Quelquefois, c'est le protecteur qui, par jalousie, exige que sa compagne s'occupe.

Une femme du monde qui, au temps de sa sortie de pension, a connu des jours difficiles, et qui a traversé le monde de la mode avec un étonnement dont elle est mal remise, m'a conté l'histoire d'un de ces magasins extraordinaires.

— J'avais fait mon apprentissage en dix mois, m'a-t-elle dit, et j'étais entrée comme apprêteuse dans cette boutique, dont la patronne ne voulait employer que des «demoiselles distinguées ». Cette patronne avait vingt ans. C'était bien la créature la plus charmante et la plus folle qu'on pût voir. La maison était tenue avec une extrême sévérité, et, le second jour, je vis mettre à la porte une demoiselle qui avait dit tout haut :

« Moi, j'ai quelqu'un qui me défraye de tout, je travaille pour mes bas de soie. »

Tous les soirs, le mari de Madame, M. Paul, comme on l'appelait dans la maison, venait dîner avec nous. Deux ou trois fois par mois Madame recevait son père, qui avait quatre-vingt-deux ans. M. Paul n'assistait jamais à ces visites. Madame nous expliquait cette absence par une brouille de famille. D'ailleurs, on était fort bien traité dans la maison. On demeurait des heures à la table, qui était luxueusement servie. Après le déjeuner, Madame me demandait de jouer du piano et chantait *le Petit-Duc.* Quelquefois, le père de Madame venait nous visiter, il nous donnait de petits bijoux, les mêmes à toutes. Il nous encourageait à la sagesse. Le soir, on jouait au baccarat avec M. Paul.

Madame prenait des leçons d'équitation. La première fois qu'elle fit une sortie au Bois avec M. Paul, on ferma la boutique et toutes les demoiselles la suivirent dans deux voitures. Quand Madame avait besoin d'un chapeau, elle allait le commander en face. On vendait pourtant chez nous, à moitié prix, pour le plaisir d'écrire sur les livres : *Vendu à Mme une Telle un chapeau :* 45 *francs;* il nous en coûtait 70 ! Mais Madame n'y regardait pas de si près. Son père lui apportait dix mille francs par mois — et elle ne faisait pas d'économies !

Je demande la permission de tirer le rideau sur ce magasin de modes modèle.

J'ai ouï dire qu'il y en avait à Paris de plus étranges encore, — mais je crois fermement que ce sont les Anglais qui font courir ces bruits-là.

V

LES ETUDIANTS

Les étudiants viennent d'inaugurer leur cercle de la rue des Écoles.

« Chaque membre nouveau, » écrivait dernièrement M. Chaumeton, président de l'Association, à un journal qui demandait aux étudiants de sévir contre les cafés de femmes, « chaque membre nouveau est un client perdu pour les brasseries. Afin d'attirer à nous les récalcitrants, nous comptons sur les divertissements que le cercle va offrir par sa bibliothèque, ses journaux, ses conférences, ses salles d'armes et de gymnastique, ses soirées dramatiques et ses fêtes, bien plus que sur les manifestations tumultueuses de la rue. Nous les avons éprouvées dangereuses et inutiles. »

Je sais des gens depuis longtemps grisonnants et rangés que ces paroles sensées n'ont point satisfaits.

« Voilà bien, ont-ils dit en haussant les épaules,

nos jeunes gens d'aujourd'hui ! Ils sont frais émoulus du collège, échappés d'hier à la férule des pions, et, au lieu de faire de leur liberté un usage joyeux, tintamarresque, au lieu de mettre leur gloire à empêcher les bourgeois de dormir et les professeurs de parler, au lieu de jouer des tours à leurs concierges et à leurs créanciers, au lieu de manquer systématiquement les cours et de passer leur temps avec de bonnes filles accueillantes, pas farouches, en un mot, au lieu de jeter leur gourme, — n'imaginent-ils pas de fonder on ne sait quel syndicat de Josephs et de bons petits travailleurs, uniquement préoccupés de défendre leurs intérêts et de mériter par leur bonne conduite la confiance du Grand Maître.

« Pour être tout à fait ridicules, il ne manque à ces étudiants dégénérés que de fonder des prix d'application et de bonnes mœurs, de couronner annuellement un laborieux nigaud et un *rosier*.

« Ah ! si l'on nous avait parlé de cela dans le temps de notre jeunesse, dans le temps du « bon quartier Latin », dans le temps de Schaunard, de Rodolphe, de Marcel et de Colline ! Comme ils auraient ri, mon Dieu ! comme ils auraient ri à *l'heure verte,* les habitués du café Momus ! »

Et ces vieux diables considèrent comme une preuve de ce qu'on est convenu d'appeler « le pessimisme de la jeune génération » la disparition de l'étudiant de Gavarni, qui se promenait dans les rues chaussé de pantoufles, coiffé d'un béret de laine et jouant du cor de chasse.

Il faudrait pourtant s'entendre une bonne fois et mettre fin à une légende qui agace visiblement les jeunes gens d'aujourd'hui. Lisez le livre que M. Alexandre Schanne vient de publier sous le titre de *Souvenirs de Schaunard;* vous y verrez, ce dont nous nous doutions un peu, que l'étudiant de Gavarni n'a jamais existé ; quant aux trois ou quatre personnages que Murger a mis en scène en les idéalisant, c'étaient non des étudiants, mais de notoires et scandaleux bohèmes.

Je crois très volontiers que les étudiants d'il y a vingt-cinq ans singèrent — et en petit nombre, de loin — ces héros romanesques. Le bohème était à la mode sous le second empire. Par le débraillé de sa mise et de ses habitudes, il représentait une réaction contre les allures gourmées d'une société dont la tenue était la vertu unique. Bien vu d'ailleurs par ceux-là mêmes qu'il frondait, le bohème amusait par ses saillies et par sa silhouette pittoresque, l'ennui dédaigneux des marquis de Montpavon. Mais la démocratie n'aime pas ce parasite; elle hait en lui un membre inutile d'une société où tout le monde travaille. Elle regarde avec méfiance les gens à redingotes loqueteuses, à souliers éculés et à chapeaux gras, qui se laissent coudoyer par la foule uniformément propre et affairée des trottoirs.

Les étudiants modernes apportent certainement de leurs provinces ce goût respectable de la tenue. Allez flâner, un jour, vers la rue Monsieur-le-Prince. — C'est un des derniers coins où la jeunesse des Écoles est encore tout à fait chez soi, maintenant que la rue Racine elle-même et tout le quartier de la vieille Sorbonne s'en vont en poudre de démolitions. — Il n'y a plus que là où les marchands d'or et de vieux habits alternent, tout du long, porte à porte, avec les hôtels garnis et les petites crémeries. Si tôt que vous passiez le matin par ces rues, vous n'y rencontrerez pas les pantoufles de Schaunard et la redingote de Colline. Si tard que vous les descendiez le soir, vous n'y entendrez que de loin en loin chanter un couplet de tyrolienne, par trois ou quatre camarades qui sortent un peu lancés d'un café. Une aventure comme le récent procès de cet étudiant qui, ayant reçu congé de son propriétaire, hissa dans sa chambre, par la fenêtre, les invités de sa soirée d'adieu, est bien plus rare qu'on ne l'imagine dans la vie tranquille du moderne quartier Latin. Ces mœurs tapageuses n'y sont plus de mode et de semblables plaisanteries n'attirent plus à leurs auteurs aucune enviable renommée.

Mais justement parce qu'ils ne s'imposent plus des mœurs factices ni une tenue de convention, les étudiants d'aujourd'hui, groupés d'après leurs études particulières, ont des physionomies peut-être plus caractéristiques que leurs bruyants prédécesseurs. Je crois avoir lu à peu près tous les romans qui ont été écrits au quartier Latin sur le quartier Latin, et je ne me souviens pas d'y avoir trouvé le croquis des différentes silhouettes d'étudiants modernes.

Elles sont pourtant très diverses et pittoresques. Voici, par exemple, l'étudiant en droit; c'est un type tout à fait à part des autres, et qu'on reconnaît à première vue à la coupe de sa barbe et de ses habits. L'étudiant en droit, c'est l'étudiant riche, il loge presque toujours dans ses meubles, un peu en dehors du Quartier, au moins pas dans les vieilles rues. Il traverse facilement les ponts, vit beaucoup « de l'autre côté de l'eau », fréquente les cafés des boulevards, rend régulièrement des visites.

Le soir, il met volontiers la cravate blanche et l'habit. Il songe à se ménager des « relations ». Il va dans le monde, il y danse. La science de la valse ne lui est pas moins utile pour réussir brillamment dans sa carrière que la connaissance des Digestes. Le matin, il se montre aux cours, la moustache relevée, toujours bien mis, luisant du chapeau de soie aux bottines pointues. Il porte sous le bras une minuscule serviette de maroquin, timbrée à son chiffre. Il met des gants; il fait bande à part, ne s'encanaille point, mais possède un macfarlane à double collet et un chapeau gris

pour aller de temps en temps aux courses. Il parie,
il prend des culottes.

C'est un homme du monde.

Le véritable étudiant, c'est l'étudiant en médecine.

Son goût des sciences de la vie s'est révélé quand
il était encore petit, en face de la nature, des
plantes, des bêtes. Pendant toute son enfance, il
s'est promené avec la boîte verte du naturaliste
dans le dos. Il a assemblé des collections d'insectes.
Le baccalauréat l'a affranchi. Heureux, il marche
dans la voie qu'il s'est choisie. Dans sa tenue, il a
le nonchaloir, la négligence de ceux qu'une idée
forte occupe, absorbe. On n'est pas *gommeux* à la
faculté de médecine ; on ne va pas dans le monde
non plus : il faut se lever trop tôt le matin pour
courir aux visites de l'hôpital. On vit entre soi. On
se groupe, même pour les repas. Les coudes sur la
nappe, dans la fumée des pipes, on n'est jamais
las de discuter des mérites réciproques des « chefs »;
et puis, on a besoin les uns des autres. Une franc-
maçonnerie naît des études toutes spéciales qu'on
aborde, des secrets que l'on pénètre, dont on peut
parler entre soi et que les autres ignorent. Enfin,
on le sent, pour l'étudiant en médecine, les huit
ou dix années de la vie de Quartier sont les belles
années de l'existence. Le diplôme obtenu, le docteur retournera dans sa province, il « fera de la
clientèle, » il se contentera de feuilleter, pour la

forme, les bulletins périodiques auxquels il sera convenable qu'il s'abonne. Il exercera, mais il ne travaillera plus. Et elle s'éteindra lentement dans son œil, cette flamme de jeunesse où se mêlaient la curiosité et la pitié de la souffrance.

L'étudiant en médecine est l'homme d'une vocation.

Quant au licencié des facultés des lettres et des sciences, c'est un personnage un peu terne et sans relief. Toujours c'est le bon sujet, l'ancien fort en thème; la plupart du temps, il rêve le professorat comme terme de ses efforts. En attendant, il demeure « l'élève ». Pour lui, il n'y a pas eu de brusque changement dans les habitudes de la vie, le renouvellement complet des études, l'ouverture d'un monde inconnu. Les cours de la Sorbonne prolongent les leçons du collège avec tous ses ennuis : les devoirs, les préparations d'auteurs et, en perspective, un baccalauréat plus difficile que l'autre.

Modestement vêtu, plié sous le poids de sa vieille serviette de potache, gonflée de livres, cet étudiant demeure jusqu'à la fin, le forçat gémissant du *Thesaurus* ou de la Table de Logarithmes.

J'ai gardé pour la bonne bouche celui que ses camarades appellent irrévérencieusement le *potard* (lisez l'étudiant en pharmacie), *Potard,* de *pot* parce que l'on affecte de considérer que tout le savoir de l'apprenti pharmacien, consiste à faire passer le cold-cream d'un pot plus grand dans un pot plus petit, et à coiffer les onguents d'un chapeau de papier vert. Vous reconnaissez bien là cette haine séculaire dont se poursuivent mutuellement l'homme qui rédige des ordonnances et l'homme qui les exécute.

Je n'ai pas à prendre parti, je suis un historien, non un juge, mais je crois démêler les causes de la rancune des deux parties. Le médecin — j'entends le médecin de bourgs et de villages — ne peut pardonner à son voisin l'apothicaire tant de consultations sournoisement données dans l'arrière-boutique, entre le pilon et le mortier. Le pharmacien songe que le médecin, avec ses ordonnances, ne fait que mettre du noir sur du blanc, et qu'après tout c'est lui, lui, le potard tant bafoué, qui guérit avec ses remèdes.

Ce n'est pas impunément, voyez-vous, que l'on apprend à se reconnaître au milieu de tant d'étiquettes latines : *Malva... aqua simplex...* et que l'on manipule quotidiennement au quintal des poisons redoutables. Cela donne à un homme un juste sentiment de sa valeur et cela dispose son âme à l'héroïsme. Ainsi, tous les potards que j'ai connus étaient républicains, bons républicains, et pourtant — arrangez cela comme vous pourrez — tous nourrissaient une admiration mystérieuse, presque tendre, pour le grand Napoléon.

De même tous étaient musiciens et artistes. Les

dernières guitares sont pincées dans les laboratoires
de pharmacie, parmi les bocaux et les cornues, par
des jeunes gens doués de belles voix de gorge lan-
guissantes et chaudes. C'est encore sans doute par
attardement romantique, que les pharmaciens portent volontiers les cheveux longs, rejetés derrière
l'oreille et luisants d'huiles parfumées qu'ils com-
posent eux-mêmes pour leur usage particulier avec
de l'essence de violette, de mille fleurs et un soupçon de musc.

Ces raffinements de toilette ne vont qu'à séduire
les femmes. Généralement léger d'argent, le potard tient essentiellement à être aimé pour lui-
même; et, comme il est l'homme de toutes les lé-
gendes, il s'obstine à chercher dans le vaste monde
la trace perdue de Mimi Pinson.

Je n'avais pas attendu les précieuses révélations
de M. Alexandre Schanne, pour soupçonner
qu'Henri Murger nous en avait donné à tenir et que
Mimi n'a pas plus existé que Rodolphe, pas plus
que Musette, pas plus que cette bande agaçante de
tourterelles en petits bonnets de grisettes qui rou-
coule sur le colombier de *la Vie de Bohème*. Il est
d'usage d'opposer la poésie de ces liaisons d'au_
trefois à l'espèce de brutalité qui passe pour être
aujourd'hui la règle de la jeunesse dans ses liaisons
de plaisir. La vérité, c'est que ces amours-là ont
toujours été faits, d'une part, de fougue de jeunesse,
de l'autre, de rouerie féminine. La moderne ver-

seuse de « fine », juchée sur ses talons mordorés, ne vaut ni plus ni moins que les petites fleuristes d'autrefois. Tout cela, sans doute, c'est de l'amour tarifé, souvent payé d'avance; mais le petit grain de folie qui embellit toutes les actions de la jeunesse, vous le retrouverez dans les caprices des jeunes gens d'aujourd'hui comme dans ceux des jeunes gens de jadis.

Les tailleurs varient la coupe des vêtements, les coiffeurs le port de la barbe.

Mais les cœurs de vingt ans ne varient pas.

VI

LES MODÈLES

Tous les gens qui se lèvent matin, et qui connaissent le Paris d'avant huit heures, ont rencontré sur leur route ces smalas d'enfants italiens dont les claires guenilles égaient la monotone procession des trottoirs. Garçons, jeunes filles, ils s'en vont par bandes ou par couples, toujours bavards, toujours rieurs, toujours armés de lamentables parapluies de cotonnade. On les voit repasser le soir, à l'heure où le gaz s'allume, madones et saints Jean en récréation, heureux de babiller et de se mouvoir après l'engourdissement de la pose.

Qui ne s'est demandé quel toit abrite le soir toutes ces misères joyeuses?

Les Italiens ne sont pas dispersés au quatre coins de Paris. Ils ont, à part, leur campement bohème, groupé autour de quatre ou cinq boutiques de macaroni. Entre la place Monge et le Jardin des Plantes, s'échafaude un quartier baroque, bâti en toile d'araignée, enchevêtrement d'impasses et de ruelles, qui toutes plus ou moins convergent vers la place Jussieu. Ce sont les rues des Boulangers, du Puits-de-l'Ermite, du Gril, de la Clef, du Battoir, des rues vides et sonores comme des églises, pleines de fleurs, de cages d'oiseaux, de loques étendues, avec des balcons de fer, des porches cintrés, des escaliers de pierre et des pavés verts de mousse.

C'est le quartier italien.

Au milieu de ces ruelles, la place Linné a l'air d'un mail d'opéra-comique. Des groupes de marmots, frisés comme des enfants de chœur, jouent aux osselets et à la mourre. Le coude au corps, immobiles au pied des arbres, des jeunes filles travaillent à des tricots voyants. Des vieilles, au cou de tortue, vont chercher de l'eau à la fontaine, la tête droite sous le poids des cruches. Puis, ce sont les vierges de Bouguereau et d'Hébert, les « *matre dolorose* », qui toutes ont un « *bambino* » pendu à la mamelle. Enfin, c'est l'école de musique, en plein air, de Giuseppe Spinelli, un ancien clairon garibaldien, le chef de la « Fanfare italienne », qui parcourt le quartier, tous les 14 juillet, en faisant jouer à son orphéon une marche inédite, dont voici le refrain :

Viva la Francia
Et l'Italia aussi.

Cette colonie vit d'un petit nombre d'industries dont elle s'est fait un privilège : les Piémontais terrassent ; les Napolitains, dans les cafés et dans les cours, pincent toutes les variétés connues d'instruments à cordes, depuis le luth primitif jusqu'à la harpe à doubles pédales; les Romains fréquentent plus particulièrement les ateliers. Et l'on sera peut-être surpris d'apprendre qu'il y a dans Paris tout près de cinq cents Italiens qui, d'une façon plus ou moins régulière, vivent de la « pose artistique ».

De ce nombre, il faudrait assurément éliminer beaucoup de gâte-métiers. Il y a vingt ans, on ne connaissait à Paris que trois familles de modèles italiens. Les artistes de ce moment-là se souviennent des Stizzi, des Cola Rossi et des d'Agostino, de leurs filles et de leurs sœurs, dont la beauté est demeurée célèbre. Ces gens-là, sur le conseil des élèves de l'École de Rome, étaient venus tenter la fortune à Paris. Tous réussirent et s'y installèrent définitivement. Les uns ont ouvert des boutiques de curiosités, les autres dirigent une académie de peinture très fréquentée par les jeunes artistes de la rive gauche.

Ce succès de quelques-uns, rapporté au « pays », détermina un véritable courant d'émigration. Les prêtres de campagne promirent vainement la malédiction du ciel en ce monde et en l'autre, à ceux qui iraient exercer l'infâme métier de modèle dans une ville de perdition comme Paris, l'appât du gain l'emporta sur les scrupules. Il faut dire, à la décharge de ces mauvais chrétiens, que la situation du paysan qui ne possède pas un « terrain » est très misérable dans la campagne italienne. Le travail de la terre y est rarement rémunéré autrement qu'en nature. On paye les ouvriers avec des mesures de blé ou des fiasques d'huile. Aussi la vénération pour le salaire en argent est extrême. On s'en aperçoit à la facilité avec laquelle les paysans italiens se défont des meubles anciens et des faïences d'art pour une petite somme offerte comptant.

Cette situation précaire fut exploitée, pendant une dizaine d'années, par les « padrone ».

C'étaient d'anciens musiciens ambulants, qui, ayant visité beaucoup de pays, ne manquaient d'initiative ni de bagout. Ils persuadèrent aisément aux campagnards de leur louer pour quatre ou cinq années ceux de leurs enfants, garçons ou filles, qui se distinguaient par la beauté. Ces marchés se concluaient pour des sommes dérisoires, vingt ou trente francs par an, quelquefois dix. Les « padrone » se chargeaient des frais de voyage et d'habillement. Ils emmenaient leur petite troupe à Paris et l'exploitaient à leur fantaisie.

M. Hector Malot, dans son roman *Sans famille*, a fait une peinture un peu sombre d'un de ces intérieurs bohèmes. En réalité, les Italiens n'envoient jouer de la musique dans les cours que les bambins

qui sont trop jeunes pour poser, et de ces mar-
mots-là (il s'en trouve qui n'ont pas plus de cinq
ans) les « padrone » ne se sont jamais chargés.
Pourtant il est certain que la « matraque » jouait
dans l'éducation des apprentis modèles un rôle
tout à fait prépondérant. Beaucoup de garçons et
de fillettes s'enfuyaient de chez leurs mauvais
maîtres. Les commissaires de police étaient constamment obligés d'intervenir, et l'on finissait par
remettre les « padrone » à la frontière. Quant aux
enfants, ils restaient presque toujours à Paris, où
leurs familles perdaient leurs traces.

A la suite de tous ces scandales, le gouvernement italien recourut à une mesure sévère qui
supprimait le padronat. Désormais, un Italien qui
passait la frontière accompagné de mineurs dut
exhiber un passeport en règle, établissant qu'il
voyageait avec ses enfants, à tout le moins avec
ses neveux.

Cette ordonnance n'arrêta pas le courant d'émigration, mais elle en changea le caractère.

Au lieu d'envoyer leurs enfants isolément à Paris, les familles émigrèrent au complet.

Il faut connaître l'extraordinaire frugalité des
Italiens et leur mépris du confortable dans les habitations pour comprendre qu'une famille de sept
ou huit personnes puisse vivre à Paris, en éco-
nomisant, grâce au travail de deux ou trois de ses
membres. Le rêve que tous ces pauvres gens

forment en quittant leur pays, c'est d'amasser les quelques centaines de francs nécessaires à l'achat d'une maison et du fameux « terrain ». Il y a peu d'années, ceux qui ne manquaient pas tout à fait d'ordre et de prévoyance pouvaient économiser cette somme en moins de dix ans.

A peine les émigrés sont-ils installés dans quelqu'une de ces vieilles bâtisses qui avoisinent le Jardin des Plantes que les camarades leur fournissent des adresses d'artistes, afin qu'ils aillent s'offrir dûment recommandés.

C'est de septembre à octobre, au retour des vacances, qu'ont lieu presque tous les engagements. La journée du modèle commence à huit heures du matin, toute l'année. Aussi, dès sept heures et demie, la petite tribu apparaît au sommet de la montagne Sainte-Geneviève, qu'elle descend au galop, pour aller prendre d'assaut les omnibus. C'est l'Odéon et la Halle-aux-Vins-Place-Pigalle qui emportent les plus fortes charretées de jupes de velours, de *zenaline* rouge et de chapeaux pointus ; car ils mènent au chef-lieu des beaux-arts, Montmartre, qui groupe ses ateliers comme des alvéoles de ruches, tout le long de la rue de Douai, du boulevard de Clichy et sur les hauteurs de Notre-Dame-de-Lorette. On voit aussi des bandes qui s'en vont à travers le Luxembourg, tout rosé par les tardives aurores d'hiver, vers le quartier des peintres « arrivés », des maîtres célèbres, vers la rue Notre-Dame-des-Champs et la rue d'Assas.

Le modèle ne part pas à l'aventure. Il a sa clientèle, ses séances retenues, parfois une année à l'avance. C'est surtout le cas des spécialistes, car il faut, pour les femmes, distinguer deux classes de sujets : celles qui posent « l'ensemble » et celles qui posent uniquement la tête ou le costume. Seules les fillettes qui sont venues de très bonne heure à Paris et qui, pour ainsi dire, ont grandi dans les ateliers, acceptent de poser l'ensemble. Celles qui ont quitté leur pays après leur première communion n'y consentent jamais. Les religieuses italiennes, avant de les laisser partir, les ont catéchisées sur cet article, et il est infiniment rare que ces enfants violent leur promesse.

Quelle que soit d'ailleurs la spécialité du modèle, les hommes gagnent quatre francs par séance, les femmes cinq. Pendant la saison d'hiver — c'est-à-dire depuis le mois de septembre jusqu'aux envois du Salon — la plupart des modèles ont deux séances retenues chaque jour : le matin, de huit heures à midi ; le soir, d'une heure à cinq. Ce qui fait, pour les hommes, un salaire de huit francs et pour les femmes un salaire de dix. Cette rémunération n'est pas si exagérée qu'on pourrait le croire. Le métier est dur, surtout pour les femmes, à qui l'immobilité absolue devient très vite dou-

loureuse. En temps ordinaire, le modèle n'a droit,
toutes les heures, qu'à dix minutes de repos ; mais,
dans les poses dites d' « expression », soit physique, comme la danse, la lutte, soit morale comme
l'angoisse ou le rire, le modèle ne peut tenir la
pose guère plus de dix minutes.

C'est alors qu'un bon modèle est d'un prix inap-
préciable pour l'artiste. Il ne vaut pas seulement
par la beauté de son type ou de ses formes, mais
aussi par ses qualités intellectuelles. L'artiste commence par lui apprendre avec de grands détails
ce qu'il a l'intention de créer. Il lui raconte le sujet
historique, mythologique, ou purement plastique.
Il s'efforce de lui en faire saisir le caractère, et,
ensuite, avant de lui imposer sa propre volonté,
il le laisse chercher tout seul le mouvement juste,
instinctif, qui est toujours le plus gracieux.

Cette espèce de collaboration donne au modèle
un orgueil la plupart du temps excessif, mais que
l'on s'explique sans peine. Si vous interrogez l'un
d'eux sur une œuvre pour laquelle il a posé, il
vous répondra, très naïvement, non :

« Un tel a fait cela d'après moi, »
Mais :
« J'ai fait cela avec un tel. »

Avant de sourire, songez à toutes les souffrances que le modèle a supportées lorsque ses
membres n'étaient pas encore brisés au mouvement de la pose, puis à ce long tête-à-tête avec

l'artiste, qui dure parfois plusieurs années, à cette patiente offrande de son corps à la pensée qui le divinise, et vous comprendrez mieux en face de l'œuvre achevée, que le modèle réclame sa part d'effort et de gloire. D'ailleurs, il est avéré que tous ceux qui n'ont point cet attachement à l'œuvre servent mal l'inspiration de l'artiste. Ils sont bons à travailler pour les « amateurs ». Et l'on n'imagine pas le mépris qu'un tel jugement, dans la bouche du modèle artiste, comporte pour le camarade qui se cantonne dans cette clientèle sans avenir.

Cette vanité n'est d'ailleurs pas le seul sentiment curieux que nous révèle la psychologie du modèle. Les femmes qui exercent ce métier (il n'est question que des chastes) se sont forgé une pudeur bien à elles et qui mérite d'être analysée.

Ce serait une erreur de croire que ces jeunes filles — même celles qui posent l'ensemble — sont toutes de mœurs légères. Sans doute, le métier est périlleux, mais la vie d'atelier telle que M. Prud'homme l'imagine d'après les croquis de Gavarni et de Grévin est une fiction aussi éloignée de la vérité que la prétendue vie dorée des journalistes parisiens. Aussi bien y a-t-il d'innombrables exemples de jeunes filles ayant posé depuis l'enfance qui se marient à dix-huit ou vingt ans, tout à fait pures et sans reproche. Celles qui agissent dif-

féremment sont connues. Les artistes qui tiennent
à l'exactitude des rendez-vous et à l'application
de leurs modèles ne les engagent pas. D'ailleurs,
à défaut de vertu, les Italiennes sont retenues par
la crainte de leurs fiancés, qui, en ces matières,
n'entendent pas raillerie. De plus, elles désirent
conserver longtemps cette fraîcheur de lignes qui
est leur gagne-pain. Surtout elles sont protégées
par un instinct particulier, très artistique, qui leur
tient lieu de pudeur.

Tous les artistes connaissent l'anecdote suivante
qui fait bien comprendre la nature du sentiment
dont il s'agit :

Une jeune fille posait l'ensemble dans l'atelier
d'Ingres devant les élèves du maître. Tout à coup
elle pousse un cri, s'enfuit de la planche à modèle,
et se réfugie derrière un paravent. On lui demande
ce qu'elle a :

« C'est, dit-elle, un couvreur qui me regarde de
dessus le toit, par la fenêtre. »

Une autre Italienne, qui ne pose que la tête et
les bras, et qui, chaque année, prête son cou charmant aux bustes des grandes dames en défiance
de leurs propres épaules, disait :

« Quand les modèles qui posent l'ensemble viennent se montrer dans un atelier où je travaille, cela
ne me gêne pas si elles sont belles. Quand elles
sont lourdes ou fanées, j'ai honte. »

Les modèles féminins qui acquièrent ce sens

artistique délicat sont souvent épousés par des artistes. On pourrait citer, entre autres, l'exemple d'un illustre sculpteur, notre contemporain, qui, épris d'une forme pure, a épousé une belle fille sourde et muette qui lui posait ses statues. On peut ajouter que ces mariages ne tournent d'ordinaire pas aussi mal que ceux de *Manette Salomon* et des *Femmes d'artistes,* d'Alphonse Daudet.

Mais, dans la plupart des cas, les modèles épousent des gens de leur pays, auxquels elles sont fiancées depuis leur douzième année, et ces mariages en grand costume, célébrés à l'église Saint-Bernard (quartier Saint-Victor), attirent beaucoup de curieux.

Quant aux hommes, presque toujours ils prennent, par l'immobilité, un embonpoint factice qui les rend impropres à continuer le métier. Alors ceux qui n'ont pas économisé assez d'argent pour s'établir marchands de costumes, mouleurs, encadreurs ou débitants de pâtes, sont d'ordinaire recueillis par la Compagnie des Omnibus. Ils sont fiers, ils ne voudraient pas frayer avec des ouvriers. Ils ont les mains trop soignées pour manier la pioche des Piémontais. Conduire les chevaux leur va. C'est un métier noble qui ne fait pas déchoir. Aussi beaucoup d'Apollons du Belvédère terminent leur carrière artistique en fouettant trois percherons sur la ligne de la Madeleine-Bastille.

★

Une fâcheuse nouvelle m'est parvenue ces jours
derniers. Il paraît que la misère des temps oblige
les modèles à renoncer à cette liberté de cigale,
dont ils étaient si jaloux.

J'ai appris la chose, l'autre jour, sur un divan
d'atelier. Un sculpteur m'a conté qu'il venait de
se fonder à Paris une *Agence des Modèles Vivants*.
C'est un jeune Italien, ancien modèle lui-même, il
s'appelle Socci, qui a eu cette idée ingénieuse
— et profane.

On imagine aisément avec quelles difficultés les
artistes trouvent un sujet qui serve bien leur inspiration. Ils font déshabiller, au hasard, tous les
hommes et toutes les femmes en quête de travail
qui frappent à leur porte. Ils se renseignent auprès
des camarades. Ils écrivent à des adresses problé-
matiques des lettres auxquelles on ne répond pas
toujours. Des semaines, parfois des mois, se passent dans cette recherche énervante. C'est une
grosse perte de temps et souvent une déception
finale, surtout pour les sculpteurs.

Par exemple, l'artiste dont je parlais tout à
l'heure prépare pour le prochain Salon une statue
de jeune fille. Il a voulu surprendre et fixer le
court passage de l'enfance aux grâces plus précises

de la jeunesse, et s'est inspiré de ces vers de Jules Lemaître, qu'il écrira sur le socle :

Gloire à la jeune Hébé ! Son sein de marbre pur
Est frais éclos ; et, dans sa grâce inachevée,
La maternité dort, pressentie et rêvée,
Comme au clair renouveau germe l'été futur.

Cette minute du développement plastique est charmante, mais fugitive. Un artiste peut rêver de montrer l'éclosion instantanée, respectant toutes les proportions, alors gracilement exquises, du corps ; mais, dans la réalité, ces ensembles ne se rencontrent guère ; un détail se précise avant l'autre ; vous trouvez des enfants à jambes de femme, des torses trop grêles pour les membres, surtout des membres trop longs pour les torses. Il faut donc emprunter des fragments à d'innombrables fillettes.

Où les prendre ?

Désormais on n'aura plus qu'à écrire à Socci, ou mieux, à faire comme j'ai fait, à l'aller voir.

Boulevard de Clichy, au pays artiste, l'Agence des Modèles Vivants est provisoirement installée au fond d'une large et lumineuse allée. C'est une maisonnette fraîchement repeinte. Des crêpons japonais sont collés sur les vitres.

En bas, une petite salle d'attente.

De huit heures à midi, vous êtes toujours sûr

d'y rencontrer un bouquet de jolies filles. J'ai été surpris de trouver là, dans leurs costumes de velours, des ouvriers français, des hommes super- bes, poussés au muscle, avec des poitrines larges comme des buffets d'orgue. Ils semblaient embar- rassés, regardaient à terre, décontenancés. Socci m'a dit que ce sont des ouvriers sans travail, qu'il a été enrôler dans les grèves. La pensée de gagner huit francs par jour a triomphé de leurs répu- gnances. L'un d'eux, un terrassier, m'a fait pitié. Gauchement debout sur la planche à modèle, il souffrait avec une honte visible de l'exhibition fainéante de son corps, qu'il a développé dans le travail, par les rudes besognes de biceps.

C'est au premier, dans le cabinet de Socci, que les modèles s'exhibent. Des albums contenant des photographies sont posés sur des tables. Socci est en train de faire exécuter des moulages qui permettront aux artistes de se renseigner complé- tement sur les sujets dont l'agence dispose. A l'heure qu'il est, il y en a plus de deux cents d'ins- crits.

L'Agence des Modèles fera certainement de bonnes affaires. Elle rendra de réels services aux artistes, en leur épargnant de longues et fasti- dieuses recherches ; elle donnera le grain de mil à bien des petites cigales que la bise trouvait jadis dépourvues ; mais je ne puis m'empêcher de re- gretter, pour tout ce monde pittoresque, le temps

fini de la liberté, des courses à l'aventure, et je
déplore amèrement les habitudes pratiques d'une
époque qui oblige les Dianes, les Hébés, les Faunes
et les Antinoüs à se syndiquer pour vivre — comme
des garçons limonadiers.

VII

LES JOCKEYS

La semaine de Longchamp est une des grandes fêtes parisiennes. On n'a pas le droit de l'oublier dans un livre qui est comme une revue de l'année, surtout lorsque les couleurs françaises ont remporté une victoire brillante et inattendue. — A cette occasion, tous les secrétaires de rédaction de journaux illustrés recherchent dans leur armoire la vieille planche qui date de Gladiator, représentant un jockey sur un cheval de course et servant annuellement à figurer les vainqueurs de Longchamp. On se contente de changer la lettre, de biffer le nom des triomphateurs de l'an passé. Cette fois-ci donc, le pur sang et le *lad* s'appelaient Ténébreuse et Woodburn; de braves gens ont acheté avec enthousiasme cette image tirée à part et l'ont fixée par quatre punaises à la muraille.

J'imite tranquillement la superbe audace de

directeurs de journaux illustrés. Je crois, comme eux, que je puis sans inconvénient conter, à la place de la biographie de Woodburn, que j'ignore, celle d'un brave petit jockey d'Epsom que j'ai intimement connu, il y a une dizaine d'années, en Angleterre, et que l'on appelle Joë dans son écurie.

L'histoire de M. Woodburn ne doit pas être très différente de l'histoire de Joë. Il n'y a rien qui ressemble à une biographie de jockey comme la biographie d'un autre jockey.

En jockey qui se respecte, Joë était né à New-market ; son père était piqueur, sa mère était morte. Quand je le connus, il courait pour un propriétaire qui faisait de l'élevage dans ces belles prairies qui avoisinent Windsor, à l'endroit où se tient la foire historique de Lincoln, près d'un petit village appelé Patnay.

Né sur une botte de foin, Joë avait eu une stalle pour berceau. A six ans, on le faisait coucher dans le box, sur la paille d'un pur sang — car c'est la coutume de donner à ces bêtes ombrageuses et frémissantes un compagnon de sommeil qui les rassure dans leurs peurs nocturnes et d'une caresse chasse les mauvais rêves. — De véritables amitiés naissent de ces concubinages, et il n'y a pas d'exemple, je crois, qu'un cheval ait jamais mordu ou frappé du sabot son petit gardien.

Dans la journée, Joë, qui n'avait pas encore

percé toutes ses dents de lait, était juché sur un bon vieux cheval paisible sur lequel il faisait, sans étriers, ses premiers temps de galop. Puis, à sept ans, sans transition, on le campa, déjà solide, sur la croupe mobile d'un étalon. Joë avait du courage et de la force ; en quelques années, il acquit une science du cheval, une souplesse, une sûreté de coup d'œil, une légèreté de main tout à fait remarquables.

Quand je fis sa connaissance, il avait à peu près dix-sept ans et son éducation était tout à fait achevée. C'est un excellent jockey ; des jambes un peu longues, une poitrine large et des bras vigoureux, qui soutenaient le cheval, l'enlevaient bien en face de l'obstacle. Tout cela tenait dans un très petit volume musculaire, encore trop considérable pourtant au gré de Joë, qui tenait de sa mère, une Irlandaise, une propension désolante à engraisser. Or, la règle est formelle : un garçon qui pèse plus de cent livres ne peut pas monter les poulains de deux ans.

C'est pourquoi, à l'approche des courses, Joë était obligé de se soumettre à l'entraînement. Son carême commençait environ trois semaines après Pâques et durait jusqu'à la fin d'octobre. En une huitaine de jours, il perdait quatorze livres, il ne pesait plus que quatre-vingt-dix-huit, et, quand on lui disait de s'arrêter, il répondait en secouant la tête :

— Pas encore! John Dodle ne pesait que quatre-vingt-deux livres à vingt-cinq ans, et il était plus grand que moi.

Une fois, son poids descendit jusqu'à quatre-vingt-douze, mais jamais il ne put maigrir davantage.

Pour arriver à ce résultat, il se condamnait à un régime fort extraordinaire. Son déjeuner se composait d'une tasse de thé et d'une tartine de pain et de beurre; il dînait tard, d'un peu de poisson et d'une mince tranche de pudding. Il ne buvait que du vin coupé de deux tiers d'eau, et encore une tasse de thé avant de se mettre au lit.

Aussitôt après son repas, il se couvrait d'habits chauds et lourds. Il enfilait les uns par-dessus les autres cinq ou six gilets, deux surtouts, trois pantalons et, ainsi vêtu, parcourait à pied, en marchant vite, une distance de quatre à cinq mille, — deux lieues au moins. Au bout de ce trajet, il s'arrêtait à l'entrée de Windsor, dans une taverne, et s'asseyait devant un grand feu. La chaleur de l'âtre augmentait la transpiration. Il rentrait très las, se couchait à neuf heures, se relevait à six.

J'ai vu courir Joë une fois, — la dernière fois qu'il ait paru sur une piste. C'était dans un steeple-chase qui se courait du côté de Sydenham, j'ai oublié le nom précis de l'endroit.

Joë devait monter une jument qui s'appelait

New-Star et que l'on avait envoyée par le chemin de fer jusqu'à Sydenham, la veille du rendez-vous. Le matin de la course, je demandai au jockey de m'emmener quand il irait rendre visite à sa bête.

Nous entrâmes ensemble dans le box obscur, où je vis un alezan clair qui grattait nerveusement le pavé du bout de son sabot à travers la paille écartée. Ç'était une jument plutôt petite que grande, un peu trop maigre, avec une croupe qui fuyait et des jambes un peu cagneuses; mais c'était une bête de race, et sous sa peau, lisse et douce comme du satin, son sang généreux faisait saillir les mille mailles d'un réseau de veines. Au moment où nous entrâmes, New-Star tourna la tête et respira longuement en gonflant ses naseaux, qui battaient comme des ailes de chauve-souris; ses yeux à fleur de tête, injectés de sang, nous regardaient un peu troubles.

— Êtes-vous content d'elle? demandai-je à Joë.

J'avais parlé à demi-voix, encore trop haut pourtant, car le bruit de mes paroles effaroucha la pouliche, qui commença à secouer sa musclière.

— Elle est bien agitée, me dit Joë.

Il avait un pli sur le front.

Sans doute, à cette minute, tous les défauts de son cheval lui apparaissaient violemment, et il en souffrait, comme un homme amoureux qui, au moment de produire en public la femme qu'il aime et dont il a volontairement oublié les imperfections, revoit malgré soi ses défauts avec une intensité douloureusement nette, et souffre cruellement dans son cœur.

Quand nous sortîmes du box, le jockey était tout transformé; on eût dit qu'il était devenu nerveux comme sa bête. Tout le monde disait pourtant qu'il avait du *pluck*, c'est-à-dire du sang-froid, de l'audace tranquille, et je ne savais que penser de ses réponses impatientes.

Il alla s'habiller.

Quand il reparut au bout d'une demi-heure dans sa jaquette de satin mi-argentée, mi-blanche, New-Star, amenée par l'entraîneur, se promenait devant l'écurie enveloppée d'une housse orange et bleue, avec d'énormes oreillères.

Il la fit découvrir et, au coup de cloche, monta en selle.

Cinq chevaux devaient courir.

Joë avait le numéro 3.

L'entraîneur n'avait pas lâché la bride du cheval, qu'il voulait conduire jusque sur la piste. New-Star tremblait, et, montrant le blanc de son œil, regardait son cavalier en arrière. Joë la flattait sur le cou d'un geste lent. Je cherchai son regard; il était troublé d'une vague ivresse, sans doute la griserie de se sentir le point de mire de tous les yeux et l'impatience inquiète du mouvement.

A ce moment, ses quatre concurrents passè-

rent devant lui, emportés dans le galop d'essai.
Il embrassa chacun d'eux d'un coup d'œil ardent.

Et, se penchant sur l'encolure de son cheval, il
dit à l'entraîneur :

— Je ne redoute que la jument de Rogers.

— Ne vous occupez pas des camarades, répondit
l'homme, ne songez qu'à vous. L'essentiel est
de ne pas être inquiet ; surtout, devant l'obstacle,
rappelez-vous qu'il ne faut ni retenir ni lancer le
cheval ; laissez-le faire. Pour ce qui est de mener
la course, prenez la tête si vous pouvez, sinon,
quand même vous seriez le dernier, ne vous
désolez pas. Chifney n'a jamais eu d'autre tac-
tique.

Les chevaux s'élancèrent après trois faux départs.

Tout de suite, l'adversaire de Joë, le jockey
Rogers, fut en tête. New-Star, agitée, trop nerveuse, occupait la seconde place ; mais, dès le saut
de la rivière, elle regagna le terrain perdu, et Joë
se plaça derrière Rogers, qui menait toujours. La
grande barrière se trouvait juste en face des tribunes.

Nous regardions les chevaux arriver comme le
vent, nous attendions.

Le cheval bai et New-Star franchirent l'obstacle
en deux sauts presque parallèles, et, dans l'espace
de deux cents mètres environ qui séparait cette
barrière du mur, tout d'un coup New-Star passa

devant son adversaire. Dans cette place, elle franchit successivement une haie et une nouvelle barrière. Il ne lui restait plus, pour atteindre le but et gagner belle première, qu'à franchir un fossé d'environ deux mètres. Déjà, derrière elle, Rogers, furieux, roulait sa bête, et New-Star venait de s'enlever, quand, le fossé sauté, la petite jument culbuta, inexplicablement, dans l'herbe, en lançant son cavalier par-dessus sa tête.

On les crut tués tous les deux et un grand cri s'éleva des tribunes. Le propriétaire du cheval, l'entraîneur, deux commissaires de courses et moi-même nous courûmes vers la fatale banquette.

Joë s'était relevé; il n'avait rien, pas même une foulure, et assis sur la croupe de sa jument gisante, il hurlait, la tête dans les mains :

— Qu'ai-je fait, mon Dieu? New-Star! New-Star!

La jument avait les reins brisés.

L'entraîneur se pencha sur elle et, de ses mains qui tremblaient, il détacha la bride.

Quand elle se sentit libre, la jument essaya de se lever sur ses jambes de devant, mais elle ne put soulever sa croupe, qu'un poids énorme semblait coller au sol, et, secouée d'un grand frisson, elle enfonça son museau dans l'herbe.

Il fallut l'abattre.

Le lendemain, Joë me conta comment le malheur lui était arrivé.

Je répète fidèlement son récit, parce qu'il m'est demeuré dans la tête comme une très exacte analyse des émotions et des sensations d'un homme qui court.

Le départ avait surpris le cheval, et ce n'est guère qu'après la première banquette franchie, que Joë s'était senti maître de sa jument. Ils étaient arrivés dans de bonnes conditions devant la barrière qui faisait face aux tribunes.

.— A ce moment-là, me dit Joë, je sentais tous les yeux braqués sur moi, ils me brûlaient par tout le corps, sans que j'eusse besoin de tourner la tête vers le public. Je regardais devant moi, je n'apercevais que la culotte de Rogers, la croupe de son cheval et ses balzanes blanches frappant en cadence le gazon. A ce moment où les planches de la barrière passaient comme un éclair sous le ventre de New-Star, j'ai entendu un bruit, éprouvé une secousse. Ma jument, exaspérée de voir le bai-brun devant elle, avait sauté trop vite et frappé la barrière de ses fers de derrière. Un moment, je crus qu'elle s'était blessée; mais non, nous détalions toujours du même train, je voyais toujours devant moi, à une distance de longueur, la culotte de Rogers, la croupe et les balzanes blanches de son cheval. Alors j'ai pensé à obliquer vers la corde. Ma jument a eu la même idée que moi; d'elle-même, elle a changé de pied et j'ai passé si près de Rogers que je lui ai frôlé la cuisse. Nous étions devant, mais ils nous suivaient de près. J'entendais dans mon dos le galop et la respiration réguliers du cheval de Rogers. N'importe! je menais la course; il n'y avait plus que trois cents mètres à parcourir. J'étais sûr que ma jument tiendrait. Elle avait franchi l'avant-dernière banquette avec une légèreté d'oiseau, je croyais la course gagnée, quand nous sommes arrivés à la rivière. Qu'ai-je fait alors? Quel vertige m'a pris? Nous nous étions bien enlevés; au moment où New-Star retombait, au lieu de suivre l'allure de mon cheval, je me suis séparé de lui. Le poids de mon corps est retombé à faux sur la selle. J'ai cassé les reins à ma jument. Ah! monsieur, voyez-vous, je ne remonterai jamais à cheval! Cette aventure-là, c'est le déshonneur! Un garçon d'écurie n'aurait pas commis une pareille faute.

Joë a tenu parole. Il a suspendu pour toujours à la muraille sa selle et sa bride. Il s'est placé dans un château du Devonshire comme concierge, gardien de porte. Il s'est marié, il boit du gin avec excès. Il est devenu déplorablement gras.

C'était sa destinée.

Joë mourra probablement dans son lit, ce qui n'est point la fin ordinaire des coureurs de steeples.

Du moins, les jockeys qui meurent vieux, finissent-ils dans la gloire et dans l'opulence. L'exemple récent de Frederick-James Archer, qui s'est suicidé, dans un accès de fièvre chaude, a dû tourner bien des têtes de *lads*. De quels yeux auront-ils lu, les pauvres enfants, que le « jockey national » avait laissé 1,666,751 fr. 95 à ses héritiers, dont 500,000 francs à sa fille Nellie, 125,000 francs à son ami M. Mills, 12,000 francs à son beau-frère, 50,000 francs à son frère, et 25,000 francs *à son valet* William Bartholomew, plus connu sous le nom de Salomon.

Et, il y a, par-dessus le marché, une histoire authentique du prince de Galles, qui a réclamé, pour sa part, la paire d'éperons et la selle dont Fred s'était servit quand il monta Ormonde, à sa dernière course de Newmarket, — et il y a encore l'histoire des sportsmen qui prirent le deuil, — et l'histoire des trains spéciaux qu'on organisa pour les funérailles.

Avouez que l'on irait, pour bien moins d'honneurs et d'argent, se faire sereinement casser les reins au pied d'une banquette irlandaise ?

VIII

LES NOURRICES

Que de fois, allant guetter le retour d'un ami aux gares de Lyon ou d'Orléans, vous avez été témoins du spectacle suivant :

A la queue des voyageurs, pressés de franchir le tourniquet et de sauter dans les fiacres, apparaissait, loin sur le quai de la voie, un bataillon de paysannes, coiffées du petit bonnet blanc des Morvandiotes, conduites par un personnage très important, haute casquette et blouse neuve, ayant une chaîne d'or autour du cou et à la main un de ces bons bâtons ferrés du bout, à manche de cuir, que l'on voit dans les foires au poignet des maquignons. Arrivé à la barrière, ce compagnon clignait familièrement de l'œil à l'employé. Lentement, de dessous sa blouse, il tirait les billets enfouis dans sa sacoche ; puis, ayant compté son monde, il reprenait la tête de la caravane et traversait la gare avec l'air victorieux d'un pacha

menant son sérail à la promenade. Les paysannes
le suivaient à la queue leu leu ; d'étranges miaule-
ments sortaient de dessous leurs capes jetées sur
l'épaule. Enfin, au bas des marches, toute la
troupe s'empilait dans une tapissière et s'éloignait,
cahotée, au trot d'un bidet.

Involontairement, vous avez souri et vous vous
êtes souvenus d'une vieille lithographie en trois
couleurs, qui s'étale à toutes les devantures de
marchand d'estampes : la *Voiture de nourrices*,
avec sa charretée de marmots pendus aux seins
maternels et son *meneur*, assis sur le brancard,
la pipe aux dents.

Depuis l'invention des chemins de fer, les car-
rioles des meneurs se rouillent, les bras en l'air,
sous d'antiques remises ; mais le type pittoresque
du conducteur de nourrices n'a guère varié.

C'est un être tout à fait à part et fort complexe.
Il joint à la rouerie finaude du marchand de bœufs,
à son mépris du bétail, l'élégance spéciale du camelot enrichi. Enfin, il a je ne sais quelle vague
ressemblance avec l'ancien racoleur de conscrits,
ce terrible sergent à langue dorée, resté si vivant
dans les complaintes paysannes. L'administration
qui exige aujourd'hui du meneur des certificats de
bonne vie et mœurs, et une autorisation préfectorale, en a fait un personnage officiel. Il n'a jamais
porté sa coiffure aussi haute ni son ventre aussi
en avant. Celui qui m'a donné quelques rensei-

gnements sur la façon dont les meneurs recrutent leur personnel, m'a dit :

— « J'opérions chacun dans notre dioçaise. »

Voulait-il vraiment dire dans le *sien*, comme Henri IV déclarait *sienne* « sa bonne province de Normandie ? » Il est certain que le meneur est aussi connu que Monseigneur dans les paroisses, et qu'il surveille de très près son troupeau. Que les autres guettent la moisson qui germe, la vigne qui bourgeonne, lui, dans ses tournées de campagne, surveille les couples qui s'égarent les soirs de vendange, et, d'après ses observations, se livre à des calculs de probabilités tout à fait divertissants.

J'ai eu entre les mains un carnet de meneur — un vieux carnet relié en toile cirée, avec des taches de café répandu et de grosses marques de pouce au bas des feuillets. Toutes les pages étaient à demi pleines. D'une part les femmes qui s'étaient promises à date fixe. De l'autre, les filles, celles qui ne disaient rien encore, mais sur qui le meneur avait l'œil ouvert. Celles-ci étaient de beaucoup les plus nombreuses. Et cela est logique. Dans un pays où le commerce « de la nourriture » est devenu une industrie réglée, la source à peu près unique de la prospérité des ménages, les gars ne se soucient pas du tout d'épouser une femme stérile, et ils lui préfèrent beaucoup des filles qui « avions fait leurs preuves », — comme disait mon meneur.

Quand le meneur a formé sa troupe, ou pour parler l'argot du métier, quand il a « noué sa botte », il va prendre, à quelque station de grande ligne, le chemin de Paris.

Presque toutes les femmes emmènent leurs enfants avec elles. Et tout ce monde, été comme hiver, voyage en wagon de troisièmes, assis sur le bois, presque au lendemain des relevailles. Et il est bien entendu que le meneur ne se gêne point pour fumer sa pipe, pas plus que les camarades qui montent en route. Pourtant les pauvres bébés sont encore moins à plaindre à l'aller, serrés contre les seins maternels et bien protégés par la cape ou par un vieux châle, qu'au retour, où ils sont confiés « aux bons soins » du meneur.

L'administration a fait pour eux ce qu'elle a pu. Elle a, par exemple, sévèrement défendu aux conducteurs de nourrices de ramener plus d'un enfant à la fois. On n'a plus le spectacle lamentable de ces maillots vagissants rapportés à la botte, trois, quatre, roulés dans une couverture, par un marchand de bœufs ou une vieille commère. Les conséquences de cette ancienne pratique, c'étaient : la mort en masse, les échanges d'enfants, une foule d'incidents tragiques qui nous semblent relever uniquement du mélodrame et que la loi de 1874 sur la protection de l'enfance a rendus infiniment rares.

Mais a-t-elle pu remédier à tout, cette belle loi de pitié ?

Pourra-t-elle empêcher le meneur de considérer le marmot qu'il rapporte comme un paquet incommode, adoucir sa main lourde et faire que ce mauvais lait de Paris, acheté au départ dans une crémerie, secoué dans la bouteille par le tressautement du chemin de fer, ne descende pas bien froid et presque empoisonné dans ce pauvre petit estomac de poupon qui crie famine ?

« Il est expressément défendu, dit une ordonnance du préfet de police (1er février 1878), aux meneurs ou meneuses et à toutes personnes s'occupant dans le département de la Seine du placement d'enfants en nourrice, d'emporter des nouveau-nés, sans que ces enfants puissent être, pendant le transport, entourés de soins dont ils ont besoin, et de nature à rendre impossibles les substitutions d'enfants. »

Voilà tout ce que la loi pouvait faire ; quant à la pratique, la surveillance doit être bien malaisée, et l'ordonnance conclut par cet article instructif :

« Dans le cas où les enfants ainsi transportés viendraient à mourir en route, il est enjoint aux meneurs d'en faire aussitôt que possible la déclaration devant un officier de l'état civil. »

Mais pour le moment ils sont bien vivants, ces petits Morvandiots, et ils emplissent du concert bruyant de leurs cris les voûtes sévères de la préfecture de police.

Une seule chose préoccupe les nourrices : ce monsieur décoré, qui là-haut va les passer en visite, voudra-t-il, oui ou non, parapher leur livret ?

Et le monsieur décoré fait décroiser les fichus, tomber les caracos. C'est un vrai conseil de revision. Le médecin tâte longuement les glandes, vers la nuque ; il cherche autour du cou, sur tout le corps, quelques cicatrices d'écrouelles ; et, s'il a des doutes, il pousse encore plus loin son enquête minutieuse. Il est bon que le public le sache. On ne trouve plus aujourd'hui dans les bureaux de placement une seule nourrrice qui n'ait été soumise à cet examen.

Il va sans dire pourtant que le bulletin de la préfecture de police est tout à fait négatif. Il constate seulement que la nourrice n'est atteinte ni d'un vice constitutionnel, ni d'une maladie contagieuse qui la rendrait impropre à l'allaitement. C'est aux mères à voir au delà et à demander à leurs propres médecins des renseignements complémentaires.

L'examen fini, les livrets visés, la caravane remonte en tapissière, et en route pour le bureau de nourrices !

C'est la dernière étape.

Il y a à Paris, environ une douzaine d'établissements de ce genre ; je les ai visités presque tous. La plupart sont situés sur la rive gauche, et plus particulièrement dans le voisinage immédiat de la gare d'Orléans et de la gare de Lyon.

Presque toujours, le bureau de nourrices est logé dans une ruelle, au fond d'une impasse. Il faut un vaste local, un jardin, au moins une cour, et le placeur a naturellement recherché l'installation la plus économique. Avec leurs carreaux dépolis, leurs portes toujours entre-bâillées, leurs façades peintes en clair et les grosses lettres de leurs enseignes, la plupart de ces établissements ont une allure de maison louche. Et vraiment j'ai trouvé l'un d'eux — un des plus considérables de la rive gauche — installé dans le local laissé vide par le déménagement de la « Maison Tellier ».

Il m'est resté dans l'œil le salon de ce bureau modèle, avec son canapé à oreillettes, son meuble d'Utrecht couvert de housses au crochet, sa cheminée ornée d'une pendule à colonnettes d'albâtre et surtout avec ses portraits de famille, pendus en des cadres ovoïdes, toute une dynastie de placeurs, depuis le bisaïeul, peint dans sa blouse bleue d'ancien meneur, des anneaux d'or aux oreilles, jusqu'au patron actuel, un bon bourgeois rose comme un jambon, jovial, légèrement égrillard, déjà bedonnant et bien monté en breloques.

Quant aux dortoirs des pauvres nourrices, bien entendu on n'est pas admis à les visiter. Il y avait beaucoup à dire sur ce chapitre autrefois.

Dans le rapport qu'il présenta, il y a une douzaine d'années, au ministre de l'intérieur, le docteur Donné parle « de misérables chambres infectes, sans air, de caves et de celliers où les lits, serrés les uns contre les autres, ne laissent aucun intervalle entre eux, et où il n'y a même pas de berceau pour les enfants. » Depuis, l'administration a tenté de remédier au mal. La loi du 23 décembre 1874 a soumis les bureaux de placement à la surveillance préfectorale. On a institué des médecins inspecteurs spécialement chargés de visiter ces établissements. On a accordé un délai aux placeurs pour faire dans leurs bâtiments les mofications exigées par les conseils d'hygiène ; le tout à peine de retrait d'autorisation, d'emprisonnement et d'amende. Il faut donc croire qu'il y a progrès. Pourtant les nourrices que l'on prend à part et que l'on interroge se plaignent fort de la façon dont on les a traitées dans les bureaux. Elles souffrent surtout de la nécessité d'aller chercher leurs repas dehors, chez les marchands de vin du voisinage. Presque entièrement dépourvues d'argent, elles se nourrissent le plus mal qu'elles peuvent. De là, ces airs minables qu'elles ont presque toutes, lorsque, après trois ou quatre jours d'attente, elles comparaissent devant vous.

La première question que le patron pose au client est la suivante :

— Voulez-vous des femmes ou des filles ?

6.

Et naturellement ce sont des filles qu'il a, en plus grand nombre, à vous offrir. Beaucoup de gens les préfèrent. D'abord, elles sont moins exigeantes que les femmes, et puis on n'a pas le mari sur les bras, ce qui est un gage certain de tranquilité, alors même que ce personnage habite fort loin.

A peine donc avez-vous répondu : « Une fille » que le patron se précipite dans l'escalier et crie vers les étages supérieurs :

— Faites descendre !

Oh ! les lamentables processions de vierges folles! Elles entrent craintives, blotties les unes derrière les autres, la tête basse. La plupart sont jolies avec des teints très frais. C'est ce qui les a perdues. Un grand nombre ont l'air niais des Vierges de Primitifs. Mais il y a aussi la rouée, la laide éclaboussée de rousseur, basse sur jambes, presque bancale. Celle-là n'en est jamais à son premier enfant. Elle vient de n'importe où et, seule entre toutes, elles ne porte pas le petit bonnet à deux rangs de ruches. Quant au marmots, ils sont presque tous hideux, maigrichons, pâlots, ils ont poussé sous des ceintures trop serrées. Ils ont le vice des autres peint sur leurs petites faces plates, au fond de leurs yeux trop grands et stupéfiés.

Cependant le patron a rangé son monde sur une seule ligne et il fait l'article.

Tout d'adord, en bon commerçant, il cherche à

vous placer ses *rossignols*, c'est-à-dire les filles qui sont au bureau depuis le plus grand nombre de jours. Mais, pour peu que vous paraissiez hésiter, il passe à d'autres. Il va de corset en corset, pressant les mamelles, faisant jaillir le lait. Au besoin, pour vous convaincre de l'excellence de sa qualité, il y goûte.

Si la femme a une forte poitrine, développée par de précédentes nourritures, il place son premier cliché :

— Voilà une mamelle pesante, et qu'un nourisson n'épuisera pas.

Au contraire, si la femme débute et si elle est quelque peu maigrelette, il tient en réserve cette autre phrase, qu'il vous lance imperturbablement :

— Voici un petit sein bien veiné et qui fournira beaucoup de lait.

C'est d'ailleurs un maquignon parfait, d'un aplomb indémontable et très ferré sur les trucs de sa profession. Le plus simple consiste à prêter à une femme un bel enfant, qui n'est pas le sien, et qui passe successivement dans tous les bras, à peu près comme l'élève replet qu'un maître de pension légendaire présentait aux parents des nouveaux comme spécimen de la cuisine de son établissement.

Enfin, vous avez fait votre choix. On est d'accord pour les gages (de quarante à cinquante francs pour les filles, soixante à quatre-vingts pour les femmes). Il ne vous reste plus qu'à payer le bureau et le retour du meneur.

Mais, avant de se séparer de son enfant, la nourrice veut le serrer encore une fois contre son cœur.

C'est une chose douloureuse, cette dernière tétée, sanglotante, dans un coin, pendant que l'on règle la question d'argent à l'autre bout de la chambre, et que l'on se défend contre la rapacité du placeur et du meneur.

Puis, le moment de la séparation arrive.

La fille embrasse son petit et s'en va sans tourner la tête.

N'est-ce pas que la maternité, même la maternité de lait, c'est comme l'amour ; une chose qui ne devrait pas se vendre ?

IX

LES INTERPRÈTES

Les débats de l'affaire Pranzini ont appelé l'attention publique sur une catégorie de gens passablement suspects, généralement ignorés des Parisiens, qui n'ont que peu de rapports avec eux, mais bien connus des étrangers qui visitent notre ville toute l'année : sur la petite confrérie des interprètes.

A la sortie des gares de chemin de fer, aux portes des musées nationaux, sous les arcades de la rue de Rivoli, quiconque se montre en manteau de voyage, la sacoche en bandoulière, la valise ou la jumelle à la main, a des chances d'être abordé par un vague gentleman qui se découvre devant lui, s'incline jusque sur ses bottes, se redresse avec dignité et, dans les quatre ou cinq langues que parle sous la calotte du ciel l'humanité baptisée et vaccinée, lui adresse la même apostrophe :

— Monsieur, Señor, Signor, Sir, mein Herr, Excellence, un guide pour visiter Paris et la banlieue, les rues, les palais, les monuments, les musées, les théâtres, les boulevards...

Et, pour peu que l'on laisse échapper un geste indécis, l'homme s'attache aux talons de sa victime, la prend par le bras, l'ahurit de paroles, la roule dans ses boniments.

Il n'est pas question d'argent... on parlera de cela plus tard..., on s'arrangera toujours... entre gentlemen.

Et l'interprète fait tourner sa canne, — car l'interprète a toujours une canne, pour désigner, démontrer, — il la braque à la fois vers les quatre points cardinaux, dans un désir fiévreux d'étourdir le client par l'abondance de ses renseignements et la précision de son savoir.

— Nous sommes ici au centre de Paris ; à droite, c'est la place de la Concorde, en face la Cour des Comptes, en ruine, à gauche le Louvre, derrière, les places des Pyramides et Vendôme, avec la Jeanne d'Arc de M. Fremiet et la Colonne en bronze. Mais tout cela demande à être visité séparément. Procédons avec méthode. D'abord l'obélisque de Louqsor.....

Dans un geste magnifique de commandement, la canne s'étend, vers la droite, au bout du bras largement déployé ; les malheureux promeneurs obéissent, subjugués par cette volonté tenace, et l'interprète, en se rengorgeant, passe avec un sou-

rire de supériorité devant ses confrères, qui entre
les arcades, à l'oreille des passants, continuent de
chuchoter sur le ton du pstt... mystérieux des marchands de cartes :

« Monsieur, Señor, Signor, Sir, mein Herr,
Excellence... pour les théâtres... les monuments...
un guide... »

Parmi tous les parasites qui germent dans la
boue des grandes villes entre les lézardes de l'as-
phalte, il n'en est peut-être point de plus inclassables et de plus pittoresques que ces exploiteurs
de badauderie cosmopolite, qui chassent l'étranger
à travers Paris, le flairent, le dépistent, le relan-
cent avec des habiletés de Peau-Rouge, le harpon-
nent avec leur canne, le pétrifient avec leurs histoires à dormir debout, — tel le vieux marin de la
ballade de Coleridge qui arrêta le garçon de noce
par le bouton de sa veste et, pendant que les violons chantaient, l'obligea d'écouter son récit. Et de
fait on composerait aisément, je vous jure, avec
les biographies de ces déclassés, un volume aussi
varié qu'instructif, sous ce titre : *Comment on devient interprète*. Et ce serait la revision des sept
péchés capitaux, d'étranges aventures d'ivrognes,
de joueurs et de libertins, — histoires morales, au
moins par le châtiment qui les couronnerait, et
qui pourraient, expurgées avec soin, figurer honorablement dans la collection des cartonnages édi-
fiants et dorés des éditeurs tourangeaux.

Pourtant, là comme ailleurs, il y a une aristocratie et, à côté du raccrocheur du trottoir qui tend sa toile entre deux arcades de la rue de Rivoli, du pauvre claque-patins qui n'étend point de beurre sur son pain, afin de mettre du cirage sur ses souliers, la confrérie s'honore de posséder quelques membres qui gagnent de quoi se griser tous les soirs avec des consommations de premier choix. Le spectacle de la félicité de ces quelques fortunés suffit à soutenir dans les jours difficiles le courage des camarades ; ces ripailles de quelques-uns sont pour toute la corporation un encouragement précieux au travail.

Ces hauts bonnets de « l'interprétation », — peut-être devrai-je dire ces hautes casquettes, puisque beaucoup d'entre ces guides arborent dans l'exercice de leurs fonctions un chef à visière galonnée d'or qui ressemble à la coiffure des officiers de marine et à celle des lycéens, — ces hautes casquettes donc sont attachées aux hôtels parisiens. Un seul établissement, dans la rue de Rivoli, en a dix-neuf au moins à sa dévotion, et voici comment ce personnel se recrute :

Je ne parle pas des anciens domestiques de la maison auxquels cette fonction de *courrier* — c'est par ce titre que les interprètes se désignent entre eux, — est accordée après de longues années de service. Ceux-là sont tout simplement d'honnêtes gens, et de ce chef beaucoup moins intéressants

que les confrères. Le courrier volontaire vient
offrir un beau matin ses services au directeur de
l'hôtel. Il exhibe ses certificats, — ces gens-là possèdent toujours un dossier volumineux de papiers
louangeurs, — il justifie de sa connaissance d'une
ou de plusieurs langues étrangères, et prouve qu'il
ne les parle pas toutes en français, comme c'est
un cas trop fréquent dans la corporation. Si la
tenue du candidat est convenable, s'il ne montre
pas décidément moins de linge que de bijoux, s'il
y a une place à prendre dans la petite armée des
courriers, on écrit à la préfecture de police pour
demander des renseignements sur le sujet, généralement étranger et particulièrement Suisse, Belge,
Italien ou Allemand. Et dame ! si les renseignements ne sont pas déplorables, on ne fait point
trop de difficultés pour agréer le néophyte. D'avance
on ne s'attend pas à lui trouver les mains nettes.
On sait bien que ces rouleurs de monde sont presque tous des expulsés ou des exilés volontaires,
que les meilleurs sont des banqueroutiers ou des
joueurs ruinés, — tel ce comte italien que l'on
rencontre dans la cour de l'Hôtel Continental et
qui fait avec tant de dignité visiter pour de l'argent, à ses compatriotes, la capitale de la France.

En échange des clients qu'on leur procure, les
interprètes fournissent gratuitement leurs services à l'hôtel qui les a agréés. Ils arrivent dès le
matin, montent dans les chambres, proposent des

plans d'excursion. Ils sont nourris à l'hôtel. Quand ils ont amené avec eux ce que l'on appelle une « bonne famille », — entendez des Yankees millionnaires qui jettent les dollars par les croisées, — on les loge à l'hôtel même, et on leur donne un tant pour cent sur la note. C'est ainsi que l'on procède avec les interprètes attitrés des Mackay et de deux familles péruviennes bien connues dans tous les hôtels du continent, les Concha et les Oyaye.

Ces courriers vont chercher leurs clients à l'arrivée du paquebot transatlantique, les reconduisent à leur départ et se font à leurs dépens de si jolis revenus qu'un grand hôtel parisien leur a payé, à différentes reprises, dans les quatre à cinq mille francs de pourcentage sur les dépenses. C'est là la légende du monde des interprètes : vous la retrouvez dans toutes les bouches, particulièrement dans les monologues de l'ivresse.

Pranzini était bien connu à l'Hôtel Continental, où il était venu souvent offrir ses services. Mais on n'avait pas tardé à s'apercevoir que son but était bien moins de chercher du travail que de s'introduire dans le salon de conversation pour causer avec des femmes, et on avait fini par le mettre à la porte. Deux ou trois interprètes qui ont été liés avec ce triste sire m'ont parlé de lui comme d'un « mauvais camarade, d'un sournois qui n'a jamais rendu service à personne et qu'on ne regrette pas ». Il y a encore aujourd'hui, parmi les interprètes de l'hôtel du Louvre, un courrier qui s'appelle Pranzini. L'assassin de la rue Montaigne, qui se disait le parent de cet honnête homme, avait cherché à lui emprunter de l'argent. Mais le parent malgré lui, qui est propriétaire quelque part dans les environs de Paris, n'avait pas accueilli avec beaucoup d'empressement ce beau cousin qui lui tombait du ciel, et les relations commencées par une tentative d'escroquerie se dénouèrent tout de suite.

Je viens de parler d'un interprète propriétaire : il y a de tout en effet dans cette petite bande, — voire des savants. J'ai connu un de ceux-là : un vieux Polonais qui fut pendant une année mon voisin de palier rue Racine, dans un petit hôtel d'étudiants que les bâtiments de l'École de Médecine ont fait disparaître.

Il s'appelait Lucien Podowski. Il pouvait bien avoir soixante ans, il était tout gris, très voûté, portait une coupe de barbe militaire, un véritable chapeau tromblon et, l'été comme l'hiver, se montrait vêtu du même habit : une redingote d'alpaga. Sa carte était fixée par quatre clous à sa porte ; on y lisait :

LUCIEN PODOWSKI

Membre de l'Académie de Hongrie.

Il avait épousé, étant déjà dans la cinquantaine,

une jeune Levantine convertie, pour laquelle il avait eu une passion folle et qui était gouvernante dans une riche maison grecque. Dès le lendemain du mariage, la belle fille lui avait donné son congé. Séduite par son maître et se trouvant enceinte, elle s'était, pour se tirer d'affaire, mariée. Mon Polonais me raconta cette histoire avec un déluge de larmes, un soir qu'il était abominablement gris. Il me montra le portrait de son infidèle et aussi ceux des enfants (elle continuait à en avoir régulièrement tous les ans), qu'on lui envoyait d'Athènes. Il y en avait quatre sur la cheminée de l'académicien hongrois, logés dans d'affreux cadres de peluche bleu ciel et couverts d'un voile de poussière, comme tous les objets de cette chambre, où le balai ne pénétrait jamais.

Le jour, Lucien Podowski, polyglotte émérite, faisait visiter les curiosités parisiennes à des touristes moldo-valaques qui formaient le fond de sa clientèle. La nuit, jusqu'à des heures indues, il travaillait à un commentaire de l'*Iliade* en langue tchèque. Et quand on lui demandait quel profit il comptait tirer de ce travail :

— Aucun, répondait-il, c'est un ouvrage purement scientifique. Je répare un oubli. Le tchèque est la seule langue européenne qui ne possède pas son commentaire des œuvres homériques.

Que sera devenu ce pauvre rat de bibliothèque, chassé de son trou et de sa poussière par la pioche des démolisseurs ? Je souhaite de tout mon cœur que la Levantine se soit humanisée et qu'elle ait enfin réuni ce père *in partibus* à la petite famille qu'il aimait tant.

Les interprètes qui, comme ce Polonais, se sont fait une clientèle spéciale, arrivent bon an mal an, à manger tous les jours ; mais de terribles saisons de chômage déciment le bataillon de ceux qui vivent sur l'inconnu, sur le hasard des rencontres. Un *Avis* en trois langues, placardé par l'ordre du directeur du musée du Louvre au bas de chaque escalier, a porté à ces parasites un coup terrible. On y lit :

« Le directeur des musées avertit le public que les interprètes n'appartiennent pas à l'administration. »

On a dû prendre cette mesure à la suite des abus qui se produisirent et de l'audace croissante des interprètes.

Au nombre d'une douzaine, ils assiègent quotidiennement les portes du Louvre, arrêtent les visiteurs par la manche et leur exhibent une autorisation signée « baron de Gourelet », et en tête de laquelle on lit : « *Ministère de l'Intérieur, Travaux publics, Service de la Régie, Palais de l'Élysée.* » Presque toujours les guides s'efforcent de se faire agréer sans traiter à fond la question de salaire. Ils ont arrêté entre eux un tarif de promenade, qu'ils ont pris l'engagement d'exiger des visiteurs, à savoir : trois francs pour la première heure, deux francs cinquante pour la seconde, deux francs pour la troisième, dix francs pour la journée tout entière. Mais, quand les embauchages sont rares, il arrive que l'on accepte du travail à moitié prix, et c'est une occasion d'injures et de batailles si quelque confrère rôdant par là surprend le capitulard.

Les gardiens du Louvre ne connaissent que trop ces personnages remuants qui, sans cesse, les mettent dans l'obligation de faire la police. C'est ainsi que là, dernièrement, on a expulsé pour quinze jours un grand diable d'Allemand qui, une contestation étant survenue à la minute du règlement, était tombé à bras raccourcis sur ses voyageurs. Les autres interprètes du Louvre sont presque tous étrangers ; l'un d'eux est un vieil horloger anglais qui travaille en chambre et vient promener des gentlemen quand le raccommodage des montres ne donne pas, — un autre est un ancien journaliste américain,—un autre un professeur d'italien qui a eu une affaire de mœurs. Il n'y a que deux Français dans la phalange.

Ces messieurs, à la piste de toutes les occasions de gagner la pièce de cent sous, se sont faits courtiers de tableaux. C'est par leur entremise que se vendent la plupart des reproductions que de pauvres diables de copistes vont fabriquer d'après les chefs-d'œuvre du Louvre. L'interprète commence

par s'entendre avec le rapin sur la question du
prix et du pourcentage ; puis, quand on est d'accord, il joue la petite comédie suivante :

Il commence par étonner ses voyageurs par un
grand étalage d'érudition, il critique sévèrement
quelques toiles d'origine douteuse ; il regrette
qu'on les ait si légèrement admises dans le musée.
Puis, brusquement, il tombe en arrêt devant la
copie de son complice. Et, d'un air discret, à
demi-voix, comme s'il craignait d'être entendu par
l'artiste, il commence son boniment.

— Un chef-d'œuvre... du reste, un garçon de
grand avenir, médaillé... École de Rome...

Les voyageurs écarquillent les yeux et secouent
la tête. Ils sont d'ailleurs déplorablement enclins
à préférer les copies aux originaux « parce que
c'est plus frais ».

— Et tenez... je suis sûr qu'il ne vendrait pas
ça bien cher... une opération excellente... voulez-
vous que je m'informe ?

Il s'approche, feint de débattre le prix à voix
basse, revient consulter ses acheteurs, et, cinq fois
sur dix, l'affaire est dans le sac.

J'ai longuement causé avec l'un des deux interprètes français ; c'est un vieux d'une soixantaine
d'années qui a tout un côté de la face paralysé,
l'œil tiré en bas dans une affreuse grimace, la joue
gonflée comme s'il avait avalé une pomme, et une
voix sans timbre, l'affreuse voix de bois d'un

homme qui parlerait avec un doigt dans la bouche.

Ce malheureux, fils d'un ancien juge de paix, a subi en Poméranie, lors de la guerre de 1870, une longue captivité qui a ruiné sa santé. Son infirmité, si pénible à voir, l'a empêché de trouver du travail. Petit à petit, il en est tombé là. Il m'a paru qu'il tenait ses confrères en médiocre estime.

— Ce sont, m'a-t-il dit, des anciens laveurs de vaisselle, dont toute la science consiste à écrire papa avec deux *h*. Ils démontrent le Louvre non explicativement, — comme un chien conduit un aveugle. Moi, j'ai fait des études. Je connais les plafonds à distance. Je puis faire l'odyssée d'un salon complet, avec son histoire chronologique, et dire le prix des toiles. Il y a des gens que ça intéresse, mais dans l'ensemble, croyez-moi, on n'a guère de satisfaction avec le public. C'est un crétin à mille têtes, appréciateur vulgaire des chefs-d'œuvre qu'on lui démontre. Je proportionne ma peine à son intelligence. Mais quand j'ai affaire à des gens distingués!... Ah! monsieur, pourquoi n'avez-vous pas le temps de monter avec moi jusqu'au musée de la marine ? J'en ai fait une étude particulière, ayant lu les ouvrages d'Émile Jacolliot, ce savant excursionniste, le seul des Européens qui ait été accueilli par les Indiens, dont il parle la langue.

Et, comme j'interrogeais ce pauvre diable sur les hautes fréquentations qu'il avait pu avoir dans sa longue carrière d'interprète, il répondit avec emphase :

— J'ai conduit, monsieur, le comte et la comtesse de Paris, en personne, des princes, un chambellan de l'empereur de Russie ; mais mon meilleur souvenir est pour un notaire de province que j'ai accompagné pendant six semaines à raison de sept francs par jour. Je lui ai fait visiter tous les musées : le Louvre, Cluny, le Luxembourg ; je l'ai conduit à la Monnaie, aux Invalides, à Saint-Germain, à Versailles, aux maisons historiques du Marais, les hôtels Lamoignon, de Sévigné, de Sens. Quel beau récit j'avais là-dessus, jadis ! car j'ai possédé une excellente mémoire. J'étais en état de réciter les chefs-d'œuvre de l'éloquence ! — Mais je reviens à mon notaire. A la fin, monsieur, ne sachant plus où le mener, je le conduisais écouter des cours de professeurs au Collège de France. En partant, il m'a embrassé en me félicitant. Il m'a dit qu'il ne me considérait pas comme un guide, mais comme un camarade.

Le pauvre bohème se redressait, cambrait la jambe, gonflait sa joue de bois.

Je voulais lui payer au prix du tarif son heure de bavardage ; mais il refusa majestueusement.

— Tout ce que je vous demande, monsieur, me dit-il, c'est de ne pas me confondre avec tous ces gens-là et de me permettre de vous répéter ce que je leur dis souvent : « Quand je m'examine, je

7.

suis modeste, mais quand je me compare à vous, je suis fier ! »

Et il s'éloigna d'une démarche raide, militaire, jetant un coup d'œil méprisant à ses confrères, qui continuaient à courir après les passants dans l'escalier du Louvre en leur murmurant à l'oreille :

— Monsieur, Signor, Señor, mein Herr, Sir...

X

LES AGENCES LYRIQUES

La triste situation de tant de personnes de
théâtre, que les « fermetures pour réparations »
qui sont venues s'ajouter, cette année, aux « clô-
tures annuelles », laissent sur le pavé sans pain et
sans applaudissements, m'ont donné l'été dernier
l'idée de visiter les « agences lyriques et dramatiques » où viennent s'échouer, en désespoir de
tréteau, tous ces pauvres mentons bleus à qui
la canicule et l'incendie ont fait de faméliques
loisirs.

Une agence, c'est un endroit pittoresque et triste :
pittoresque, car on y voit groupés dans leurs mouvements, dans leurs costumes professionnels, tous
les types d'une corporation ; — triste, car, un bureau de placement, c'est toujours un endroit où
se donnent rendez-vous ceux à qui le travail
manque ; et si, dans ces officines, on vend de l'espérance à tout venant, nous savons qu'on la vend

presque toujours sans garantie, à des taux d'usure.

Entre tous ceux qui souffrent de se trouver comme on dit sur le pavé, l' « artiste » me semble particulièrement à plaindre. Il boite plus bas que les autres, car il est tombé d'illusions plus hautes. Un maçon qui ne parvient point à s'embaucher finit par se dire :

— Décidément, le bâtiment ne va pas.

Il rejette sa besace sur son dos, il reprend son bâton et repart pour son Limousin. Si Paris a fait crier son ventre, du moins il n'a pas mis son amour-propre à la torture. Il y a plus de gens qu'il n'en faut pour gâcher le plâtre dans les mortiers, cela n'a rien de blessant pour le manieur de truelle, qui, afin de gagner tout le long du chemin de retour la soupe et la nuitée, n'a qu'à changer d'outil, à mettre la main un jour à la cognée, le lendemain au van.

Mais que voulez-vous qu'il fasse, le comédien qui ne joue pas ?

Il prendrait son parti, le menton bleu, du petit croissant de pain et de la charcuterie mangés sur le pouce, dans sa chambre, sur la table où traînent le pot de fard et la patte de lièvre. Il se résignerait, sur le coup de cinq heures, à passer éternellement l'air digne, sans tourner la tête, devant les terrasses des cafés, à ne saluer que de loin, de la main, les camarades qui savourent leur absinthe

en disant du mal du public, des directeurs, des
critiques et des journalistes. Mais ce qui l'étouffe,
le comédien, ce qui lui monte à la gorge, c'est de
n'avoir pas un bout de planche pour y débiter son
rôle et d'être obligé, en même temps qu'il se bat
avec la misère, de douter, je ne dis pas de son
talent, — grâce à Dieu, il y a bien peu d'artistes
qui en soient là, — mais de l'art lui-même !

Il a fait de si beaux rêves, élève ou auditeur,
sur les bancs du Conservatoire, lorsque, après
chaque classe, il allait consulter les affiches des
spectacles et qu'il se disait :

— Un jour, on verra mon nom en vedette sur
les colonnes Morris. Des entrepreneurs de tournées, bouffis de banknotes, moisiront dans mon
antichambre. Mon nom fera le tour du monde,
j'aurai la gloire, l'argent, l'amour. J'aurai des
caprices, je briserai les engagements comme des
pipes, des archiducs viendront me féliciter dans
ma loge, des souverains m'offriront des tabatières.

Les jours d'école sont finis. Dans chaque classe,
le dessus du panier, trois ou quatre sujets, chauffés
pour le concours, ont été cueillis par les directeurs
des théâtres subventionnés. Les autres rentrent
chez eux en cambrant la jambe. Ils s'assoient, ils
attendent le coup de sonnette du directeur intelligent, de l'impresario qui a du flair.

Au bout de six mois, c'est l'huissier qui vient.

Pourtant l'artiste ne se décide pas tout de suite

à quitter Paris pour « faire la province », il ne descend pas sans lutte cette première marche de désillusion. C'est seulement après qu'il a visité tous les critiques influents, monté les escaliers de tous les directeurs, que ses pieds las prennent un beau matin, d'eux-mêmes, le chemin de l'agence. Il avait juré si haut qu'on ne le verrait jamais dans ces boîtes-là ! L'y voilà donc venu, comme les autres. Et tandis qu'il gravit l'escalier, le dos rond, les jambes pesantes, une vague honte sur la face, une voix qu'il connaît bien lui murmure à l'oreille d'un ton de reproche douloureux :

— Tu capitules ! tu capitules !

Il est bien entendu que je ne désigne particulièrement aucune des cinq ou six grandes agences lyrico-dramatiques qui se disputent à Paris la clientèle des artistes sans emploi. Je les ai visitées toutes ; elles se ressemblent entre elles comme les clairières de la forêt de Bondy.

L'agence des comédiens et chanteurs est toujours située près des boulevards. Elle ne fait pas grande réclame à sa porte. Cela est inutile : la clientèle spéciale connaît les adresses, le Bottin les donne.

Le premier appartement venu, pourvu qu'il soit spacieux, suffit à l'installation. Point de luxe ni de frais inutiles. La porte poussée, on entre dans une grande antichambre où il y a quelques chaises en rotin et des bancs de bois. Des cartons verts montent jusqu'au plafond, deux ou trois scribes barbouillent la correspondance au milieu du brouhaha des conversations. Dans sa nudité sale, dans la froideur de sa lumière de cour tombant crûment par les fenêtres sans rideaux, cette antichambre aurait l'air d'une salle de mont-de-piété si, au mur, ne pendaient, éclaboussées de rouille, dans des cadres de bois piqués des vers et des mouches, des lithographies préhistoriques représentant Mlle Rachel de face, Talma de profil, et des scènes de la vie des grands comédiens, alternant avec de petits placards : affiches de maîtres à danser, à solfier, à déclamer et à marcher sur les planches.

A cette époque de l'année, le bureau est toujours plein. Assis, debout, appuyés aux meubles, des hommes glabres, presque tous très bruns avec des sourcils trop noirs, des rides de masques japonais dessinant autour de la bouche et du nez les stigmates de la profession — grimaces des larmes ou du rire, — attendent dans des attitudes pensives ou napoléoniennes. Presque tous se sont fait la tête de quelque artiste en vogue, d'un des cinq ou six comédiens dont cette génération a consacré la gloire. Il y a des comiques coiffés à la Paulus, avec des calvities naissantes, des mines basses de pitres, des lèvres roulées en rebord de pot. Il y a des pères nobles, des Delobelles très dignes, beaucoup de linge dehors, les nez aquilins, les fronts dans le nuage. Il y a des jeunes premiers en complet à carreaux, stick et guêtres blanches, des moustaches noires en virgules sur la lèvre. Il y a des barytons et des basses avec des barbes touffues. Il y a des ténors avec des ventres de bouvreuil ; il y a des petites femmes d'élégance douteuse, de minois chiffonnés comme leurs robes.

Tous pourtant ils ont fait toilette pour venir. Oh ! la dernière chemise dont le col se frange, les petites bottines dont les talons tournent. Plus que personne ils ont deuil, les pauvres vaniteux, à porter cette livrée de misère. Et, dans la pénurie des ressources, leur souci comique de tenue devient presque touchant, héroïque le sourire de contentement avec lequel ils s'abordent.

« Ça va très bien. Chose est en train de leur négocier un engagement superbe pour Lyon, pour Bordeaux. »

On voulait les emmener en Russie, ils viennent de refuser.

« Avec ces roublards-là, il faut forcer ses effets, on se gâte. Pour un artiste qui se respecte, il n'y a encore que le public français. »

Ils mentent, ils ne sont pas dupes de leurs réciproques fanfaronnades. On le voit bien chaque fois que s'ouvre la porte fatidique vers laquelle tous les regards se tournent avec angoisse.

Un à un, après d'interminables journées d'antichambres, ils défilent dans le salon du correspon dant. Ce personnage est toujours un diplomate. Il sait qu'en caressant la vanité de l'artiste à la bonne place il lui tirera sa dernière pièce d'or, et il exécute ce petit tour de société avec une habileté surprenante.

— Tiens ! c'est-vous Machin.

— Vous êtes-vous occupé de mon affaire ?

— Je ne pense qu'à vous. Oh ! vous me donnez bien du mal. Enfin, nous finirons sûrement par réussir. Ce serait une fatalité si je ne trouvais pas ce qu'il vous faut. Un garçon comme vous, plein de talent, de grands moyens....

Et il fouille dans ses papiers, sur sa table, sans lever la tête. Il a l'air de parler pour soi tout seul, comme si personne ne l'entendait.

L'artiste, le dos à la cheminée, se rengorge.

A la fin, le correspondant relève la tête et brusquement, saisi d'une inspiration :

— Dites donc, Machin, un bon hasard. J'ai justement là le directeur de l'Ambigu de Landerneau. Il fait une saison d'opéra. Il lui faut un baryton. Voulez-vous vous faire entendre ?

S'il veut se faire entendre !

Il ne demande que cela le malheureux.

Qu'on l'engage ou non, il aura eu au moins le plaisir de chanter devant témoins, de faire trembler les vitres.

— Que voulez-vous que je vous chante ?

— N'importe quoi, *le Trouvère.*

On introduit le directeur de l'Ambigu de Landerneau. On se présente, on se serre la main. Le baryton enfle son jabot, et de son plus beau creux entonne son morceau :

Cruelle impatience.....

Le directeur et le correspondant dodelinent de la tête d'une façon encourageante.

— Très bien, cela va très bien, de la méthode, du timbre, cela fait l'affaire...

Et tout de suite, le correspondant propose de signer un engagement.

Au premier abord, il n'a rien d'effrayant dans ses clauses cet engagement du correspondant. Un seul petit codicille, un vague nota, placé tout à la fin, en *post-scriptum*, laisse la porte ouverte — et quelle porte à deux battants ! — aux surprises et aux friponneries ; c'est à savoir : « A son arrivée à Landerneau, M. Machin échangera le présent engagement contre le traité définitif. »

— Et maintenant, mon ami, vous connaissez les conditions ?

Ce sont des conditions de négrier.

La moyenne des appointements d'un bon chanteur en province est de 400 francs par mois. Le directeur doit payer la moitié de ces appointements d'avance, soit 200 francs. Sur cette somme, le correspondant prélève tout d'abord 2 1/2 0/0, et le pourcentage est calculé, comme il convient, sur la saison tout entière.

— Mais, s'écrie le malheureux chanteur, vous me comptez la saison de huit mois ! Vous savez bien qu'à Lyon même, elle n'est plus guère que de six !

— Cela ne me regarde pas. Nous calculons sur huit mois, c'est l'usage.

Il faut bien que l'artiste s'exécute.

Il verse ses 80 francs.

Quand l'opération est faite, le correspondant reprend d'un ton dégagé :

— Vous reviendrez me voir en temps utile, je vous donnerai votre indemnité de chemin de fer.

— En troisième ?

— Naturellement. L'aller seulement, le retour est à votre charge. Faut-il que je vous rappelle les choses qui sont entendues une fois pour toutes ? Vous savez que vous devez vous rendre à Landerneau quinze jours avant l'ouverture de la saison théâtrale pour les répétitions ?

— Et il n'y a pas d'indemnité pour ces quinze jours-là ?

— Il ne manquerait plus que cela ! Ah ! un détail : votre portemanteau est bien complet ?

Le chanteur répond oui, sans hésiter.

Il ment. Où aurait-il pris les 5 ou 6,000 francs qu'il lui faut pour payer sa garde-robe de baryton ou de ténor ? Mais il connaît des costumiers qui lui faciliteront bien volontiers le payement par billets, 100 ou 150 francs par mois que l'artiste devra prélever sur ses appointements, avant de payer sa pension et sa chambre.

Enfin il part, l'espérance au cœur, et tout de suite, première douche sur son enthousiasme, tombe le contrat du directeur, qui annule le traité du correspondant.

Tout est minutieusement stipulé, tous les cas de résiliation sont prévus dans cet engagement définitif, tout jusqu'à la grossesse du ténor.

On y lit des clauses de cette force :

« En cas de mauvaises affaires du directeur, l'artiste ne pourra interrompre son service sous prétexte que ses appointements n'ont pas été payés ni non plus attaquer son directeur avant le dû de trois mois d'appointements. »

Et vous ne sauriez croire comme cela arrive fréquemment au directeur de l'Ambigu de Landerneau de mettre la clef sous la porte.

Dans ce cas-là, l'artiste revient à Paris comme il peut. Il n'a pas payé son hôtel, il a laissé sa garde-robe en gage. Sitôt de retour, il court chez le correspondant. Celui-ci l'accueille comme un vieux camarade. Il est encore plus gracieux que l'autre fois.

— Eh bien ! mon bon, ça n'a pas marché là-bas ? Ce diable de X... ! Il n'en fait jamais d'autres. Mais ne vous désolez pas ; j'ai votre affaire cette fois. Voici le directeur de l'Ambigu lyrique

de Pézenas qui me demande un baryton ; voulez-
vous vous faire entendre ?

On renouvelle la petite comédie des saluts, des
poignées de main. L'artiste se radosse à la cheminée, renfle son jabot et réentonne :

Cruelle impatience.....

Et comme la première fois, comme toujours,
l'engagement du correspondant sort du tiroir, les
quatre louis de la poche du chanteur, qui retourne
chez un second costumier signer de nouveaux billets, qui seront protestés à leur tour.

A ce métier, les correspondants d'agences lyriques et dramatiques se font de soixante à cent
mille francs de recettes par an.

— Quand je pense, me disait dans l'escalier
d'une de ces agences une vieille basse chantante
que j'avais rencontrée là par hasard, quand je
pense qu'il suffirait pourtant que la Société des
Artistes s'entendît — comme ont fait les garçons
de café — pour nous débarrasser une bonne fois
de ces parasites qui nous dévorent ! Mais voilà,
les artistes n'ont pas entre eux de solidarité... des
querelles... des jalousies... une écurie de juments,
monsieur !

Et, pour mieux m'expliquer sa pensée, le vieil
artiste, appuyé à la rampe, le sourcil froncé, la
dent mauvaise, esquissait avec sa botte le mouvement d'une ruade contre le mur.

XI

LE REPORTER

Dans une alerte chronique publiée par la *Revue bleue*, M. Dionys Ordinaire a tracé sous ce titre : « Mœurs contemporaines : le *Reportage* » une satire assez mordante du journalisme et du journaliste contemporains, qu'il immole à un journalisme et à un journaliste idéaux, ceux d'autrefois, ceux de son temps.

Cette apologie des hommes et des choses du passé n'est point directement exprimée : on la sent latente sous les critiques, et celles-ci sont fort moroses. C'est de la curiosité du public des feuilles à bon marché — M. Ordinaire juge cette curiosité très basse — et d'autre part de la vanité sans frein des particuliers que serait né ce journalisme bâtard : le reportage.

« La petite feuille à un sou, dit M. Ordinaire, a poussé chez notre peuple jusqu'à la frénésie la

passion de tout savoir. L'ouvrière se passera le
matin de son café au lait, mais non de la nouvelle.
Vraie ou fausse, il la lui faut, avec les circonstances
et les détails; l'histoire du crime, la scène, la maison, l'inventaire, le compte exact des blessures, la
position des cadavres avec photographies, la figure
de l'assassin, avant, pendant et après le meurtre;
son arrestation, ce qu'il a dit, ce qu'il a fait, ce
qu'il mange, ce qu'il boit, s'il dort dans sa cellule,
s'il parle en rêvant. »

A défaut de ce grand premier rôle, un assassin,
la curiosité publique veut être renseignée sur ceux
qu'on appelle les hommes du jour « et qui sont
si souvent les hommes d'un jour ».

« S'il y a dans cette grande ville frivole, aussi
prompte à l'oubli qu'à l'enthousiasme, un homme
de marque qui ait fait quelque chose ou auquel il
soit arrivé quelque chose, comme qui dirait un
accident de voiture ou un panaris au doigt, et si le
nouvelliste vient le saluer, lui dire qu'il est le lion
du jour, que la France a les yeux sur lui, que la
vie publique serait suspendue si l'on ne savait
comment il se porte, que voulez-vous que fasse
l'homme visité, l'homme de l'entrevue? Il se livre
pieds et poings liés à l'information, soit par faiblesse d'esprit, soit par ce chatouillement d'amour-
propre, cette soif des papiers publics, cette horreur
de l'oubli, qui est à ses yeux une mort anticipée,
ce besoin qui s'accroît avec l'âge, d'être imprimé

vif, de voir son nom faire le tour de la presse, voltiger sur les lèvres des hommes. »

— M. Dionys Ordinaire n'est plus tout jeune, me disait, après cette lecture, un reporter, blessé d'avoir été comparé, « à la poussière du désert, qui entre dans les maisons les mieux closes ». Il avoue lui-même qu'à mesure que l'âge s'accroît, on éprouve à faire parler de soi un plaisir de plus en plus vif. Il m'en veut à moi et à mes camarades de ce que nous n'avons jamais monté son escalier.

Nous sommes tous persuadés, ai-je besoin de le dire ? que ce reporter se trompait. Le débat a plus de grandeur. Il est très vrai qu'une révolution s'est produite dans le journalisme contemporain, et M. Ordinaire peut, sans être suspect de rancune, préférer aux nouveautés les habitudes de sa jeunesse.

Le public n'est pas si désintéressé qu'il pourrait le croire dans cette question de *boutique*, car le journal est certainement, plus que le livre et le théâtre, un miroir fidèle de l'opinion. Si donc le journal s'est modifié, c'est par obéissance, et sa transformation correspond à un changement des goûts du public.

L'ancien ténor de journal, l'homme choyé des rédacteurs en chef, celui qu'on payait gros, celui dont les lecteurs retenaient le nom, le grand premier rôle enfin, c'était le chroniqueur. On lui demandait sur toutes choses d'avoir de la fantaisie,

de l'esprit, de tirer des feux d'artifice, d'amuser.
On cherchait si peu, dans ses brillantes improvi-
sations, la vérité, le renseignement, la logique,
qu'aux articles régulièrement développés, on préférait la « nouvelle à la main », le mot drôle qui
jaillit du choc des conversations, que l'on trouve à
table après avoir sablé le champagne en compagnie joyeuse. Ce n'est pas à dire qu'il n'y eût
beaucoup de pièces de franc et bel or dans toute
cette monnaie de billon, de la fleur de coin, des
mots frappés d'une forte effigie, et qui sont venus
jusqu'à nous, sans s'effacer, dans leur passage à
travers des milliers de mains. Mais, il faut bien le
dire, le grand public goûtait moins ces trouvailles,
ces maximes de moralistes, que la menue monnaie
de pétarades et calembredaines qu'on pouvait s'ap-
proprier, colporter chez ses voisins, avec laquelle,
dans les provinces, on se bâtissait à peu de frais
une réputation d'esprit.

Or, ils sont quelques survivants de ce bataillon
d'hommes d'esprit qui n'avaient jamais frappé en
vain à la porte de Villemessant. On les aperçoit
encore aux terrasses de certains cafés des boulevards, le monocle dans l'œil, groupés comme les
naufragés de la *Méduse* sur leur radeau. Ils continuent à blaguer les hommes et les idées qui passent, mais leurs plaisanteries n'ont plus la bonne
humeur d'autrefois ; une pointe d'amertume y perce ;
car, ils le sentent bien, leurs journaux sont des

villes mortes, enterrées dans le sable. Le grand flot de la vie s'est détourné d'eux; il roule et féconde ailleurs.

Et ce changement date de la guerre allemande. Du jour au lendemain, cet esprit qui nous était si cher, cette blague dont nous nous enorgueillissions si fort, nous sont devenus suspects. Nous y avons vu le sceau de cette impardonnable légèreté, cause première de nos ruines. Soyons sérieux ! est devenu le mot de passe que se murmuraient à l'oreille tous ceux qui avaient un poste d'honneur à défendre ; et, redit par toutes les bouches, il a fait le tour de France. D'un bout à l'autre du pays, dans toutes les institutions, dans toutes les traditions, ce fut une révolution.

J'étais écolier dans ce temps-là, et, je m'en souviens bien, en un mois de temps, on nous ôta des mains tous les livres avec lesquels nos frères aînés et nos pères avaient été instruits. Au feu, la vieille grammaire de Burnouf, qui considérait les verbes en *mi* comme des verbes irréguliers! Au feu, les géographies de MM. Meïssas et Michelot, qui ressemblaient à des guides Conti, se contentaient de mentionner les statues des grands hommes sur les places publiques et les produits alimentaires, à Strasbourg les foies gras, à Tours les rillettes, à Reims les biscuits, le tout, histoire et cuisine, amalgamé dans des notes de ce genre : « Flavigny est célèbre par la victoire de Louis XI sur Charles le Téméraire et par l'exportation de ses anis. »

Tout cela c'étaient des livres légers.

On les remplaça par des manuels précis, documentés, bourrés de renseignements positifs. Nous avons été élevés dans ces habitudes de vérité exacte, dans ce goût de la réalité, nous voulons savoir précisément à quoi nous en tenir sur toutes choses ; cela est un progrès d'esprit qu'il ne faut point regretter, quand nous l'aurions acquis aux dépens de notre gaieté.

Quand tout se transformait, le journal devait se modifier comme le reste. Pendant la guerre, au milieu du deuil public, les chroniqueurs avaient éteint leur parade ; lorsqu'ils ont voulu la recommencer, il était trop tard. Leurs fifres chantaient faux, leurs boniments n'attiraient plus personne, soit vraiment qu'il n'y eût plus de badauds pour les écouter, ou que les rieurs aient risqué leurs plaisanteries sans conviction, et contraints, avec cette angoisse intérieure qu'on éprouve à débiter des farces devant des gens qui ne veulent pas rire.

La faveur que le chroniqueur avait perdue était allée à un autre personnage que l'on a appelé, je ne sais pourquoi, d'un nom anglais, *reporter*, puisque nous avions le mot *nouvelliste*.

Celui-là ne bâclait point ses spirituelles élucubrations sur la nappe d'un cabinet de restaurant ; on ne le connaissait point à Tortoni. Obscur, ano-

nyme, à peine autorisé à signer d'une initiale ses
articles sans prétention littéraire, uniquement préoccupé d'exactitude, il était toujours par voies et
chemins, en voiture, en bateau, en chemin de fer,
courant partout où il y avait une fête, un sinistre, une grève ; il voyageait à l'avant-garde
des armées, accompagnait les voyageurs dans leurs
explorations, et, toujours le crayon et le carnet à
la main, il prenait des notes sous la pluie des
balles, le dernier sur le pont du navire en train
de sombrer. Comme récompense de ses patients
efforts, des difficultés de sa perpétuelle enquête, il
avait la joie d'être l'inconnu dont on attendait impatiemment l'article, celui qui assouvissait cette
grande faim de « savoir » qui tenaille les entrailles
du public, car « le Français ne vit pas seulement
de pain, a dit un moraliste connu — au fait, c'est
peut-être bien Jules César en ses *Commentaires*, —
mais aussi de nouvelles ».

Le reporter, c'est le soldat arrivé par le rang.
Il est entendu qu'il ne peut dépasser un certain
grade, du moins à l'heure présente ; en effet, aujourd'hui, il possède une connaissance insuffisante
de la langue, il a fait trop peu d'études générales ; il a — et ce n'est pas sa faute — l'échine
un peu trop souple pour arriver aux premières
places. Mais, quand on se sera débarrassé de tous
les vieux maréchaux de la chronique que l'on
laisse, par respect, mourir dans leurs comman-

dements, avec leurs galons fanés sur le bras, le
reportage triomphera définitivement. Il montera
dès bas-fonds du journal à la surface. Il tentera
tous les gens de mérite, les artistes, les littéra-
teurs, les poètes, ceux qui savent voir, deviner,
composer, écrire, ceux qui ont des impressions
justes et profondes, ceux dont le regard perce les
contours, va à l'âme des hommes et des choses.
A ce moment-là, le reporter sera bien plus qu'un
homme d'esprit, monsieur Dionys Ordinaire, parfois un homme de génie.

Il y a déjà eu un reporter de cette envergure.

Dans le numéro même de la *Revue bleue* où
vous plaisantez si agréablement les journalistes
informateurs, au Bulletin, à l'article : « Livres à
paraître, » j'ai vu qu'on annonçait le troisième
volume des œuvres inédites de Victor Hugo,
celui que l'on a publié sous ce titre : *Choses vues,
impressions et souvenirs.* Par hasard, j'avais reçu
ce livre la veille. Je l'ai ouvert; et, dame! ç'a été
un éblouissement. Vous avez certainement lu ce
livre-là, comme nous tous, monsieur Ordinaire!
Eh bien, je suppose que vous êtes directeur d'un
grand journal, et qu'un jeune garçon, un inconnu,
un nommé Victor Hugo, vient vous proposer pour
vos « Au jour le jour » un des chapitres qui com-
posent ce recueil de *Choses vues,* vous êtes trop
journaliste pour ne pas tendre les bras à ce passant, pour ne pas le serrer sur votre cœur, pour

ne pas vous l'attacher à vie, avec une chaîne d'or.

Et pourtant toutes ces *choses vues* c'est du reportage, rien que du reportage, du reportage de la rue, des cancans de portières, des on-dit de foule, crayonnés à la hâte sur un petit carnet, tout debout au milieu des rassemblements de badauds. Vous tourniez en ridicule dans votre article les gens qui vous ont dit comment est faite la maison où Pranzini a assassiné, « qui ont interrogé la portière et le marchand de vin, compté les marches de l'escalier, » etc. Mais Victor Hugo, que vous admirez, n'opère pas autrement. Quand le duc d'Orléans est tué, dans une chute de voiture, il se transporte sur le lieu de l'accident et note ses impressions toutes chaudes. Écoutez-le parler lui-même :

« Aujourd'hui mercredi, j'ai visité le lieu où le prince est tombé; il y a précisément à cette heure une semaine. C'est à l'endroit de la chaussée qui est compris entre le le vingt-sixième et le vingt-septième arbre, à gauche, en comptant les arbres à partir de l'angle que fait le chemin avec le rond-point de la Porte-Maillot. Le dos d'âne de la chaussée a vingt et un pavés de largeur. Le prince s'est brisé le front sur le troisième et le quatrième pavé à gauche, près du bord. S'il eût été lancé dix-huit pouces plus loin, il serait tombé sur la terre.

« Le roi a fait enlever les deux pavés tachés de sang et l'on distinguait, encore aujourd'hui, malgré la boue d'une ournée pluvieuse, les deux pavés nouveaux fraîchement posés. »

Voilà du reportage américain ou je ne m'y

connais pas. Avouez pourtant que l'effet est immense et que cette précision mathématique nous
émeut plus qu'une phrase de poète? Il faut donc
être logique et, quand on trouve bon que Victor
Hugo compte les pavés du duc d'Orléans, ne pas
trouver mauvais que nous comptions les marches
de Pranzini.

Les reporters auraient été curieux de savoir
ce que M. Ordinaire pensait de tous ces détails.
En attendant, de même que les menuisiers ont
chargé saint Joseph de défendre leurs intérêts, et
les jardiniers saint Fiacre de les représenter auprès de Dieu, ils se sont entendus pour écrire
et broder sur leur bannière :

Victor Hugo, patron des reporters.

LES DÉTRAQUÉS

***

I

UNE FUMERIE D'OPIUM A PARIS

Il y a peu de mois, je déjeunais dans un hôpital parisien, avec les internes de la maison, qui traitaient magnifiquement quelques gens de lettres. La causerie roulait sur l'emploi, sur l'utilité pratique et sur les inconvénients des excitants; alcools, haschich, laudanum, opium, qui passent pour faciliter le travail intellectuel.

On avait rappelé les expériences des romantiques, la passion de Baudelaire pour le haschich, puis des histoires de Gérard de Nerval, les belles descriptions du livre de Paul Bonnetain, et l'un de nous avait cité l'éloquente apostrophe du fumeur Thomas de Quincey, qui sert d'épigraphe au livre de l'*Opium* : « *Oh! just, subtle and mighty opium!* Oh! juste, subtile et puissant Opium! Toi qui, au cœur du pauvre comme {du riche, pour les blessures qui ne se cicatriseront jamais, apportes un baume adoucissant; éloquent Opium, toi qui, par ta puissante rhétorique, désarmes les résolutions de la rage et, pour une nuit, rends à l'homme coupable les espérances de sa jeunesse; — tu bâtis sur le sein des ténèbres, avec les matériaux imaginaires de l'esprit, des cités et des temples plus splendides que Babylone et Hekatompylos; — du fond d'un sommeil plein de songes, tu évoques les figures des beautés, les figures familières et chéries endormies depuis longtemps. Toi seul possèdes les clefs du Paradis, ô juste, subtile et puissant Opium! »

— Il serait pourtant bien intéressant, dit un de nous, de savoir à quoi s'en tenir au juste sur les vertus excitatives de l'opium. Tous ceux qui l'ont célébré jusqu'ici sont des romanciers et des poètes, des gens d'imagination exaltée, qui paraissent avoir fait de la tapisserie sur un canevas de sensations fourni par le voisin. Même à supposer que ces artistes aient véritablement et par occasion tâté de la pipe magique, on ne saurait prendre leurs impressions comme le programme ordinaire des béatitudes et des hallucinations du fumeur. Ils sont, eux, à l'état de veille des intelligences d'élite, des imaginations surexcitées. Il est bien difficile de démêler quelle part revient à leurs propres facultés et quel est l'apport de l'opium dans les rêves qu'il nous ont décrits. Ce qui serait tout à fait curieux à connaître, tout à fait concluant, c'est l'impression d'un homme du commun, du premier fumeur venu, Européen si possible, mais voilà, où trouver un pareil expérimentateur?

— A l'hôpital de la Charité, répondit alors un des internes. Il y a justement ces temps-ci, dans le service du docteur Luys, un sous-officier retour d'Indo-Chine qui soigne le délabrement où l'usage immodéré de l'opium a réduit sa santé. C'est, paraît-il, un homme fort intelligent, et le docteur Luys se propose de lui faire mettre par écrit ses souvenirs de fumeur. Vous pourriez aller interroger ce malade sur ses impressions.

Ce qui fut fait.

On nous présenta un jeune homme d'une trentaine d'années, ni petit ni grand, et de figure distinguée. Il parlait à voix basse, se mouvait avec lenteur, traînait un peu la jambe. Son visage était plutôt légèrement coloré que pâli, ses mains violettes à la façon des paumes de collégiens en hiver. L'œil, presque sans pupille, regardait avec cette fixité gênante qu'on retrouve chez les sujets menacés de paralysie.

Il nous reçut avec bonne grâce et ne fit point difficulté de répondre à nos questions. J'ai retenu très complètement l'histoire qu'il nous a contée.

M. Charles T..., s'étant engagé dans l'infanterie de marine, avait débarqué en Cochinchine, avec son régiment au mois de janvier 1876. Naturellement sobre et édifié sur les inconvénients particuliers de l'alcoolisme dans les pays tropicaux, jamais il ne s'était livré à des excès de boissons. L'opium ne le tentait pas plus que le reste, et sans doute, il n'aurait jamais songé à faire l'essai de ce poison si, environ six mois après son arrivée en Cochinchine, le général Bossan n'avait fait afficher la défense de fumer l'opium sous les peines les plus sévères. Pour contravention à cet ordre, un soldat était puni de soixante jours de prison, un gradé était cassé, un employé civil était renvoyé en France.

Le résultat immédiat et le plus certain de cette prohibition fut de donner à tous les résidents français la curiosité de tâter de la pipe. Six mois après la défense, un vingtième de la population s'était mis à fumer l'opium.

M. Charles T... avait cédé à la tentation comme les autres.

— La première fois, nous dit-il, je sortis du quartier, à la nuit tombée, avec plusieurs sous-officiers, mes collègues, et nous nous rendîmes dans un petit village, près de Chaudoc, décidés à tenter l'expérience, afin de nous faire une idée de cette passion extraordinaire dont parlait l'édit du gouverneur. La fumerie où nous entrâmes était un établissement public; elle se composait de deux salles : la plus grande s'ouvrait sur la rue, la plus petite — pour les fumeurs qui ne voulaient point se laisser apercevoir — était placée au fond, en arrière-boutique. C'est là que je m'installai avec mes camarades.

« Il faut vous dire que l'opium ne se vend point dans la fumerie, on l'achète à la porte à un marchand qui se tient assis devant une petite table chargée de balances, de pots d'opium et de coquilles. Il vend son opium au poids de l'argent. Quand on le paye avec une pièce blanche, il met une coquille dans un des plateaux de la balance, fait la tare avec de petits plombs, puis il donne en opium le poids de l'argent, 0 fr. 20 le gramme.

« On entre alors dans la fumerie, on va prendre une pipe, sur une table encombrée de tasses, de cafetières, de tabac, de papier à cigarettes. Toutes ces consommations sont gratuites, comme l'entrée de la fumerie. Le bénéfice du patron, c'est l'abandon par le fumeur de la crasse d'opium demeurée dans la pipe et appelée « *chandos* ». On fabrique avec ce résidu des pilules pour les fumeurs qui sont obligés de renoncer à fumer, soit qu'ils voyagent ou subissent un emprisonnement.

« A mon entrée dans la fumerie, une femme s'était approchée de moi. Elle me conduisit vers une place demeurée vide sur le lit de camp qui faisait le tour de la pièce, tira un rideau qui me sépara du voisin, s'étendit à mon côté, sur le flanc gauche, de manière à conserver le bras droit libre pour bourrer ma pipe. Chaque fumeur avait ainsi une femme à côté de lui. Ce sont de malheureuses fumeuses d'opium, qui ne quittent point l'établissement et se contentent pour tout payement des fins de pipe que les clients leur abandonnent.

« Entre ma servante de pipe et moi était posé un petit plateau portant une lampe et des aiguilles minces de la longueur des aiguilles à tricoter. La femme me prit des mains la pipe, qui se composait d'un tuyau en bambou long de vingt-cinq centimètres et de la grosseur d'une canne. L'opium contenu dans la coquille avait l'aspect d'un sirop épais et brun. La femme trempa le bout d'une aiguille dans la coquille, en retira une goutte d'opium, grosse comme un petit plomb ; puis elle fit chauffer cette goutte au-dessus de la lampe, où l'opium en ébullition prit une consistance de cire à cacheter. Elle renouvela plusieurs fois cette opération, jusqu'à ce que la boule de poison atteignît la grosseur d'un pois. Alors elle fit chauffer la surface plane de la pipe dans laquelle se trouvait le trou du tirage ; enfin, elle enfonça l'aiguille garnie d'opium dans ce trou, attendit le refroidissement et, ayant retiré l'aiguille, me montra la pipe en me disant avec un sourire de séduction :

« — Pour moi ?

« J'étais pressé de fumer, je lui répondis :

« — Non, non !

« Elle fit une vilaine grimace et me tendit la pipe.

« J'étais couché, la tête à longueur de tuyau de la lampe. Je plaçai le fourneau de la pipe au-dessus de la flamme, et j'aspirai fortement par le tuyau. Il me parut que l'opium en ébullition rappelait par son odeur le sucre et la pomme brûlés.

« Ma première pipe était à peine fumée qu'il m'advint ce qui arrive aux petits garçons quand ils commencent à fumer le tabac.

« Mais, l'estomac à peine débarrassé, je commençai une seconde pipe. Un quart d'heure après, j'éprouvai les phénomènes bizarres dont on m'avait parlé.

« Ce fut dans tout mon corps un bien-être inexprimable; il me semblait que j'étais plongé dans un bain de lait tiède, dans du coton. Toute souffrance avait disparu. Je ne sentais plus le poids de mon corps, et l'esprit, comme affranchi de l'esclavage des organes, planait seul, souverain. M. Bonnetain a dépeint exactement cet état quand il parle « d'un grand silence, d'une eau muette dans laquelle on flotte, sans effort de nage, comme une épave... »

L'exaltation que M. Charles T... éprouva alors lui parut bien plus vive et plus agréable que l'ivresse alcoolique. Des souvenirs depuis longtemps disparus réapparurent dans sa mémoire, et, sa pensée s'étant portée sur une fugue de Bach qu'il avait entendu jouer une seule fois en sa vie, la fugue, qu'il ne savait pas avoir retenue, se déroula d'un bout à l'autre dans son souvenir. Plus tard, il observa que, dans cette première période de songe, il pouvait appliquer aux travaux qu'il lui plaisait d'entreprendre la lucidité extraordinaire de son esprit. C'est ainsi qu'il médita les écrits des philosophes du dix-huitième siècle, sur qui son attention naturellement paresseuse n'avait pu se fixer précédemment, lorsqu'il les lisait trop vite sans réflexion et sans fruit. Quand le hasard le faisait se trouver alors en compagnie de personnes amies, il parlait des heures, des nuits entières sans se fatiguer, sans s'interrompre pour chercher le mot propre à l'expression de sa pensée. Mais il préférait demeurer seul, en tête à tête avec ses imaginations. Elles lui paraissaient plus agréables que n'importe quelle causerie, quelle réalité, quel livre. L'amour n'avait pourtant point de part en ces rêveries, que l'image de la femme traversait rarement et comme une vision répugnante.

Elle devenait au contraire, six heures plus tard, au moment du réveil, l'objet de violents désirs, que sa seule vue suffisait à éteindre. M. T... nous conta qu'il s'éveillait alors couvert de sueur, la tête lourde, les muqueuses humides, grelottant de froid par quarante degrés de chaleur. De tristes pensées l'envahissaient ; l'avenir lui apparaissait sous de sombres couleurs. Et c'était dans tout son

corps une souffrance générale, l'énervement, l'exci-
tabilité de tous les sens hyperesthésiés.

Il n'y avait qu'un moyen de s'arracher à ce pénible état : retourner à la fumerie. M. T... s'y
traînait donc, le corps souffrant, l'humeur har-
gneuse. La première pipe fumée, la gaieté réap-
paraissait avec la netteté des idées. Il redevenait
aimable et bavard. Malheureusement, de jour en
jour, il se trouvait dans la nécessité de hausser la
dose de poison fumé. Le premier jour, deux grammes et demi avaient suffi pour lui procurer l'extase.
Au bout de dix-huit mois, il en était arrivé à
consommer quotidiennement vingt-cinq grammes.

Il paraît que des fumeurs, vieux et riches, con-
somment jusqu'à cent cinquante grammes d'opium
par jour. Cet abus du poison ne les tue pourtant
pas. M. T... a connu parmi ces enragés des vieil-
lards de soixante-dix ans ; ils fumaient depuis
plus de quarante ans, ne mangeaient que quelques
grammes de riz sec par jour ; ils étaient d'une
maigreur effrayante à voir, la peau collée sur les
os, toutes les chairs fondues, les muscles eux-
mêmes presque desséchés.

Si, parvenus à ces doses, les fumeurs renoncent
brusquement à l'opium, ils perdent connaissance
et meurent en deux ou trois jours.

« Pour moi, nous dit M. T..., la plus forte dose
que je fumai jamais fut une trentaine de grammes,

le jour de mon départ. Je passai cette fois-là la nuit la plus heureuse de ma vie. Six heures de suite, je marchai sur le pont du navire. Je voyais, au delà de l'horizon, la France. Je jouissais de toutes les tendresses, de toutes les joies que j'allais retrouver là-bas. Je savais pertinemment que le lendemain je serais privé d'opium et que, si je ne mourais pas, j'aurais à endurer des souffrances terribles. Cette pensée, qui aurait suffi à empoisonner le bonheur d'un homme raisonnable, me laissait indifférent. L'avenir n'existe pas pour un fumeur d'opium, il appartient tout entier aux jouissances de la minute où il vit.

« Le dégrisement fut terrible.

« Je restai pendant deux semaines à peu près sans connaissance, dormant dix-huit heures par jour ; puis, je revins à la vie. Mais brusquement tout sommeil me quitta et je demeurai mou, sans énergie, sans force. Quand je suis venu ici, je ne pouvais plus me traîner, et mes souffrances morales étaient encore plus affreuses que toutes ces douleurs corporelles. Enfin, aujourd'hui, tout cela est un peu calmé, et, grâce au traitement auquel m'a soumis le docteur Luys, je sens que je pourrai rentrer un jour dans la vie. Je n'y retrouverai jamais les joies inouïes que j'ai savourées dans l'ivresse de l'opium. Tout ce que je souhaite, c'est que le souvenir des souffrances postérieures à mes excès me retienne dans la tentation qui viendra certainement m'assaillir et qu'aujourd'hui je me sens la force d'écarter de ma route. »

Je rapportais dernièrement cette conversation à un jeune littérateur décadent que j'avais entendu, dans un dîner, faire, avec une exaltation passionnée, l'apologie du laudanum de Rousseau comme boisson excitante. Nous partîmes de concert. Après nous être un peu querellés, et comme nous suivions le boulevard de Clichy, continuant bras dessus bras dessous la causerie commencée; tout à coup mon compagnon s'arrêta brusquement et s'écria :

— Que diriez-vous si je vous faisais voir, à un quart d'heure d'ici, en plein Paris, une fumerie d'opium?

Je répondis que j'étais très curieux d'un pareil spectacle et que j'étais disposé à visiter immédiatement cette fumerie.

Mais alors mon compagnon se ravisa.

—Oh ! dit-il, nous ne pouvons nous y rendre ce soir, il faut l'autorisation préalable des cinq ou six clients de ce divan oriental, qui viennent là pour cacher ce que vous appelez leur vice et qui ne voudraient certainement pas que leur secret s'ébruitât. On ne reçoit même pas de néophytes; il faut avoir fait ses preuves avant de venir suspendre sa pipe au râtelier de porcelaine. Enfin, peut-être fera-t-on une exception pour vous.

Il me quitta et, huit jours s'étant passés sans

nouvelles, je ne comptais plus sur sa visite, quand je reçus un matin le billet suivant :

— Vous pouvez, ce soir, venir visiter nos amis, mais à une condition : si vous parlez de nous, vous vous engagez à ne pas désigner de façon qu'on le puisse reconnaître les personnes que vous verrez et le lieu où l'on vous aura conduit?

Je promis tout ce qu'on voulut, et le soir même mon ami me conduisit à la fumerie.

Au-dessus de Paris, dans les toits, c'était un atelier immense, avec une chambre derrière. La maison, les couloirs, l'escalier étaient si misérables et sales qu'on éprouvait une violente surprise, la porte poussée, à se trouver tout à coup dans cette belle pièce large, artistement meublée. Ce soir-là, bien qu'il fût dix heures sonnées, il n'y avait point de lampe allumée; seulement, dans le coin du divan, flambait une petite flamme bleue d'esprit-de-vin qui servait aux fumeurs pour faire griller l'opium. La lune donnait en plein sur le vitrage et versait des flaques de lumière dans les intervalles des tapis sur le parquet.

Trois formes étaient étendues sur le divan circulaire; elles ne bougèrent point à notre approche; seul, un jeune homme qui était assis se leva et vint au-devant de nous. C'était le locataire en titre de la maison, un peintre impressionniste et « sonnettiste » mystique — vous chercheriez vainement son nom, même dans le catalogue du Salon libre. Cet artiste est riche et ne travaille que pour deux ou trois camarades « qui le comprennent ».

Il m'expliqua que, ne pouvant fumer la pipe par délicatesse d'estomac, il s'était mis à boire du laudanum et qu'il s'en trouvait bien. Il nous emmena dans le petit boudoir du fond, où une théière chantait, et là, assis sur le tapis, les jambes repliées à la turque, il parla pendant une bonne heure, avec une grande volubilité, sur la forme et sur la couleur, sur l'esthétique de l'impression, sur la subjectivité de toutes choses.

Ce disant, il oubliait de surveiller son thé qui, bouillant trop fort, souleva le couvercle de métal et se répandit sur le plateau.

—Vite, de l'eau, cria-t-il. X..., mon ami, voulez-vous en aller chercher à la cuisine ?

X... ouvrit une petite porte que je n'avais pas remarquée. Dans l'entre-bâillement j'aperçus un lit de fer et vaguement couchée dessus, une forme d'homme.

— Qui donc est là ? demandai-je intrigué.

L'impressionniste me répondit :

—C'est Z..., le statuaire. Depuis qu'il a perdu sa femme, qu'il adorait, il vient ici tous les soirs. C'est lui qui fume ici la plus forte dose d'opium, six grammes par jour. Comme le bruit des conversations gêne ses méditations, il a demandé qu'on lui abandonnât la cuisine pour lui seul. Voulez-vous le voir ?

9.

Je suivis mon camarade dans la cuisine. Un rideau d'Andrinople tombant du plafond cachait le fourneau. Les murs badigeonnés de gris disparaissaient sous des portraits, ébauches, photographies, aquarelles ; c'était toujours la même femme, assez jolie, avec un grand front et des yeux très doux. Au milieu du panneau, son buste était posé sur un socle.

Le lit était devant.

Dessus, un homme d'une quarantaine d'années, allongé, immobile, pâle comme un mort. Il ne tourna pas les yeux pour nous voir, et ne parut pas entendre le bruit du robinet qui emplissait violemment la bouillotte.

Je n'avais jamais rencontré Z...; je le connaissais seulement de nom et par ses œuvres.

Cette première et douloureuse rencontre avec un artiste dont j'admirais le talent, sans supposer de quelle angoisse était faite la mélancolie de ses figures, me bouleversa le cœur. Et les larmes me vinrent aux yeux tandis que, dans la demi-obscurité, je lisais ces deux lignes de Thomas de Quincey, tracées, d'une main tremblante à la craie, au-dessous du buste de femme, sur la muraille :

« O juste, subtil et puissant opium, toi qui évoques les figures familières et bénies, nettoyées des souillures de la tombe... »

II

L'AMANT DES ODEURS

Nous étions quatre dans un wagon de chemin
de fer que la locomotive ramenait à grands coups
de sifflet vers Paris.

Quatre, une de ces vieilles femmes charmantes
que les cheveux poudrés laissaient séduisantes,
une de ces vieilles femmes comme on en trouve,
quoi qu'en pensent les sceptiques, en dehors des
comédies et des romans; — puis une jeune Parisienne, très fine, très élégante dans sa petite veste
à carreaux, et qui cachait sous un voile argenté
son teint bruni par l'embrun de la mer; — puis un
magistrat grisonnant, un de ces disserteurs délicats qui s'écoutent un peu parler, mais que, tout
de même, l'on entend avec plaisir, parce qu'ils ont
beaucoup confessé les hommes; enfin, votre servi
teur.

On était à cette minute où, après le premier
assaut de causerie, le silence se fait tout d'un

coup, où chacun s'exile dans son coin. Les petits sacs et les valises s'ouvrirent. La dame poudrée sortit d'un panier à ouvrage une bande de tapisserie et son lorgnon de travail; la petite Parisienne reprit un livre bleu, un roman bien sûr, dont elle avait lu déjà les trois quarts et que débordait un signet; le magistrat s'ensevelit dans le dernier numéro de la *Revue philosophique*, et moi, je me plongeai dans mes journaux.

C'est vite lu les journaux d'été, ces journaux d'intérêt local que l'on achète le long des voies ferrées, et où l'on retrouve défraîchis les articles des journaux parisiens lus l'avant-veille, avec des polémiques sur les chemins vicinaux.

Bien vite, toutes les feuilles imprimées furent empilées sur la banquette, et je regardai mes compagnons.

Je confesse, à ma honte, que je n'ai jamais pu voir quelqu'un lire devant moi, en chemin de fer, sans glisser un coup d'œil en dessous pour surprendre le titre du volume. Les jeunes personnes qui profitent des voyages pour dévorer des livres défendus et qui ont l'hypocrisie de mettre aux couvertures des chemises de papier, me causent des tourments de curiosité insupportables. Un jour, sur la ligne de Versailles, je me suis surpris à dépasser ma station pour savoir quel auteur fortuné captivait si fort l'attention d'une très charmante jeune fille, qu'elle ne m'avait même pas fait l'honneur de lever les yeux quand j'étais monté dans le wagon. Vers Chaville, je finis par déchiffrer à l'envers le titre du livre. Horreur! c'était un traité de physique à l'usage des aspirantes au brevet supérieur.

Cette aventure ne m'a pas corrigé, ce qui me fait craindre que ma curiosité soit incurable.

Donc, mes yeux, étourdis d'avoir parcouru les journaux, allèrent d'eux-mêmes se fixer sur les livres que mes compagnons tenaient en main.

Eux ne se cachaient pas, et facilement je pus épeler les étiquettes de leurs lectures.

Au-dessous du nom en grosses lettres de M. Th. Ribot, le sommaire de la *Revue philosophique* s'étalait comme un menu de repas substantiel : *La Science positive de la morale en Allemagne. Les Conditions psychologiques de la conaissance en histoire. Les Rapports entre la loi de Weber et les phénomènes de contrastes lumineux. Le Fétichisme dans l'Amour; étude de psychologie morbide par A. Binet.*

— La loi de Weber, me disais-je en moi-même, voilà un article que je ne couperais pas. Mais le fétichisme dans l'amour, c'est une autre affaire. Tout le monde a des idées là-dessus. Gageons que mon ami le magistrat ne se soucie pas plus que moi des contrastes lumineux, et qu'il est plongé dans la psychologie morbide.

Je me penchai sur l'épaule de mon voisin.

Je ne me trompais pas.

Le magistrat lisait l'étude de M. Binet.

Pour la jolie Parisienne, le roman qu'elle dévorait, la tête inclinée, une petite flamme sur les joues, de plus en plus vite, à mesure que les feuillets tournés la rapprochaient de la fin du volume, c'était l'*Adorée,* de René Maizeroy, le livre qu'on a vu cet août-ci sur toutes les tables de château, dans tous les salons de bains de mer, le dessus de la pile des romans nouveaux, que l'on trouvait d'abord sous sa main aux étalages des gares.

Le volume fermé, la belle liseuse resta une bonne minute les yeux au plafond, et elle eut le petit tressaillement d'une surprise, d'une revenue de loin, quand la dame poudrée, ôtant son binocle et laissant tomber son ouvrage sur ses genoux lui demanda avec un sourire :

— C'est bien intéressant ce que vous venez de lire là?

— C'est une étude de jalousie.

En trois mots elle résuma le livre.

— Voilà : C'est l'histoire d'un mari qui, un beau jour, en fouillant dans les tiroirs de sa femme, y découvre un paquet de lettres, — oh! ce n'est pas ce que vous croyez, — quelques lettres un peu galantes, écrites par un valseur entreprenant. La jeune femme aime son mari, elle a éconduit l'auteur des poulets, mais elle a eu la faiblesse de garder les billets, pour le plaisir d'avoir quelque chose de caché, dans un petit coin, pour le plaisir de les lire, de se prouver une fois de plus à elle-même qu'elle a beaucoup de mérite à rester fidèle, puisqu'il y a de par le monde des gens très disposés à la faire trébucher. Le jaloux, en brutal qu'il est, tue dans un duel très barbare l'auteur des billets doux. Comme cela est juste, sa douleur n'en est point allégée ; au contraire, le mal s'aggrave. Entre ce mari et cette femme qui s'aiment, il n'y avait qu'un malentendu facile à dissiper ; maintenant il y a une aventure irréparable : une mort d'homme. Et le roman c'est, tout justement, avec des péripéties de brouilles et de reprises de tendresse, l'analyse de la jalousie du mari qui va croissant, de l'amour de la femme qui va diminuant, à l'épreuve quotidienne des soupçons injurieux, de la vilenie des espionnages.

— Et le dénouement ?

— Vous le prévoyez. La femme finit ouvertement, bien plus par vengeance que par tendresse, par faire choix d'un consolateur, et le mari affolé s'arrête au bord du suicide avec cette pensée : Ma mort les ferait libres. Je veux vivre, je veux prolonger ma souffrance pour empoisonner leur bonheur.

Elle avait compté cette histoire avec passion, la petite Parisienne, avec l'émotion toute fraîche de sa lecture. Elle continua :

— Je ne ferai qu'un reproche à ce livre que j'ai dévoré tout d'une affilée et que je rouvrirai certainement un soir, cet hiver, à Paris, dans mon boudoir. Je voudrais compatir aux souffrances de ce malheureux mari, qui occupe toute l'attention, puisqu'on nous apprend seulement que la jeune femme a succombé de lassitude et qu'on ne nous montre qu'indirectement comment elle en est venue là. Eh bien! je ne puis guère me mettre en frais de sympathie. Ce jaloux m'épouvante; il ne m'attendrit pas. Et, je le vois bien, cela tient à ce que sa jalousie est presque uniquement sensuelle. Ce n'est point — ne riez pas — de l'âme, de la pensée, du désir de sa femme que ce mari est jaloux, ce n'est même pas de sa beauté tout en-entière, c'est de l'odeur de ses cheveux! Et ne croyez pas que ce soit là une singularité inventée à plaisir pour rendre le personnage bizarre. A l'émotion du récit, à la persistance de cette odeur blonde qui revient dans le livre, qui s'en dégage, qui fait flotter autour une atmosphère capiteuse, un peu malsaine, on sent que l'auteur est de bonne foi. Or, j'ai beau faire, je suis choquée de voir qu'un homme est tué, qu'un autre est sur le point de se suicider, qu'une femme est torturée, que quatre vies sont brisées, tout cela non point par jalousie d'une tendresse, mais par passion affolée d'une odeur.

Depuis quelques minutes, le magistrat avait

interrompu sa lecture. Il écoutait; il répondit :

— Madame, j'ai justement là sous les yeux une réponse à la question qui vous occupe. L'auteur de l'article que je viens de lire sur *le Fétichisme dans l'amour* n'a pas écrit en médecin; ce n'est pas un athée de cet idéal que vous aimez; c'est un philosophe, un psychologue, un homme qui pousse sa recherche au delà de la matière, jusqu'à l'esprit; un homme qui, quand il prononce le mot amour, ne croit pas que ce terme soit simplement synonyme du mot « reproduction ».

Nous écoutions de toutes nos oreilles. La dame poudrée avait tout à fait délaissé son ouvrage et nos trois visages étaient tournés vers le beau causeur.

Il reprit :

— Le fétichisme, « le culte des brimborions », qui a joué un rôle si capital dans le développement des religions, ne tient pas une moindre place dans l'amour. Il y apparaît sous des formes extérieurement diverses, identiques dans le fond. M. Binet a analysé quelques-unes de ces manifestations les plus curieuses. Il étudie en particulier — je me sers de ses propres expressions, — l'amant de l'œil, l'amant de la main, l'amant des cheveux, et justement le perverti qui vous intéresse : l'amant de l'odeur.

— Arrêtez, dit la dame poudrée. Jusqu'ici il n'a rien inventé, votre M. Binet. Il y a longtemps que nous le savons, les amoureux sont épris des yeux, de la main, des cheveux et du parfum de leurs amies. Il y en a même beaucoup qui chérissent tout cela en même temps, de la meilleure foi du monde et très ardemment.

— Voilà justement, madame, la nuance qui distingue le fétichiste de l'amoureux, l'amour normal de l'amour morbide. Comme vous le dites fort bien, l'amoureux chérit toutes les perfections réelles ou imaginaires d'une femme aimée; le fétichiste en choisit une à laquelle il subordonne toutes les autres, qui devient pour lui si préponrérante que le reste n'existe plus. Voulez-vous des exemples? Cet article en contient d'innombrables, ils sont tous concluants. Voici, entre autres, le cas d'un jeune homme que le professeur Ball a soigné dans son service de Sainte-Anne. Celui-là était depuis son enfance ce que M. Binet appelle un « amant de l'œil ». Fils d'un professeur de dessin, ayant lui-même la main au crayon, tout enfant il passait son temps à dessiner sur ses cahiers, sur les murs de l'école des yeux immenses ombragés de longs cils. Il finit ses études, il vient à Paris. Il entre comme maître dans un pensionnat. Chaque matin, on l'envoie chercher les petits élèves dans un omnibus. Dans une de ses promenades, il rencontre l'idéal rêvé. C'est une jeune fille qu'il croise tous les jours sur sa route. Elle a, sous des sourcils embroussaillés,

des yeux démesurés, bougeurs comme une source.
Le malheureux décide qu'il l'épousera et, sans
songer à se faire présenter par personne, il va
trouver les parents de la jeune fille, la demande
en mariage. On le met à la porte. Il ne se décou-
rage pas. Il risque trois tentatives aussi malheureuses. Les parents, exaspérés, le font arrêter et
conduire au Dépôt. Le médecin de la préfecture
de police l'envoie à Sainte-Anne. Là, son mal n'a
fait que s'accroître, et, insensiblement, il a versé
dans un état de demi-démence.

« Je pourrais vous compter une foule d'histoires
aussi caractéristiques et qui n'ont pas toutes une
fin si lugubre sur les amants de la main, de la
voix, des cheveux; mais venons à l'odeur.

« M. Binet prend les choses à la source, au che-
vrotin porte-musc. Je saute, j'arrive aux femmes et
aux hommes, qui seuls nous intéressent. Je ne vous
apprends pas que les femmes de tous les temps ont
su que les parfums les ont rendues plus troublantes
et qu'elles en ont fait un usage raffiné. Quand Ruth
veut enflammer d'amour le cœur du vieux Booz, elle
commence par oindre son corps et ses cheveux;
les dames grecques et romaines, au dire de
ceux qui les ont aimées, faisaient à leur toilette
une grande consommation d'onguents parfumés.

« Les femmes sauvages elles-mêmes recourent
à ces artifices. Un certain Jagar, que M. Binet
cite sans explication, comme si tout le monde le

connaissait, rapporte que, chez les habitants des îles Philippines, « le sens de l'odorat est très développé. Les amoureux, à l'heure des adieux, échangent des lambeaux d'écharpes qu'ils portent, comme des amulettes, pendant toute la durée de la séparation, respirant fréquemment ces reliques et les couvrant de baisers ». D'autre part, dans ses *Principes de sociologie*, Spencer conte que, chez la peuplade Chittatong Hill, le baiser est remplacé par l'usage de flairer la joue.

« Voilà pour les émotions naturelles.

« Voyons maintenant les actes des fétichistes.

« M. Binet affirme avec preuves à l'appui que certains parfums sont les causes responsables de ces mariages bizarres que l'on voit contracter par des hommes intelligents avec des femmes inférieures à eux. Il ne s'agit pas, vous l'imaginez bien, des vieux garçons qui finissent par épouser leur cuisinière. Mais les chevelures rousses, par exemple, exhalent d'ordinaire une odeur un peu âcre, ambrée, qui monte à certains cerveaux comme un enivrement, trouble la raison, dérange le jugement et produit cet état particulier que l'on appelle amour. Il va sans dire, que tout ici est affaire de nuances. Si l'odeur rousse arrive à causer un trouble si violent, que l'amoureux absorbé par ce détail passe condamnation sur tout le reste, si, dans la femme qu'il aime, il ne considère, ne chérit que cette abstraction du tout, c'est un fétichiste.

Et tel me paraît bien le cas du mari de M. Maizeroy dont vous venez de nous conter l'histoire,
de ce jaloux affolé de l'odeur blonde de l'*Adorée*.

« Voici, d'ailleurs, à l'appui de la thèse, le texte
même des conclusions de M. Binet. Je vous les
lis :

« Dans l'amour normal, le fétichisme est poly-
théiste : il résulte, non pas d'une excitation unique,
mais d'une myriade d'excitations. C'est une sym-
phonie. Où commence la pathologie? C'est au moment où l'amour d'un détail quelconque devient
prépondérant au point d'effacer les autres. L'amour
normal est harmonieux, l'amant aime au même degré tous les éléments de la femme qu'il aime. Dans
la perversion, l'harmonie est rompue : l'amour,
au lieu d'être excité par l'ensemble de la personne,
n'est plus excité que par une fraction. Au poly-
théisme répond le monothéisme. »

Le train entrait en gare à Paris.

Comme je donnais la main à la jeune femme
pour descendre de wagon, elle me demanda avec
une inquiétude comique :

— Dites donc, mon ami, croyez-vous qu'il reste
encore quelques polythéistes de par le monde ?
Toutes réflexions faites, j'aimerais mieux les avoir
pour amants que les autres.

III

L'HYPNOTISME ET LES ASSASSINS

Ces lignes ont été écrites au moment où tout Paris se passionnait pour le crime affreux qui, en attendant la consécration littéraire de la complainte, a tout de suite trouvé son titre de cause célèbre, et qui passera certainement à la postérité sous le nom de : *Le triple assassinat de la rue Montaigne.*

Le matin, sur les impériales d'omnibus, au jour encore pâlot, les maçons limousins, avec du plâtre sur leur culotte et des outils entre leurs jambes, écoutaient de toute leur attention pesante un camarade qui, à haute voix, épelait les nouveaux détails dans le journal à un sou encore humide des presses. A huit heures, les jolies modistes, nu-tête, leurs châles croisés sur la poitrine, assiégeaient les kiosques pour acheter le *Petit Journal* et savoir si Geissler était arrêté ; car le feuilleton semblait bien pâle à côté de cette « affaire » mystérieuse, et les reporters n'avaient pas besoin d'écrire au bas de leurs articles « la suite au prochain numéro » pour s'assurer que leur prose serait impatiemment attendue, avidement dévorée. Et après qu'on avait parlé du crime, tout le jour, à l'atelier et aux *five o'clock tea* des marquises, à la crémerie et au café Anglais, le soir on n'entendait encore causer que de cela dans les couloirs des théâtres. La nuit, sur les boulevards extérieurs, on voyait des gens accotés à des réverbères, un journal déployé devant la figure, qui lisaient les « derniers détails » de l'affaire.

Pranzini s'est si violemment emparé, pendant des mois, de l'attention du public, qu'il a fait du tort à ses confrères. Par sa faute, on n'a prêté qu'une attention distraite à un crime qui, en d'autres temps, aurait passionné l'opinion : le crime de la rue de la Bienfaisance, l'assassinat de Louise Huber, par son beau-frère le concierge Vésinot. Ce forfait a été l'occasion d'un petit écho glissé inaperçu entre une « série de vols » et une « fausse alerte ». Eh bien, quoi ! ont dit les lecteurs distraits, elle lui résistait, il l'a assassinée ! Et, à ma connaissance, il ne s'est pas trouvé un de nos chroniqueurs moralistes pour philosopher un peu sur le cas de ce malheureux concierge, bon mari jusque-là, qui, pris tout d'un coup d'une passion furieuse pour cette fille de dix-huit ans, en qui il revoyait plus jeune celle qu'il avait aimée, avait préféré assassiner Louise et mourir après elle que de dompter son désir. De ces deux hommes qui ont tué, l'un par besoin d'argent, l'autre par violence d'amour, on aurait pu croire que le second paraîtrait plus intéressant que le premier. Il n'en a rien été. La faveur populaire souffle où elle veut. Et elle était avec Pranzini, que Paris réclamait aigrement à Marseille. Jamais ténor n'avait été attendu avec tant d'impatience..

Tout le monde a lu les débats de très près, et les interrogatoires, les étranges réponses, la bizarre attitude de l'accusé ne firent que redoubler la curiosité déjà si vivement excitée. Il n'y avait pas moyen de n'être pas frappé d'un phénomène psychologique assez surprenant : Pranzini qui avait montré une habileté et une intelligence vraiment supérieures dans l'accomplissement de son crime, avait fait preuve, tout de suite après, d'une faiblesse d'invention et d'une infirmité d'esprit vraiment singulières. On aurait dit que l'individu qui avait volé les bijoux de Mme de Montille et celui qui avait été vendre stupidement ces bijoux à la fille Fabre *n'étaient point le même homme*. Et ceci est tout à fait caractéristique, car le trouble qui succède immédiatement au crime n'a aucun rapport avec l'inqualifiable série d'imprudences que Pranzini a commises à Marseille. On oublie son bouton de manchette, sa ceinture de cuir — ce que les policiers, dans leur langage pittoresque, appellent la *carte de visite* — dans la chambre de la femme qu'on vient d'assassiner, mais on ne va pas dans un lieu public vendre des bijoux volés, à si vil prix que les gens les moins scrupuleux hésitent à en faire l'emplette. Il y avait dans la succession des actes de Pranzini, depuis le moment où il est arrivé à Marseille jusqu'à la minute où on l'avait arrêté, quelque chose d'inexplicable : *le parti pris de se faire prendre.* Et j'avoue que, pour ma part, la bizarrerie de la conduite de l'inculpé fit naître dans mon esprit un soupçon qui grandit à la lecture attentive des interrogatoires.

Ce complice, ce Geissler, cet Anatole, que tous les inculpés inventent alors qu'il n'existe pas et sur le dos de qui ils s'efforcent de se décharger un peu, Pranzini ne voulait pas en entendre parler. Il était pourtant certain que le malheureux ne pouvait douter qu'on le tînt lui-même pour le meurtrier : les bijoux de Mme de Montille avaient été reconnus par son amie Mme Cornet et par le bijoutier Pul. Pranzini sentait bien que sa phrase « Je n'ai pas de complice, puisque je n'ai pas commis de crime, » ne devait pas en imposer aux magistrats. Pourquoi donc refusait-il de donner ce nom qu'on lui demandait? Jamais un accusé n'a eu la partie plus belle: sa maîtresse affirmait tout d'abord qu'il avait passé chez elle toute la nuit du crime; d'autre part, on tenait la preuve que les bijoux de Mme de Montille avaient été envoyés de Paris par la poste, alors que Pranzini était déjà à Marseille; enfin le vague signalement que la concierge de la rue Montaigne a donné de l'assassin ne correspondait nullement avec son signalement propre. Il n'avait qu'un nom à prononcer pour sauver sa tête. M. le procureur Dormant l'avertit qu'il se perdait par son silence et par ses réticences. Et cependant il a continué jusqu'à la guillotine à se taire ou à mentir.

Il est difficile de croire que Pranzini se soit tu par générosité, pour sauver aux dépens de sa vie propre les jours de son ami. Ce n'est pas l'acte même de l'assassinat qui rend cette supposition peu vraisemblable, mais tout ce qu'on a su des habitudes de l'accusé et de ses mœurs infâmes. Or, on ne voit pas non plus quel motif d'intérêt personnel pouvait empêcher Pranzini d'aider la police à découvrir Geissler. Quand même cette homme aurait déclaré, qu'il n'avait été, lui, que complice du vol, que c'était Pranzini qui avait tenu le couteau, ou encore que l'assassinat de la rue Montaigne n'était pas le premier meurtre de Pranzini, mais qu'avant de tuer Mme de Montille il avait déjà frappé la fille Aguétan, même alors, le cas de Pranzini n'aurait pas été beaucoup plus mauvais. Au contraire, il aurait pu à son tour accuser Geissler d'une partie des crimes dont il a porté tout seul la responsabilité. Son silence semblait n'avoir qu'une explication : puisque ce n'était pas *quelque chose* qui empêchait Pranzini de parler, c'était *quelqu'un*.

Frappé de l'incohérence des propos de l'accusé et de la stupidité de ses inventions, je me laissais glisser, quelques jours après l'arrestation de Marseille en lisant l'interrogatoire de M. Reverdin, à certaines hypothèses auxquelles je faisais effort pour ne pas m'arrêter, quand le courrier m'apporta une lettre d'une écriture inconnue et dont l'auteur, malgré ma prière, ne s'est jamais fait connaître.

Cette lettre m'a vivement frappé, peut-être parce qu'elle venait, par hasard, apporter une réponse aux questions que je me posais à moi-même.

La voici :

Monsieur,

« Permettez à un psychologue, qui ne tient de près ni de loin à la police, qui n'est ni médecin ni romancier, ni magnétiseur ni somnambule, mais qui, par irritabilité nerveuse, curiosité passionnée, a acquis une sorte de double vue des faits psychologiques, de vous donner un avis sur le cas de l'assassin Pranzini. Les magistrats pourront en faire leur profit, si bon leur semble.

« Je ne connais pas le meurtrier. Même je n'ai jamais vu sa photographie, je ne sais de lui que ce qui a été dit par les journaux et aussi ce que j'ai pu deviner de son caractère en lisant ses réponses aux interrogatoires. Il résulte de tous ces renseignements et de ces inductions que Pranzini est un blond, bellâtre, d'une certaine mollesse, qu'il est débilité par les privations et surtout par les excès. C'est un garçon de tempérament à la fois excitable et apathique. Voulez-vous toute ma pensée? C'est un hystérique.

« Ce malheureux a pour complice un homme qui, à la première heure, a été désigné comme le véritable assassin. Celui-là est brun, avec un teint un peu basané et un visage énergique. La dureté de tout le visage a été fort bien remarquée par la concierge, qui a croisé cet individu dans l'escalier sans songer à l'examiner de près. Malgré sa rapidité, l'impression a été si vive que, sur les indications de cette femme, les policiers, à la première minute, ont cru qu'ils avaient une fois encore affaire à ce fameux *Américain* qui passe pour avoir tué la fille Aguétan.

« Voyez-vous maintenant où je veux en venir?

« Il n'y a, pour quiconque a examiné de près l'affaire, pas une seconde de doute sur ce point, Pranzini est complice de l'assassin.

« Mais est-il vraiment l'assassin?

« J'affirmerais que non. D'abord ce n'est pas lui qu'on a vu dans l'escalier, puis sa maîtresse déclare qu'il était près d'elle au moment où le crime a été commis. Quand il lit le récit de l'assassinat dans les journaux, son exaltation devient extraordinaire. Il part pour Marseille comme un fou. C'est là, au su de tout le monde, qu'il reçoit par la poste, dans une boîte cachetée, les bijoux de Mme de

Montille. A partir de ce moment, sa conduite devient tout à fait celle d'un insensé. Il montre ses bijoux à tout le monde. Il supplie la fille Fabre de ne point révéler à qui elle a acheté la petite montre émaillée. Il lui donne un bracelet pour payer son silence; puis, après cette imprudence décisive, au lieu de courir aux paquebots levantins, de s'embarquer, lui qui parle toutes les langues de l'Orient et qui serait certain de se tirer d'affaire en quelque point de la Méditerranée qu'il atterrisse, il va tranquillement louer une stalle au théâtre et se fait arrêter dans son fauteuil.

« Rappelez-vous maintenant tout ce qui a suivi: les deux tentatives de suicide en prison, tous les mensonges de l'interrogatoire, l'invention ridicule du marchand de ressorts de montre rencontré à la gare de Lyon, et retenez bien ma conclusion, dont la vérité se découvrira un jour ou l'autre :

« Pranzini n'est pas l'assassin. Celui qui a tué, c'est le brun, l'Américain, c'est Geissler.

« Cet homme a sur Pranzini une influence magnétique redoutable. C'est lui qui lui a imposé de quitter Paris, le lendemain du crime, pour attirer sur soi les soupçons.

« C'est lui qui, après l'avoir envoyé à Marseille, lui a ensuite expédié quelques bijoux sans valeur, pris chez Mme de Montille, bijoux aisés à reconnaître.

« C'est lui qui l'a contraint de montrer ces bijoux

à la fille Fabre et de prononcer les phrases qu'il a débitées.

« C'est lui, enfin, qui empêche Pranzini de livrer son nom aux juges et qui, si l'on n'y met bon ordre, le fera guillotiner à sa place.

« En conséquence, quand Pranzini sera de retour à Paris, je demande que, si les magistrats n'arrivent point à le débouter de son silence, on le fasse examiner par MM. Charcot, Richet, Dumontpallier et Gilles de la Tourette, afin que M. Deibler n'envoie pas dans l'autre monde un magnétisé, tandis que nous garderions dans celui-ci son magnétiseur.

» Je vous prie, monsieur, de publier cette lettre dans l'intérêt de la science et de l'humanité.

« M. Lubin. »

Cette lettre était-elle l'œuvre d'un plaisant ou d'un homme raisonnable? Je l'ignorais. En tout cas, le doute était possible et je résolus de me livrer moi-même à l'enquête qu'on réclamait.

IV

L'HYPNOTISME ET LES MÉDECINS

Je remarquai d'abord que, dans le récit qu'il avait fait lui-même de son existence, Pranzini n'avait signalé aucune maladie héréditaire ou accidentelle qui donnât lieu de croire que l'on était en présence d'un hystérique ; mais, d'autre part, le décousu, l'incohérence de sa vie, mélange bizarre d'apathie et d'énergie, le mauvais équilibre de ses facultés intellectuelles, — Pranzini, qui avait une mémoire merveilleuse et qui possédait dans un degré rare le don des langues, manquait tout à fait de jugement et a fourni des marques de cette infirmité d'esprit particulière que le professeur Lombroso appelle l'*imprévoyance des criminels*, — tout ce désordre intellectuel et moral rendait vraisemblable l'hypothèse de désordres nerveux, et, si l'assassin présumé s'obstinait à rester muet, il semblait que les juges auraient pu donner au public, vivement impressionné, la satisfaction d'un examen médical.

Ils n'ont pas jugé à propos de le faire, et sans doute ils ont eu raison. Voici, dans tous les cas, quelles réponses ont fait les livres et les hommes de science à la question que je leur posais.

Il y a un fait dont les plus récalcitrants sont obligés de reconnaître la vérité aujourd'hui démontrée : pendant des états hypnotiques déterminés, un expérimentateur peut, dans certaines conditions, faire accepter au sujet de son expérience des idées capables de se traduire par des actes qui non seulement seront exécutés pendant le sommeil, mais encore s'accompliront fatalement au réveil. Ce phénomène s'appelle la *suggestion*. M. Paul Janet l'a définie : « Une opération par laquelle dans le cas d'hypnotisme, *ou peut-être dans certains états de veille à définir*, on peut, à l'aide de certaines sensations, mais surtout à l'aide de la parole, provoquer dans un sujet nerveux bien disposé une série de phénomènes plus ou moins automatiques, le faire parler, agir, penser, sentir comme on le veut, en un mot le transformer en *machine*. »

Ces « sujets nerveux bien préparés » dont parle M. Janet, il n'y a personne qui n'en ait vu, au moins dans des boutiques de prestidigitateurs, et qui n'ait eu l'esprit frappé des phénomènes extraordinaires que l'on peut, en dehors de toute supercherie, produire dans l'hypnotisme.

Je n'oublierai jamais, pour ma part, les émo-

·tions d'une matinée que j'ai passée à la Salpêtrière. J'étais venu pour voir les curieuses photographies que l'on a faites d'une des malades de la
maison, Mlle Blanche W.., dans les attitudes com-
mandées par l'expérimentateur et provoquées, avec
le geste correspondant, par le simple attouchement
de certains muscles de la face.

Par hasard, Mlle W... entra dans un laboratoire
pendant ma visite. C'est une belle fille blonde,
avec des yeux bleus, une grande fraîcheur de
teint; rien dans son port ni dans son allure
ne donnerait à soupçonner la maladie dont elle
souffre. Tout au plus une certaine brusquerie
dans les mouvements avertissait-elle que l'on
avait affaire à une personne nerveuse ou un peu
surexcitée.

Un médecin qui se trouvait là mit Mlle W... en état
de léthargie en l'endormant instantanément par la
fixation du regard, puis il la fit passer en somnambulisme par la friction du vertex. Aussitôt,
elle commença à répondre à ses questions et à
accepter comme véritables toutes les hallucinations
qu'il lui proposait. L'attention de Mlle Blanche
avait été attirée, au moment où elle entrait dans
le laboratoire, par un moineau qui avait pénétré
la veille par la fenêtre ouverte et se débattait dans
les rideaux sans trouver une issue pour s'enfuir.
Le médecin présenta à sa malade un bouchon de
papier en lui disant :

— Tiens, voilà ton oiseau, tu t'es laissé endormir, je te le donne.

Aussitôt Mlle Blanche tendit les mains, prit le bouchon de papier, se mit à le caresser doucement, l'approcha de ses lèvres, croyant embrasser la petite bête et la rassurer; puis elle le porta dans une boîte à châssis, l'y enferma avec mille précautions et prit soin de laisser le couvercle légèrement entre-bâillé « pour que son oiseau n'étouffât pas ».

Ensuite, l'expérimentateur lui tendit un sac de papier vide.

— Voilà les bonbons que je t'avais promis, dit-il en remettant le cornet entre ses mains. Ce sont des pastilles au citron et à la menthe.

— Mais vous savez bien que je n'aime pas le citron, répondit Mlle W... en faisant la moue. Enfin, je mangerai les autres.

Et, du bout des doigts, elle tirait une à une du sac les pastilles imaginaires, et les croquait avec un plaisir visible.

Mais, de toutes ces expériences, celle qui me frappa le plus fut une substitution de personne. On avait suggéré à Mlle Blanche que j'étais moi-même le médecin, M. Gilles de la Tourette, et que le docteur de la Tourette était la personne étrangère venue pour visiter le laboratoire. Elle accepta cette substitution sans résistance et, pendant une heure, me parla constamment comme si j'étais le

médecin qui la soigne chaque jour, tandis qu'elle
gardait vis-à-vis de sa vieille connaissance une
attitude pleine de réserve. Nous traversions les
vastes cours de la Salpêtrière. Elle marchait près
de moi, retroussant coquettement sa robe pour
enjamber les flaques d'eau, parlant du printemps
qui allait venir, des oiseaux qui se battaient dans
les arbres, éveillée en apparence et dans la pleine
possession d'elle-même. Mais si, parfois, j'oubliais
mon rôle, elle me contemplait avec une stupéfac-
tion profonde, toute désorientée. Si, par exemple,
je lui disais « vous », elle me regardait interlo·
quée et disait :

— Tiens, comme vous êtes poli aujourd'hui.

Alors, tout d'un coup, le médecin qui l'avait
hypnotisée, lui demanda :

— Blanche, as-tu remarqué l'épingle que Gilles
de la Tourette porte à sa cravate? Est-elle en or
ou en aluminium?

Le docteur de la Tourette portait en effet un
bijou d'or piqué dans un foulard; moi, je n'en avais
point. Ce fut pourtant vers moi qu'elle se tourna.
Elle approcha les doigts de mon menton, fit le
geste de m'arracher cette épingle qui n'existait
pas, puis, après l'avoir longtemps considérée, elle
dit :

— C'est de l'or, n'est-ce pas?

Et ce n'était pas seulement des objets absents
dont l'expérimentateur pouvait à son gré lui impo-

ser la vue, mais il avait encore la puissance de l'empêcher de voir ce qui se passait devant ses yeux. C'est ainsi qu'il supprima pour elle l'un des assistants.

— Ah! ce monsieur qui avait un chapeau gris vient de sortir. Sais-tu où il est allé, Blanche? Mais, regarde donc, il a oublié son chapeau.

La jeune femme ouvrit des yeux étonnés. Elle ne voyait plus notre compagnon qui marchait dans la pièce; mais elle continuait à apercevoir le chapeau gris et suivait d'un regard stupéfait la promenade de cet objet qu'elle croyait suspendu en l'air.

C'est sur cette hystérique, très facilement hypnotisable et suggestible, que M. Gilles de la Tourette fit au mois de mai 1884, en présence de M. Charcot, une expérience dont il a donné l'émouvant récit dans son beau livre de *l'Hypnotisme au point de vue médico-légal*.

Il ordonna à Blanche W... de se rendre au laboratoire, puis, au moment où elle franchissait la porte, il la fixa en catalepsie au moyen d'un coup de gong frappé auprès d'elle; ensuite, comme elle n'est pas suggestible en état de catalepsie, il la mit en somnambulisme par une friction sur le vertex; à partir de ce moment elle lui appartenait. Il lui suggéra donc qu'elle était transportée au bois de Boulogne sous une tonnelle et qu'ils causaient, assis en face l'un de l'autre, à cœur ouvert! Il

amena la conversation sur le compte d'un interne
que Blanche n'aimait point, M. G...

— Fais-moi une promesse, dit M. Gilles de la
Tourette; demain, tu empoisonneras M. G...

— Moi! je ne suis pas une criminelle.

— Je le veux.

— Mais je n'ai pas de poison! Si je lui tirais un
coup de pistolet?

— Le pistolet fait trop de bruit. Nous sommes
maintenant de retour au laboratoire de la Salpêtrière; voici un verre, j'y verse de la bière, j'y
ajoute le poison; tu le feras avaler à G... quand
tu seras réveillée. Et surtout, quoi qu'il arrive, tu
ne te souviendras nullement, si l'on t'interroge,
que c'est moi qui t'ai engagée à empoisonner
M. G...

— Bien, monsieur.

On réveille Blanche W... par un léger souffle
sur les yeux. Elle se retrouve dans le laboratoire
avec sept ou huit personnes qu'elle connaît toutes.
M. G... est du nombre. Blanche se dirige vers lui
et, avec l'air du monde le plus dégagé :

— Mon Dieu, qu'il fait chaud ici, dit-elle; vous
n'avez pas soif? Il reste quelques bouteilles de
bière sur la planche, je vais vous en offrir.

— Inutile, mademoiselle, répond G..., je n'ai
pas envie de boire; pourtant, pour vous faire
plaisir, si vous m'embrassiez...

La jeune femme se révolte; visiblement l'idée

d'accorder un baiser à celui qu'elle va empoisonner lui répugne. Mais elle ne peut refuser, il faut qu'elle accomplisse l'ordre qu'elle a reçu.

— Tenez, dit-elle en tendant sa joue, et buvez maintenant. Craignez-vous donc que cette bière renferme quelque chose de nuisible? Voyez, j'en bois moi-même.

Et elle approcha le verre de ses lèvres en se gardant bien de toucher au liquide.

G... but lentement sans cesser de regarder fixement Blanche W... qui devenait pâle. Puis il ferma les yeux et roula sur le plancher.

— Ça y est ! murmura la jeune femme d'une voix presque indistincte.

On s'empressa autour de G... on l'emporta dans une pièce voisine, puis on annonça à Blanche l'arrivée du juge d'instruction.

— Mademoiselle, dit la personne qui jouait ce rôle, vous n'êtes certainement pour rien dans cette malheureuse affaire. Mais n'avez-vous aucun soupçon? Ne croyez-vous pas qu'il y ait eu du poison dans le verre?

— Je puis vous affirmer qu'il n'y en avait pas, répondit-elle, la preuve, la voici : j'ai bu dans le verre de M. G... avant lui et je n'ai pas été empoisonnée.

Elle avait *d'elle-même* inventé cette contre-épreuve. D'ailleurs, elle obéit fidèlement jusqu'au bout à l'ordre qu'elle avait reçu. Il fut impossible

de lui arracher le moindre aveu. Et quand on lui
demanda si elle soupçonnait quels pouvaient être
les auteurs du crime, elle répondit avec netteté
qu'elle ne s'en doutait point.

M. Gilles de la Tourette cite dans son livre une
multitude d'exemples du même genre tout aussi
concluants et qui ne sont pas tous aussi tragiques.
Il y a, par exemple, l'aventure d'une femme qui
saute de son lit au milieu de la nuit en déclarant
qu'elle veut embrasser l'aumônier de l'hôpital.
Les religieuses, scandalisées, la retiennent de
force. La scène finit par une attaque. Le lendemain elle recommence plus violente. Les médecins, intrigués, découvrent que cette idée a été
suggérée à la pauvre fille par un élève facétieux.
Comme personne ne pouvait retirer cette suggestion à la malade, si ce n'est celui qui la lui avait
imposée, et comme ce mauvais plaisant ne se
retrouvait point, on dût prier l'aumônier de se
laisser faire. L'ecclésiastique s'exécuta et la malade fut débarrassée.

Enfin, il y a la récente expérience faite par
M. le docteur Mesnet à l'Hôtel-Dieu sur l'homme
qui, en état de somnambulisme, avait volé une
commode et des chaises, et qui a été acquitté par les
magistrats. Le cas de ce malheureux, que M. le
docteur Paul Garnier, médecin en chef de l'infirmerie des aliénés de la préfecture de police, a
étudié dans les *Annales d'hygiène,* est bien fait

pour donner à réfléchir sur l'utilité d'un examen médical dans tous les cas où l'on trouve dans la vie d'un criminel le désordre intellectuel et l'incohérence des actions.

Par tous ces exemples, il est acquis que des expérimentateurs habiles peuvent suggérer à des sujets qu'ils ont en main les idées qu'ils veulent et faire exécuter ces ordres. Mais ce pouvoir expire-t-il au seuil des hôpitaux ? Le premier venu peut-il suggérer l'acte qu'il veut voir accomplir à un homme qu'il n'a jamais hypnotisé et qui ne se prête pas à ces manœuvres? En d'autres termes, « une personne qui, sans avoir encore été hypnotisée, serait, par sa constitution même, prédisposée à devenir somnambule, et qui, par curiosité, frayeur ou autrement, regarderait avec une trop grande fixité tel ou tel individu, ne pourrait-elle être, de la part de ce dernier, l'objet d'une suggestion? Et faut-il répondre avec M. le professeur Liégeois : « en attendant que la lumière se fasse, les personnes qui rêvent souvent à haute voix et qui semblent, *a priori,* plus hypnotisables que les autres, agiront prudemment en ne regardant pas trop longtemps et avec une trop grande fixité des étrangers, des inconnus, avec lesquelles elles se trouveraient seules, par exemple dans un compartiment de chemin de fer? »

J'ai voulu avoir là-dessus l'avis de M. Dumontpallier, et, puisque c'était à propos de Pranzini

que cette question de la suggestion avait été de
nouveau posée, j'allai lui demander de prendre
pour exemple le cas de Pranzini. Voici ce que
M. Dumontpallier me répondit :

— Supposons que Pranzini, alors même qu'il
n'aurait jamais été hypnotisé, soit un sujet hypnotisable. Il rencontre, la veille de la mi-carême,
dans la rue, son camarade Geissler. Les deux
compagnons s'attablent au café en face l'un de
l'autre. L'hypnotisation peut avoir lieu par la
simple « prise du regard ». Elle peut être suivie
de suggestion. Geissler peut avoir dit à Pranzini :
« Demain soir à six heures tu te lèveras comme
un fou, tu partiras pour Marseille, tu descendras
à tel hôtel, tu y attendras mes ordres, tu exécu-
teras ces ordres. Tu montreras dans un lieu public
les bijoux que je t'enverrai. Si on t'arrête, tu ne
révéleras rien de tout ce que je te dis là, même
quand ta vie serait en jeu. »

Tout ce que Geissler a commandé à Pranzini
sera exécuté de point en point, et le faux meurtrier ne se comportera pas autrement devant les
magistrats qui l'interrogent que ne fait en ce moment l'assassin présumé de la rue Montaigne. Il
niera, sans preuves, contre toute évidence, comme
Blanche W... après sa tentative criminelle.

La certitude scientifique qu'une telle supercherie est possible serait propre à frapper de terreur les esprits les mieux équilibrés, si le remède,

on ne saurait trop le répéter, n'existait à côté du mal.

Le contrepoison de l'hypnotisme, c'est l'hypnotisme même.

— En effet, supposons maintenant, m'a dit M. Dumontpallier, que les choses se soient réellement passées comme nous venons de l'imaginer et que les magistrats intrigués envoient Pranzini, pour être examiné, à l'un de mes confrères ou à moi. Je l'hypnotiserai à mon tour, je le mettrai en état de somnambulisme, et alors la scène suivante se passera :

— Pranzini, tel jour vous avez rencontré Geissler dans la rue.

— Oui.

— Il vous a emmené boire. Où cela?

— A tel café.

— Que vous a-t-il dit?

— Je ne répondrai pas.

— Je le veux.

— Il m'a dit que tel jour, à telle heure, je me lèverais, je partirais pour Marseille..., etc.

Et alors toute la confession, sans excepter l'aveu de la défense de révéler le nom et les ordres de Geissler.

M. Dumontpallier m'a conté de nombreux exemples de crimes que l'hypnotisme avait servi à commettre et que l'hypnotisme a servi à découvrir. Celui-ci entre autres :

Une jeune fille qui avait passé quelques semaines à l'hôpital dans le service d'un médecin des maladies nerveuses, revient quatre mois après sa sortie retrouver le docteur qui l'a soignée. Elle se plaint d'une tumeur intérieure. Le médecin constate que sa visiteuse est enceinte. Il l'interroge et voit qu'elle ignore de la meilleure foi du monde les origines de sa grossesse.

Pour savoir la vérité, il la met en état d'hypnotisme, et la fille raconte l'histoire suivante :

« Trois jours après ma sortie de l'hôpital, je passais devant un café, quand je fus appelée par des étudiants qui buvaient à la terrasse. Je les avais connus pendant ma maladie. Ils m'offrent une anisette. J'accepte, je m'assois près d'eux. Tout d'un coup, l'un d'eux se lève et m'ordonne de le suivre. Je suis obligée de lui obéir. Il m'emmène chez lui, à tel hôtel, à tel étage, telle porte. Là, il a fait de moi ce qu'il a voulu, puis il m'a commandé de retourner sur le boulevard et de m'asseoir sur un banc. J'ai encore obéi, et c'est là que je me suis réveillée. Il était cinq heures du soir. J'ai été toute surprise de me trouver là, mais je ne me suis pas inquiétée ; il m'arrivait souvent de m'endormir ainsi. Et, cette fois, comme à l'ordinaire, je ne me souvenais de rien. »

On contrôla minutieusement les déclarations de cette malheureuse ; elles furent reconnues exactes.

Le crime avait été commis par un élève du service.

— D'où je conclus, m'a dit M. Dumontpallier, que jamais un homme qui connaîtra à fond les agissements d'un hypnotique ne se fiera à sa discrétion.

Dans le trouble où nous jettent, nous autres bonnes gens, la révélation de ces mystères, il est rassurant de savoir que la vérité ne peut être éternellement scellée. Quant aux malheureux qui sont à la merci de si funestes influences, c'est une consolation de penser que leur irresponsabilité est désormais établie et que, aujourd'hui, pas un médecin légiste n'oserait répéter sur les actes du somnambulisme le jugement de Fodéré que M. P. Garnier cite à la fin de son bel article :

« Celui qui ne pense que crime, que fausseté, que vengeance, déploie pendant son sommeil les replis de son inclination dépravée, que la présence des objets extérieurs avait tenue enchaînée pendant la veille; au contraire, celui dont la conscience est toujours conforme aux devoirs sociaux ne se dément pas quand il est seul avec son âme. »

V

L'HYPNOTISME ET LES CHARLATANS

Lors de ma visite à la Salpêtrière, j'avais fait aux médecins qui m'avaient fourni l'occasion d'assister à leurs curieuses expériences la promesse d'entreprendre au premier jour une campagne contre les hypnotiseurs de tréteaux qui s'exhibent avec des sujets en séances publiques.

Les représentations d'un magnésiteur, qui amenait dans une cage de bêtes fauves une femme que l'affiche déclarait endormie, me fournit, l'hiver dernier, une très bonne occasion de tenir ma promesse.

Il ne fait pas bon fourrer la main dans ce guêpier; les magnétiseurs inquiétés ne reculent pas devant l'intimidation. L'un d'eux, dans une lettre anonyme, me menaça, si j'accomplissais inconsidérément une œuvre impie, « de me poursuivre de son influence, d'empoisonner ma vie par des suggestions et de me réduire, à ma honte, à

11.

à venir demander du soulagement aux hommes généreux dont je calomniais les intentions ». D'autres lettres me vinrent signées par des victimes de magnétiseurs, par de pauvres gens que l'on avait détraqués et qui expiaient cruellement une imprudence où ils n'avaient vu qu'une distraction inoffensive. Je n'ai jamais eu le loisir de contrôler ces témoignages, et je ne puis reproduire sans enquête les accusations que ces lettres contiennent ; je me contenterai donc d'indiquer ici les cas de maladies consécutives de pratiques hypnotiques qui ont été officiellement constatées, dont j'ai trouvé l'indication dans des livres spéciaux, dans les journaux de médecine, ou que des médecins ont bien voulu me communiquer directement.

On ne peut publier d'un bloc le dossier de tous ceux qui exploitent le magnétisme. Il sera question tout à l'heure des spirites, qui ont, à Paris, leurs réunions régulières, leurs revues périodiques, et dont *trois seulement*, qui se sont fait passer pour des sociétés de secours mutuels, possèdent une existence légale. Je ne m'occupe ici que des séances d'hypnotisme données dans des salles de spectacle ou dans des salons par des magnétiseurs de profession et de simples amateurs.

Pour dire le vrai, les hypnotisations faites dans les sociétés de magnétisme sont véritablement des spectacles publics, à cause de la facilité avec laquelle on pénètre dans ces réunions prétendues privées ; mais le péril que les représentations théâtrales font courir au public est encore plus grand, car, tandis que la société est fixe, l'hypnotiseur voyage, il allume sur son passage la « fièvre magnétique » et laisse après lui une série ininterrompue d'accidents nerveux.

Les frais d'installation de ce charlatan ne sont pas considérables ; tout son bagage tient en deux malles, la sienne et celle de son sujet. Il n'a pas de peine à s'attacher une hypnotique qui, au prix de quelques crises d'hystérie, ne demande pas mieux que de tirer un parti lucratif de son infirmité. Il importe que ce sujet ait la taille bien prise et quelque beauté, afin que, dans les poses plastiques de la catalepsie suggestive, les yeux des spectateurs soient occupés agréablement. On apporte aussi des soins tout particuliers à la garde-robe ; les jupes blanches parsemées d'étoiles y dominent, car il est bon que le sujet rappelle tout à la fois une pythonisse d'Apollon, une martyre chrétienne et la druidesse Velleda.

Ces préparatifs terminés, le magnétiseur peut se mettre en tournée. Quelques jours avant son départ, il envoie aux journaux de la ville qu'il a choisie un article-réclame où il vante lui-même son habileté merveilleuse. Il adjoint à son nom, de terminaison exotique, un titre vague et ronflant: *Professeur* un tel ; il se dit l'élève des plus savants maîtres. Son portrait est sur toutes les murailles.

Enfin, le soir de la représentation arrive. La salle est bondée de spectateurs. On fait une ovation enthousiaste au professeur et à son sujet. Les plus simples expériences soulèvent les tonnerres de bravos de tous les imprudents qui ont mené à ce spectacle leurs femmes et leurs filles, « comme si l'hystérie, dormant chez tant de sujets, ne se développait pas suffisamment par les provocations de tous les jours ».

Les poses plastiques de la catalepsie causent une admiration particulière; il y a aussi des suggestions comiques ; l'effroi se mêle à l'enthousiasme quand, avec une longue épingle, le magnétiseur traverse le bras de sa victime et invite la société à constater la parfaite insensibilité de son sujet.

Mais là ne se bornent pas généralement les exploits du magnétiseur. Il se fait fort d'endormir à sa volonté la première personne venue. De vrai, il choisit parmi les gens de bon vouloir qui s'offrent à ses hypnotisations les sujets au teint pâle, les anémiques, les névropathes. Il les fait tourner en rond, les excite du geste et de la voix, les met à bout de force, puis il les arrête et, brusquement, leur renversant la tête en arrière, les fixe et les hypnotise net. A partir de ce moment, ces malheureux lui appartiennent. Il leur fait manger des pommes de terre pour des fruits, boire de l'eau pour un breuvage délicieux. Il leur commande de rire et de pleurer tout à la fois. L'enthousiasme du public est à son comble et le professeur possède tant de fluide que subitement, d'eux-mêmes, des assistants s'endorment dans la salle.

Et le magnétiseur vient à peine de quitter la ville que vingt nigauds brûlent de répéter ses manœuvres. Il y a partout des clercs de notaire, des désœuvrés, quelque étudiant en médecine ou un pharmacien qui deviennent l'âme de ces expériences.

La fièvre gagne les salons. Il est bien rare que dans une soirée intime, où l'on s'entretient des prouesses du magnétiseur, on ne demande pas à un docteur de répéter sur une des convives, sur une des dames présentes, les manœuvres hypnotiques. Et quelle est la conséquence de toutes ces pratiques ? La névrose qui sommeillait, qui peut-être ne se serait jamais déclarée, s'éveille à la provocation ; les accidents se succèdent et, lorsque le magnétisme a ainsi exercé ses ravages dans deux ou trois provinces, les autorités médicales se voient forcées d'intervenir et obtiennent — trop tard — l'interdiction d'un jeu dangereux pour la santé publique.

Car, si la seule exhibition d'un sujet « entraîné », comme on dit, est périlleuse pour le public, combien plus doit-on se défier des magnétiseurs qui n'amènent point un sujet avec eux et qui exercent leurs talents sur des personnes de bonne volonté, habilement choisies dans l'assistance. Cette façon de procéder présente bien des avantages pour le magnétiseur. Elle ne l'astreint plus à voyager avec une hystérique dont le caractère fantasque cause des ennuis nombreux, puis elle émerveille les spectateurs, qui ne sont plus en défiance d'aucune supercherie.

Les magnétiseurs qui opèrent de cette façon se font précéder dans les villes par un secrétaire, qui donne dans quelque café une séance *gratuite* à laquelle on invite — j'ai sous les yeux une de ces annonces — *MM. les étudiants et les jeunes hommes de* QUINZE *à* VINGT-CINQ *ans*. En habile homme qu'il est, le secrétaire prépare les sujets à l'avance et choisit, parmi ces tout jeunes gens, facilement impressionnables, les détraqués, les anémiés, les névropathes.

Je les ai vus dans une longue et curieuse série de photographies qu'un médecin a bien voulu me communiquer, ces malheureux jeunes gens qui font cortège aux magnétiseurs. L'angoisse peinte sur leurs visages est inexprimable; il est à remarquer d'ailleurs que les professeurs ne leur imposent que des suggestions navrantes; tantôt ils se battent, tantôt ils pleurent un ami mort étendu à leurs pieds.

Et quel est le résultat de ces expériences? Je laisse la parole à un savant docteur italien, le professeur Lombroso, de Turin. Je cite textuellement une lettre qu'il a écrite le 21 juin dernier :

« A Turin, après une représentation où il fut hypnotisé, un officier d'artillerie est devenu presque fou ; il tombe dans des accès d'hypnotisme à la vue du moindre objet brillant : une lanterne de voiture, par exemple, qu'il suit comme fasciné. Un soir, si le capitaine de sa batterie ne l'avait retenu, il se faisait écraser par une voiture dont les lanternes étaient allumées et qui arrivait sur lui. Une violente crise d'hystérie suivit cette dernière scène et le malheureux fut obligé de prendre le lit.

« D'autre part, deux étudiants en mathématiques s'hypnotisèrent spontanément en regardant leurs compas ; il leur fut impossible de dessiner. Un employé des chemins de fer fut pris de convulsions et de folie furieuse ; il n'est pas encore guéri. Deux officiers ne pouvaient résister à l'ordre que le magnétiseur leur donnait de paraître en public. Un jeune homme de dix-sept ans, fort honorable jusque-là, devint d'une moralité plus que douteuse et se livra vis-à-vis de son magnétiseur, à un absurde chantage. Il resta trois nuits sans sommeil et devint presque imbécile.

« A Milan et à Turin, beaucoup de spectateurs se sont trouvés mal ; ils ont eu, après la représentation, des maux de tête et des insomnies persistantes ; plusieurs se sont endormis spontanément dans la salle.

« Tous les médecins de Turin, MM. les docteurs Bozzolo, Silva et moi-même, avons noté une réelle aggravation dans les maladies nerveuses dont étaient atteints quelques-uns de nos clients qui avaient été hypnotisés ou avaient seulement assisté aux représentations. »

Ces faits parurent si graves que la question fut portée devant le conseil supérieur de santé de Rome, présidé par M. le professeur Baccelli. Voici le résultat de la délibération du conseil, qui a été suivie de l'interdiction de ces représentations théâtrales dans toute l'Italie.

« Le conseil supérieur de santé :

« Considérant que les spectacles d'hypnotisme peuvent amener une profonde perturbation dans l'*impressionnabilité* du public;

« Retenant par les faits scientifiquement prouvés et officiellement constatés que l'hypnotisation peut être nuisible pour les personnes qui y sont soumises, et insistant sur ce fait que ce dommage peut être plus grand chez les adolescents, les névropathes, les individus excitables ou affaiblis par d'excessifs travaux d'esprit, personnes qui, toutes ont droit à une plus grande protection de la part de la société;

« En ce qui concerne également la question juridique : considérant qu'au point de vue de la protection nécessaire de la liberté individuelle, on ne peut permettre que la conscience humaine soit abolie par des pratiques génératrices de faits psychiques morbides chez les personnes prédisposées, comme de rendre un homme esclave de la volonté d'un autre, sans qu'il ait conscience des dangers auxquels il est exposé ;

« *Ces spectacles d'hypnotisme (magnétisme, mesmérisme, fascination) doivent être interdits dans les réunions publiques.*

Il ne faudrait pas croire que les seuls Italiens se soient mal trouvés de ces expériences. En Autriche, des représentations du même genre furent suivies de tels accidents que la « direction de la police » de Vienne institua, par décret du 12 février 1880, une commission médicale dont M. Hoffmann, l'illustre professeur de médecine légale, faisait partie.

La commission, à l'unanimité, conclut à l'interdiction de ces spectacles.

Puis la Suisse et l'Allemagne furent exploitées à leur tour par les magnétiseurs. M. Ladame, dans sa *Névrose hypnotique*, a raconté quelques-unes de leurs prouesses :

« Le docteur Berger, à Breslau, dit-il, cite le cas d'un homme qui, ayant été hypnotisé, souffrit dès lors d'une affection nerveuse rebelle. Dans une famille bourgeoise de Breslau, deux gamins s'amusaient au jeu piquant du « magnétisme ». Tout à coup, un des petits garçons tombe à la renverse, frappé de léthargie hypnotique avec contracture. Il resta plusieurs heures dans cet état alarmant, sans donner signe de vie et sans qu'on pût le réveiller. »

Il faut croire que ces accidents et d'autres semblables ont continué à inquiéter les habitants de
Breslau, car je lis dans un numéro du 15 janvier
1887 d'un petit journal de magnétiseurs — je ne le
nomme point pour ne lui point faire de réclame —
que « des mesures de police ont été prises en Silé-
sie contre les groupes et les cercles de magnétiseurs. Les groupes particuliers sont dissous sur
sommation, le propriétaire, convaincu de leur
donner asile est passible de cinq florins d'a-
mende ».

Et le même journal ajoute :

« D'autre part, le ministre de la justice de Da-
nemark vient d'adresser aux commissaires de police du royaume une circulaire interdisant toutes
représentations publiques sur l'hypnotisme, le magnétisme animal, le spiritisme, etc.

« Cette circulaire est basée sur un rapport du
conseil de santé de Copenhague en date du 30 décembre 1886. »

On voit que les effets de la fièvre magnétique ne
sont pas moins redoutables dans le Nord que dans
le Midi. Les Français et les Françaises, malgré
leur bel équilibre de tempérament, ne sont pas
plus que leurs voisins à l'abri de la contagion.

En 1884, des représentations données dans le
Dauphiné furent suivies des accidents les plus
graves. Un pharmacien voulut expérimenter sur
un pauvre employé de commerce ; celui-ci devint

presque aliéné, s'hypnotisant spontanément, et fut dès lors incapable de gagner sa vie.

Parmi les accidents les plus affligeants qui m'ont été signalés, il y a le cas d'une jeune et charmante femme, mariée à un officier très distingué, qui fut magnétisée à plusieurs reprises par un docteur, lequel donnait des représentations dans un cercle mondain. Comme l'officier d'artillerie dont parle le professeur Lombroso, cette jeune femme ne peut plus maintenant s'asseoir devant un foyer sans s'endormir à la seule vue des flammes. Aux séances d'hypnotisation dont sa famille et elle-même se faisaient un jeu, ont succédé de violentes crises d'hystérie qui mettent sa vie en danger.

Je veux terminer cette liste bien incomplète et déjà longue, par un document que j'ai découpé dans le *Gil Blas* du 23 mai dernier :

« Un bottier de la rue Chapon, nommé Mollinier, donnait, depuis quelque temps, des signes manifestes d'aliénation mentale. Cet individu, déjà faible d'esprit, avait assisté à quelque séances de spiritisme et de magnétisme. Il avait même servi à plusieurs reprises de médium.

« Mollinier, très impressionné par ces expériences, qui lui paraissaient surnaturelles, se croyait sous l'influence continuelle et irrésistible d'un esprit qui le poussait fatalement au suicide.

« Aussi hier, dans l'après-midi, après s'être revêtu de ses plus beaux habits, le bottier se rendit dans une maison de la rue Lacépède et après avoir prononcé quelques paroles incohérentes, se tira un coup de revolver dans la bouche. La mort fut instantanée. »

On vient de voir quelle est sur cette question des dangers de l'hypnotisation l'opinion des médécins. Je renvoie ceux de mes lecteurs qui voudraient en savoir plus long, au livre du docteur Gilles de la Tourette, dont le titre exact est : *l'Hypnotisme et les états analogues au point de vue médico-légal.* On verra dans la préface, que M. le docteur Brouardel a mise à ce livre d'une belle clarté scientifique, que le savant professeur de médecine légale n'hésiterait pas à condamner les représentations publiques d'hypnotisme comme un spectacle démoralisant et dangereux, si d'aventure on lui demandait son avis.

Quant à nos magistrats, ils ne sont pas moins désireux que leurs collègues d'Italie, d'Allemagne, et d'Autriche, d'empêcher le mal de s'aggraver. Le directeur du *Journal du Palais* a bien voulu me communiquer l'analyse d'un ouvrage tout récent de M. Frédéric de la Croix, conseiller à la cour d'appel de Besançon, intitulé : *les Suggestions hypnotiques; une lacune de la loi.* La conclusion de ce travail est des plus intéressantes. M. de la Croix constate que « le libre exercice des manœuvres magnétiques présente un danger sérieux

pour la société ; qu'elles exposent aux entreprises
des malfaiteurs inconscients ; qu'elles aggravent
l'état morbide des sujets ; que la curiosité qui s'attache à cet ordre de phénomènes devient malsaine
dès qu'elle cesse d'être purement scientifique ».
Il demande donc « l'établissement de sanctions
pénales pour empêcher que les pratiques du somnambulisme et de l'hypnotisme soient tolérées de
la part d'individus non docteurs en médecine, et
sans le consentement exprès du sujet à endormir ;
en outre, les expériences de ce genre ne pourraient
avoir lieu que dans les écoles et laboratoires ».

D'autre part, M. R.-M. Jacomy, subtitut du
procureur de la République près le tribunal de
la Seine, m'a écrit à ce sujet une lettre dont je suis
heureux de reproduire les principaux passages ;

Monsieur,

« C'est avec infiniment de raison, que vous pro-
testez contre les exhibitions hypnotiques dont
nous sommes affligés et que vous engagez la presse
à faire campagne contre les spectacles de ce genre.
Tous ceux qui ont le respect de la personnalité
humaine et le souci de la santé publique ne peuvent
que joindre leur protestation à la vôtre. Les
séances d'hypnotisme ne sont pas seulement
un danger pour les pauvres malades qui servent
de « sujets » et dont chaque expérience accentue

la névrose, elles constituent un véritable péril au point de vue de la société... En me basant sur des observations personnelles, je considère que la vulgarisation des procédés et des résultats de l'hypnose est un redoutable danger au point de vue criminel. Il serait donc grand temps de faire disparaître toute cette catégorie de gens qui en vivent, magnétiseurs de profession ou d'occasion, guérisseurs de rencontre, somnambules plus ou moins lucides, toute cette population nomade que nos voisins pourchassent avec raison, et qui vient exploiter et surexciter chez nous la sécurité et la nervosité publiques. L'autorité administrative, qui dispose seule de moyens préventifs, devrait intervenir sans retard ; certaines municipalités de province, entre autres celle de Bordeaux (voir le *Progrès médical* du mois de mai 1887), en avance sur Paris et pourtant beaucoup moins exposées que nous, ont déjà donné l'exemple. On pourrait ensuite s'occuper de faire cesser par une réglementation législative, urgente selon moi, des abus que la mode a beaucoup trop généralisés, et réserver aux seuls médecins, dans un but de thérapeutique ou de recherche scientifique, le droit d'avoir recours aux procédés hypnotiques. »

Je n'ajouterai qu'un mot aux opinions de personnes si compétentes.

Puisque c'est la préfecture de police, à Paris, et, dans les provinces, les maires qui accordent aux magnétiseurs la permission de donner leurs séances, qu'ils refusent toute autorisation désormais.

On verra ensuite à réparer les oublis de la loi.

VI

LES SALONS SPIRITES

La nouvelle qu'après le procès des hypnotiseurs d'estrade, j'entreprendrais celui des sociétés spirites, m'attira comme à l'ordinaire, une foule de lettres curieuses — et anxieuses. Le ton et la forme de ces billets différaient singulièrement, selon que c'étaient des sceptiques friands de distraction, ou des dévots inquiets qui les avaient signés. Je vais répondre ici, aussi précisément que possible, aux questions des uns et des autres : mais je préviens tout de suite les interrogateurs que je ne puis leur désigner — encore que ce soient personnes publiques — les divers héros du roman spirite qui m'a fourni l'occasion de ce chapitre, plus clairement que l'auteur lui-même n'a fait. Le droit de réponse, dont les gens avides de réclame abusent volontiers, rend pusillanimement circonspect, dans l'énonciation des noms propres, quiconque tient une plume aujourd'hui.

C'est le hasard qui, au moment d'un départ pour un long voyage en chemin de fer, m'a fait choisir, parmi les romans accumulés sur ma table, le livre intitulé *la Spirite* et signé d'un nom ou d'un pseudonyme inconnu : Élisabeth Hucher.

J'ai traversé autrefois à Paris quelques salons spirites, j'en ai rapporté une curiosité mal satisfaite, qui demande encore à s'éclairer.

Je me souviens d'avoir lu un jour, dans un des nombreux livres que l'on publia sous l'invocation d'Allan Kardec, qu'il existe deux variétés, deux, ni plus ni moins, de sociétés spirites : les *frivoles* et les *expérimentales* ou *instructives*. « Si l'on veut obtenir des communications sérieuses, disait le commentateur, il est de toute évidence qu'il faut s'adresser à des Esprits sérieux et, pour les inviter à se déranger, il convient de se placer dans des conditions de loyauté, d'intention absolue, de charité ardente envers le prochain, de foi respectueuse. Les Esprits supérieurs ne viennent pas plus dans les assemblées de personnes légères et superficielles que les vivants sérieux n'y fréquentent. Donc, si une société n'aspire qu'à obtenir des phénomènes extraordinaires, et cela par jeu, par passe-temps, pour le plaisir, les Esprits qui produisent ces miracles viendront à l'appel des solliciteurs, mais les vrais *guides* ne paraîtront pas. »

12

Il faut croire qu'un mauvais hasard m'a toujours détourné du chemin de ces sociétés « expérimentales ou instructives » où, au dire des adeptes, fleurissent les vertus du christianisme primitif. Par contre, j'ai vu les autres, les « frivoles », d'assez près, et je n'en suis pas sorti beaucoup plus édifié que l'auteur de *la Spirite*.

Je me trompe fort ou ce pamphlet a été écrit par une jeune femme. Cela se reconnaît à un romanesque d'odeur spéciale, à une certaine naïveté de l'affabulation, à de nombreuses inexpériences de plume. Mais le livre a un intérêt documentaire qui fait passer sur ces défauts : l'auteur a certainement observé, vu souffrir et souffert tout ce qu'il conte.

Vous vous souvenez quel bruit fit, il y a peu d'années, dans le monde, le roman de *l'Evangéliste*, l'histoire triste et trop vraie d'une jeune fille enrôlée par des piétistes dans une œuvre de propagande, volée à une mère veuve, dont elle était la dernière tendresse. Alphonse Daudet nous a donné des livres plus attrayants, il n'en a pas écrit un seul qui ait causé plus de rumeur dans le public. Je me souviens qu'à ce moment-là, il me montra des lettres qui lui arrivaient des quatre coins du monde, d'Amérique, du Caucase, surtout d'Angleterre, lettres de victimes, lettres de parents éplorés, remerciant avec larmes celui qui avait signalé le mal et donné l'éveil aux simples en péril.

Mlle E. Hucher a rêvé d'écrire un livre analogue, de signaler au public l'égoïsme coupable d'une catégorie de gens qui exploitent lucrativement, aux dépens de la santé, parfois de la vie de leurs victimes, certaines dispositions nerveuses que les médecins de la Salpêtrière traitent avec succès par l'eau froide.

De même que dans le roman de Daudet, l'héroïne de Mlle Hucher est une jeune fille, Lucie, une névropathe, exploitée comme *médium sensitif* par une vieille dame de moralité douteuse qui, dans son salon, donne à des curieux des deux sexes des séances de spiritisme. Sous prétexte de perfectionner la *médianimité* de Lucie, on soumet la jeune fille à tant d'expériences et de fatigues que l'on développe chez elle une maladie nerveuse qui couvait sous la fièvre, et une anémie générale dont la médium finit par mourir.

J'ignore si Mlle E. Hucher nous a rapporté là un accident survenu à quelque personne de sa connaissance, mais l'aventure a souvent tourné comme on nous la conte. Il y a actuellement sur le pavé de Paris tout près de deux cents malheureux détraqués, médiums *à effets physiques*, médiums *impressibles*, médiums *voyants*, médiums *somnambules*, médiums *guérisseurs*, médiums *auditifs*, médiums *parlants*, médiums *pneumatographes*, médiums *psychographes*, médiums *typtologues*, dont les Sociétés se disputent avidement le concours presque toujours gratuit, et qui sont tous voués d'avance à la folie, à l'épuisement physique.

Les spirites eux-mêmes savent à quoi s'en tenir sur les fatigues qu'ils imposent à ces sujets de bonne volonté. Il y a dans le livre d'Allan Kardec sur les médiums, un curieux chapitre intitulé : *Inconvénients et dangers de la médianimité, influence de l'exercice de cette faculté sur la santé, sur le cerveau, sur les enfants,* qui devrait servir d'avertissement aux adeptes et modérer leur égoïsme. « La médianimité, dit textuellement le grand prêtre, ne peut produire la folie si le principe n'y est pas, mais si le principe existe, ce qu'il est facile de reconnaître à l'état moral, le bon sens dit qu'il faut user de ménagements sous tous les rapports, car toute cause d'ébranlement peut être nuisible. » Et il ajoute : « Pour les enfants, je soutiens qu'il est très dangereux de développer chez eux les facultés du médium ; ces organismes frêles en seraient trop ébranlés ; aussi les parents sages les éloigneront de ces idées, tout au moins ils ne leur en parleront qu'au point de vue des conséquences morales. »

Mais le malheur veut que ce soient précisément les enfants, surtout les jeunes gens et les jeunes filles anémiés par la croissance, qui, — je me sers de l'argot de l'église spirite — *donnent les plus beaux phénomènes.* C'est eux qui s'endorment, c'est eux qui ont des extases, c'est eux qui offrent, dans les expériences de graphologie hypnotique, une docilité exemplaire à modifier le caractère de leur écriture normale et à obéir aux suggestions. C'est donc après eux qu'on s'acharne, et j'ai eu l'occasion de dire tout à l'heure, à propos des représentations publiques des phénomènes de l'hypnotisme, quel était sur ces spectacles l'avis des médecins et des magistrats.

J'ai fréquenté moi aussi, autrefois, le salon spirite que Mlle E. Hucher donne pour cadre à son roman, et j'ai reconnu, sous les masques, la plupart des personnages que l'on rencontrait là le lundi et le jeudi de chaque semaine.

C'étaient Odile Richard, une femme de lettres et de politique, qui a été célèbre par sa beauté et pour la hardiesse de ses opinions ; une ancienne danseuse, Ernestine Gallo, flanquée de sa fille, divette d'occasion, alors sans emploi et sans protecteur, aujourd'hui étoile d'un petit théâtre parisien ; puis un mariste défroqué, le père Moras, méridional éloquent et irascible, qui, par la suite, a fait pénitence de ses fautes, est rentré dans le sein de l'église et finit ses jours dans une cure de campagne, du côté de Pau ; puis le prince Chéréteff, un Russe à roubles et à fourrures, qui s'est ruiné la santé dans des expériences de typtologie et qui est mort de langueur à Cannes, l'année dernière ; enfin, pêle-mêle, tous les étrangers riches qui viennent à Paris pour voir les curiosités et pour faire la fête.

Car on recevait beaucoup, beaucoup de jolies femmes, dans ce petit appartement de la rue Saint-Roch, sur la porte duquel les visiteurs lisaient en grosses lettres :

Études des sciences psychologiques, — spiritualisme, spiritisme, typtologie. Séances générales le jeudi et le samedi de chaque semaine, à huit heures et demie du soir. — Pour les séances privées, s'adresser dans la journée de une heure à quatre heures.

Quand on avait fait suffisamment causer les « chers Esprits » et que chacun songeait à reprendre le chemin de sa maison, il arrivait toujours qu'un domestique, un frère, une parente attendue, ne venait pas chercher les jolies personnes qui suivaient assidûment ces séances. Un des messieurs qui se trouvaient là se proposait galamment pour les reconduire jusque chez elles, et personne ne se scandalisait de ces départs en coupé pour des adresses lointaines.

D'ailleurs, on coudoyait dans ces réunions, à côté des malins, des naïfs d'une crédulité tout à fait surprenante. Tel était mon initiateur, celui qui m'avait conduit dans cette compagnie.

C'était un arpenteur, un brave garçon dans la cinquantaine, marié sur le tard avec une femme trop jeune pour lui, extrêmement jolie, et qui avait la plus belle paire d'yeux bleus à cils noirs que j'aie vue de ma vie. Il courait toujours un petit murmure d'admiration dans le clan des nouveaux venus quand cette jolie personne entrait dans le salon de la rue Saint-Roch. Derrière elle, l'arpenteur radieux donnait de larges poignées de mains à tout le monde.

Le couple habitait, à Batignolles, un petit appartement dont les fenêtres donnaient sur le cimetière Montmatre. L'arpenteur, qui était médium somnambule, avait choisi à dessein ce voisinage lugubre. Quand il était chargé de calculs trop compliqués où il craignait de se casser la tête, il entre-bâillait, le soir, la fenêtre qui ouvrait sur le cimetière, plaçait devant sa table à écrire, avec l'encre et le papier, suspendait au-dessus des registres, au plafond, par un fil de soie, une plume d'oie bien taillée. Puis il invoquait l'esprit de Newton ou de Pascal et il allait se coucher sereinement.

Le matin, à son réveil, il trouvait la besogne faite.

Mais il arriva qu'un jour, au bas de sa dernière addition, sous la barre, il aperçut ces deux lignes écrites d'une main inconnue :

Apprends la musique. Tu es appelé à révolutionner cet art. Ne tarde pas.

ROSSINI.

Le pauvre arpenteur ne savait même pas chanter la gamme; néanmoins, il accordait tant de confiance aux révélations des Esprits qu'il se mit en quête d'un cours de solfège, et, pendant un an, tous les soirs, il alla religieusement chanter *do, ré, mi, fa, sol,* avec des bambins de dix ans qui se moquaient de lui. Pendant ce temps, sa femme, qu'il n'avait plus le loisir d'accompagner, se mit à fréquenter, toute seule, le salon de la rue Saint-Roch.

Cette année-là, un soir que l'on jouait *Guillaume Tell,* je rencontrai mon homme aux fauteuils d'orchestre de l'Opéra. Il me présenta un fort beau garçon très brun, très moustachu, qui était assis à côté de lui.

— M. X..., médium à apparitions, fit-il, en me présentant son camarade.

Je m'inclinai, et, pour dire quelque chose, ayant fait le tour de la salle avec mes jumelles, je dis tout haut :

— Tiens, il n'y a pas grand monde ce soir.

— Vous croyez cela, me répondit l'arpenteur d'un air fin. Voilà monsieur qui n'est pas de votre avis.

Je regardai l'homme brun. Il sourit mystérieusement et prononça à demi-voix :

— La salle est pleine d'esprits, monsieur, qui assistent comme nous au spectacle. Tenez, voyez-vous là-bas ces deux fauteuils? Ils vous semblent vides ? Eh! bien, ils sont occupés par deux esprits qui causent avec animation. Ils ont des camarades dans tous les coins de la salle, là-haut derrière ces dames, dans les loges, sur la scène, autour des acteurs. Tout à l'heure, en bandes, ils dansaient autour de Mme Lureau-Escalaïs ; ils ont failli la faire tomber.

L'arpenteur ouvrait des yeux énormes et se tournant vers moi :

— Hein! mon ami, qu'en dites-vous? c'est extraordinaire. Que ne donnerais-je pas pour changer mon somnambulisme contre cette média-nimité-là.

Six mois plus tard, je retrouvai mon arpenteur, un soir, rue Saint-Roch, en compagnie de sa femme et de son nouvel ami.

— Restez, me dit-il à l'oreille, restez jusqu'à la fin de la séance, j'ai une communication à faire, qui va bien vous surprendre.

Et il clignait de l'œil si mystérieusement, que je fus intrigué et demeurai comme il le souhaitait.

Au moment où, les évocations terminées, on allait repousser la table dans un coin pour faire un tour de valse, mon homme s'avança et dit :

— Mesdames et messieurs, j'ai une confession à vous faire et une nouvelle à vous apprendre... La semaine dernière, j'avais été appelé à Senlis pour des travaux d'arpentage et, afin de commencer mon ouvrage de bonne heure, je m'étais mis en route après dîner pour aller prendre le train, et coucher là-bas, à l'hôtel. Arrivé à la gare, je m'aperçois que j'ai oublié mes instruments et, tout penaud de ma distraction, je reviens précipitamment à la maison.

J'avais déjà ouvert ma porte et je me disposais à entrer sur la pointe des pieds dans ma chambre, lorsque j'entendis deux voix qui chuchotaient : celle de ma femme et une autre... très distincte... une voix d'homme...

Ici, l'arpenteur s'arrêta, la figure altérée par une émotion profonde, et, se tournant vers sa femme, rouge comme une pivoine, il prononça presque à voix basse :

— Je t'en demande pardon, ma chère amie, mais... une seconde... mets-toi à ma place, je t'ai soupçonnée...

Furieux, je me précipite dans la chambre les bras levés : Misérable ! Mais je n'ai pas le temps de frapper... j'entends un grand bruit, la lumière s'éteint et, dans l'obscurité du corridor, je sens comme le frôlement d'une personne qui s'échappe. Je me précipite dans l'escalier, je ne vois personne... Je remonte exaspéré : madame dormait tranquillement dans son lit.

Elle ouvre l'œil à mon entrée et me dit doucement :

— Tiens, te voilà donc ?

Moi je m'écrie :

— Malheureuse !

— Qu'est-ce qui te prend? répond-elle, tout à fait réveillée, en s'asseyant sur son lit.

— Est-ce que je ne viens pas de voir un homme...

— Un homme ici! tu es fou! mais, j'y pense, c'est peut-être...

— Un esprit! m'écriai-je, le cœur soulagé d'un grand poids, un esprit malin, probablement celui qui a signé Rossini la communication que j'ai trouvée, l'an dernier, sur ma table, et qui s'est moqué de moi en m'envoyant apprendre mes notes à un âge où on ne chante plus la gamme.

— De sorte que vous voilà devenu médium à apparitions, dit gravement l'ancien mariste, M. Moras, au milieu d'un silence fort embarrassant pour la femme de l'arpenteur et pour le beau brun; c'est une haute faveur que les esprits vous font là, mon ami; croyez-moi, n'en concevez pas d'orgueil. Mais, répondez, pensez-vous avoir été le jouet d'une illusion, ou l'esprit vous a-t-il réellement effleuré au passage?

— J'ai touché son *perisprit*, c'est-à-dire son enveloppe semi-matérielle, répondit l'honnête arpenteur.

Et, levant les mains, dans un geste plein de noblesse il prononça à voix basse, comme pour lui-même, cette phrase d'Hamlet, que l'on citait au moins une fois par séance dans le salon de la rue Saint-Roch :

« Il y a plus de choses sur la terre et dans le ciel, Horatio, qu'il n'en est rêvé dans votre philosophie. »

J'ignorais, en ce temps-là comme aujourd'hui, quelle était bien au juste la philosophie d'Horatio, mais je ne pus m'empêcher d'estimer que celle de mon arpenteur était admirable.

VII

UN ASTROLOGUE EN CHAMBRE

La pioche des démolisseurs ne peut pas s'enfon-
cer dans la terre parisienne sans remuer un tas
de vieux os d'hommes mêlés aux vieilles pierres ;
toute tranchée ouverte dans nos rues est une violation de cimetière, toute fouille exhume les fon-
dations des siècles écroulés, et, sur cette poussière
de granits et d'ossements, de génération en génération, le sol de Paris monte comme une terre
d'alluvion.

Ces coups sourds des pioches qui sapent, ces
bruits tragiques de murs qui versent, retentissent
à cette heure au cœur du vieux Paris, et c'est là
comme la rumeur monotone, puissante, des vagues
qui roulent avec, à chaque écroulement, au lieu du
panache d'écume envolée, le soulèvement des
nuages de poussière.

La rotonde extérieure de la Halle au Blé s'est
effritée sous les heurts, pierre à pierre. La rue de

Viarmes et la rue de Sartines ne sont plus que des terrains déblayés d'où de grands tombereaux emportent les derniers décombres. Des coupes de maisons à cinq étages apparaissent, lugubres à voir dans leur abandon, dans l'effilochement de leurs papiers superposés, criblés d'accrocs et de taches, dans la violation du secret de leurs alcôves, places de mort et d'amour, maintenant ouvertes au vent, souillées de pluie. Et les fenêtres des bâtisses restées debout, surprises de l'éclat imprévu du jour, semblent des yeux qui clignent à la lumière.

Au-dessus de ces ruines, l'œil est tout surpris de se heurter à l'élancement d'une colonne, qui se détache légère, plus haute que les toits du voisinage, sur le fond du ciel. Cent fois on avait passé au pied de ce monument sans l'apercevoir. On savait bien qu'il y avait là une fontaine autour de laquelle les gens du quartier menaient un grand bruit de seaux. Mais c'était pour tous l'objet d'art descendu, oublié dans la cave, à qui le seul hasard d'un déménagement a chance de faire revoir le jour.

Voilà la vieille Halle aux grains déménagée, et tout d'abord, au-dessus de la fontaine, une inscription jamais lue s'éclaire : « Cette colonne astronomique fut bâtie pour la reine Catherine de Médicis, en 1572, par Philibert Delorme. »

On lève les yeux.

A vingt-sept mètres dans l'air, la petite colonne

monte, un peu moins large au faîte qu'en bas, couronnée d'une sphère rouillée d'où un paratonnerre s'élance. Dix-huit cannelures lui donnent l'apparence d'un paquet de flèches. La pierre s'épanouit en fleurs de lis, se contourne en cornes d'abondance, et, entre les arêtes rondes et l'enchevêtrement royal des C. M., les « miroirs cassés » alternent avec les « lacs d'amour brisés ».

Et tout de suite le désir vous prend de monter là-haut, de voir ce que l'Italienne a laissé de soi en ce petit réduit, où si souvent, en des heures troublées, elle vint s'enfermer avec ses astrologues, pour les consulter sur les dangers planants, les meurtres utiles.

La colonne, qui mesure tout juste trois mètres cinquante de diamètre à sa base, est pourvue, à l'intérieur, d'un escalier en vis qui conduit jusqu'à deux mètres au-dessous du couronnement. On atteint la petite plate-forme au moyen d'une échelle. De cette hauteur, la vue est admirable. Les toits des Halles forment une vaste coulée, un fleuve métallique qui coule au pied même de la colonne. A droite, s'espacent les plans de Notre-Dame, du Val-de-Grâce et du Panthéon ; à gauche, l'Opéra. Si l'on fait volte-face, le Champ de Mars apparaît, avec le dôme doré des Invalides émergeant des verdures.

C'est tout de suite après l'élévation des Tuileries que Catherine de Médicis, prise d'une terreur superstitieuse, fit bâtir, sur l'emplacement de l'hôtel de Béhaigne, l'hôtel de la Reine — plus tard hôtel de Soissons — dont faisait partie ce petit observatoire. Là, l'astrologue florentin Ruggieri, que Catherine avait amené d'Italie avec elle, faisait à l'ordinaire ses observations.

J'ai trouvé, à la bibliothèque Sainte-Geneviève, un vieil opuscule latin, signé d'un certain Rantzovius, publié à Anvers en 1580 et intitulé : *Catalogus imperatorum ac regum qui astrologicam artem amarunt*, où sont expliqués les débuts de la liaison de Catherine avec son astrologue. L'auscultateur de planètes lui avait révélé « qu'elle était née pour la destruction du royaume qu'elle était, par mariage, appelée à gouverner. » — « *Id, an ita sit,* ajoute le bon Rantzovius, fervent adepte de la Cabale, *penès lectorem judicium esto;* » autrement dit : que le lecteur soit juge de la vérité de cette prédiction.

Et de fait, pendant qu'il y était, Ruggieri aurait pu prédire que la reine était née pour faire autant de mal que de bien à son astrologue favori ; il aurait une fois de plus réussi à étonner Rantzovius ; car si, dans un élan de reconnaissance, Catherine donna à son astrologue l'abbaye de Saint-Mahé, elle le laissa, par la suite, mettre à la question et condamner aux galères, quand elle s'aperçut que Ruggieri l'espionnait au profit du duc d'Alençon.

Il est resté mystérieux à distance, cet aventu-
rier qui fascina par son audace la reine-mère et
son entourage. Il ne semble pas que lui-même ait
jamais ajouté grande foi à l'art qu'il professait. Il
se fiait bien plutôt à sa finesse politique, il était
plus préoccupé pour son compte d'écouter d'où
soufflait le vent que d'épier les conjonctions d'as-
tres. D'ailleurs, d'une énergie indomptable, il su-
bit la question sans desserrer les dents, et son
attitude farouche effraya si bien la reine qu'elle
n'osa point le laisser aux galères, où l'avaient envoyé ses juges. Plus tard, quand on l'accusa d'avoir
envoulté Henri IV et qu'il comparut devant le président de Thou, Ruggieri ne gagna pas moins habilement une partie dangereuse; même il trouva
moyen de reparaître à la cour et de s'enrichir par
des publications d'almanachs. Sa fin fut audacieuse
comme sa vie. On sait qu'il refusa d'écouter les
exhortations du curé de Saint-Médard et des capu-
cins qui assiégeaient son lit, qu'il traita ces bonnes
gens de fous, sans ménagement, et scandalisa si
bien les âmes simples, que le peuple le tira sur la
claie à peine expiré.

Dans les intervalles de la faveur de Ruggieri, Michel de Nostre-Dame, *Nostradamus*, comme on l'appelle encore sur la couverture des almanachs, fut
appelé à la cour par Catherine, et devint l'âme des
petits conseils qui se tenaient presque quotidiennement sur la plate-forme de la colonne astronomique.

J'ai lu à la bibliothèque des fragments d'une biographie de Nostradamus rédigée par un de ses amis et fervents admirateurs. Ce fameux astrologue était « de stature un peu moindre que la médiocre, de corps robuste, maigre et vigoureux. Il avait le front grand et ouvert, les yeux gris, le regard doux et en ire flamboyant ».

Le plus beau succès de Ruggieri avait été de prédire à Henri II qu'il mourrait dans un tournoi. La plus remarquable vaticination du bonhomme Nostradamus fut l'annonce exacte de sa propre mort. Son biographe s'extasie bonnement sur le merveilleux d'une semblable prescience. « Il trespassa, dit-il, dans son vieux et savoureux langage de bourgeois de la Renaissance, à Salon-de-Craux, en Provence, l'an de grâce 1566, le second juillet, âgé de soixante-deux ans six mois dix-sept jours. Que le temps de son trespas lui fut notoire, même le jour, voire l'heure, je le puis témoigner avec vérité, me souvenant bien que, sur la fin de juin de ladicte année 1566, il avait escrit de sa main aux éphémérides de Jean Stadius ces mots latins : *Hic prope mors est* (c'est-à-dire, ici proche est mort), et le jour devant qu'il fit eschange de cette vie à l'autre, lui ayant assisté bien longuement, et, sur le tard, prenant congé de lui jusqu'au lendemain matin, il me dit ces paroles : « Vous ne me verrez pas en vie au soleil levant. »

Faut-il croire que, comme le médecin Cardan,

le bonhomme Nostradamus se soit laissé mourir à
seule fin de donner raison à l'astrologie? Il y aurait eu quelque philosophie de sa part à agir de la
sorte et à ne point tenter la fortune, qui lui avait
été constamment favorable. Il avait connu, en
effet, toutes les joies de l'amour-propre et de la
richesse. On l'avait honoré d'une visite royale
dans sa retraite de Salon. Il avait gagné beaucoup
d'argent avec ses *Quatrains astronomiques;* la cas-
sette de la reine lui avait toujours été ouverte. En
une seule bourse, un jour, par ces temps d'espèces
rares, Catherine lui avait envoyé, au fond de la
Provence, un cadeau de deux cents écus d'or. Enfin,
qu'il y ait mis du sien ou qu'il ait tranquillement
attendu son jour, la mort le prit avant le retour de
faveur, avant la minute, souvent laissée par les
rois, libre pour l'exercice des vengeances populaires.

A l'heure de la mort, Nostradamus, trop gonflé
d'or, sentait gronder autour de lui cette colère des
petits, et une crainte d'outrage suprême se trahit
dans l'inscription que lui-même composa pour sa
dalle funèbre :

> O postères, ne touchez à ses cendres
> Et n'enviez point son repos.

Bien que l'amour du merveilleux soit éternel au
cœur de l'homme, qu'il se manifeste encore aujourd'hui sous toutes les formes par la vogue du

spiritisme, par l'intérêt passionné qu'excitent dans le public les expériences hypnotiques, jamais je n'aurais imaginé qu'en plein Paris parisien, Paris de bâtisses blanches, on pût trouver un astrologue en chambre, et qu'il y eût encore une clientèle toute prête pour ces charlatans que l'honnête Simon Goulard, le Senlisien, appelait jadis, dans un élan de belle indignation, « espions du ciel et larrons d'avenir ».

Or, il y a à Paris, à ma connaissance, au moins un astronome convaincu et achalandé dont j'ai fait la connaissance au mois de juin, l'an dernier, dans des circonstances qui ne se sont pas effacées de mon souvenir.

Donc, j'avais reçu un beau matin une carte mystérieuse portant un nom de baptême de femme, suivi d'une particule et d'un patronymique emprunté à la géographie exotique :

EVE DE RIO

PROFESSEUR DE SCIENCES OCCULTES

Et en bas l'adresse.

Quelques lignes à la plume m'avertissaient que l'astrologue, nouvellement débarqué à Paris, m'invitait à venir chez lui dans la soirée. On me tirerait mon horoscope.

En pareil cas, le premier mouvement est toujours de se dire :

— Allons y voir. On ne sait pas ce que cela peut être.

J'y allai donc en compagnie de quelques confrères. Nous devions être treize en tout. Le sorcier avait insisté sur la nécessité de ne point dépasser ce nombre cabalistique.

L'astrologue habitait au troisième, sur la cour, un petit appartement de trois chambres, ébranlé par le sifflet prochain des locomotives et le tintamarre de la gare du Havre. Deux des pièces étaient éclairées par des lampes au pétrole. Au milieu, dans la troisième, obscure, on entendait un tapage épouvantable. C'était un farceur de la société que l'astrologue s'imaginait avoir mis en état de somnambulisme et qui, par plaisanterie, refusait obstinément de se réveiller, marchait à travers l'appartement en remuant les bras comme un moulin à vent, cassant tout, éteignant les lampes.

L'incident clos et les débris de ses faïences ramassés en gémissant, l'astrologue, pour nous donner confiance, conta l'histoire de son initiation.

— Je me trouvais, dit-il, malade dans un hôpital des Antilles. A côté de moi un homme se mourait de la fièvre jaune. Je le considérais avec terreur et pitié. Tout d'un coup il ouvre les yeux et, rencontrant mon regard fixé sur son visage, il m'adresse la parole en espagnol, puis, comme je ne

répondais point, en anglais, enfin en français.
« Mon ami, me dit-il d'une voix très faible — il
avait déjà la mort sur le visage — je vous institue
mon héritier. Ouvrez la valise qui est au pied de
mon lit. Voyez-vous ce gros livre ? » Je venais de
tirer du sac de l'inconnu un volume énorme, celui
que j'ai là sur ma table. A cette vue, les yeux du
mourant brillèrent. « Là, dit-il, vous trouverez la
science infuse, la richesse... l'honneur... lisez ! » Il
mourut le lendemain sans avoir dit un mot de plus.

Je gardai longtemps le livre fermé. Je croyais
avoir eu affaire à un fou. Je ne me préoccupais
pas autrement de son héritage. Un jour, pourtant,
j'eus la curiosité de feuilleter ce grimoire et je
fus ébloui. Ce que j'avais dans les mains, c'était le
livre des destinées, l'*Apotélesmatique* de Ptolémée
de Péluse, commentée et développée par Junctin
de Florence, docteur en théologie, aumônier de
François de Valois, c'est-à-dire, le résumé de
toutes les découvertes de l'astromancie chaldaï-
que, des systèmes des théurges arabes, grecs et
latins. Et ce catéchisme cabalistique était com-
plété par les commentaires de Julius Maternus,
prêtre sicilien, de Marin de Villefranche, d'Huger,
médecin lyonnais, de Jérôme Cardan.

— Fallait-il, conclut l'astrologue, laisser tomber
dans l'oubli une science qui peut alléger les maux
de l'humanité, lui éviter les surprises de la maladie
et de la mort ?

Eve de Rio jugea qu'il ne pouvait négliger un art si utile à ses semblables, qui pouvait devenir lucratif pour lui-même. Il revint en Europe, son *Apotélesmatique* sous le bras, et s'installa marchand d'avenir.

Voici comment il opère :

Il vous demande la date et autant que possible l'heure de votre naissance. Puis il cherche dans l'almanach du bureau des longitudes, l'heure sidérale au méridien de Paris : soit par exemple, seize heures neuf minutes d'heure sidérale. Un planisphère indique quelles planètes passaient au méridien à l'heure précise de la naissance. C'est de la comparaison des positions réciproques du signe et des planètes, que l'horoscope se déduit mathématiquement.

— Monsieur, vous dit gravement l'astrologue, vous avez fait un voyage par mer.

— Jamais !

— Alors, vous en ferez un. Jupiter dans le Scorpion donne un déplacement maritime. Vous êtes tombé malheureusement sur la glace.

— Je ne m'en souviens pas.

— Si cet accident n'est pas passé, il est proche.

Et cela dure ainsi pendant une demi-heure.

Pour tout dire, il y a dans la foule des réponses insignifiantes ou trop générales, des remarques qui accrochent l'attention, qui font s'écrier : « Tiens, cela est vrai ! » Mais, dans leur ensemble, ces prédictions astronomiques ne nous ont fourni que matière à gausser.

Il y avait un de nous pourtant qui ne riait pas; son nom a été trop connu du public pour que je l'écrive ici.

Tandis que l'astrologue lui tirait son horoscope, il se tenait, les poings crispés, sur le dossier de sa chaise, et, les sourcils froncés, les yeux flamboyants, à chaque oracle insignifiant et niais, il disait avec colère :

— Voyons, est-ce que vous ne voyez pas autre chose ? un événement plus précis?

Nous le regardions étonnés; nous disions:

— Ah ! çà, qu'est-ce qu'il a donc? Est-ce qu'il croirait à la Cabale, lui?

Il nous quitta brusquement au bas des marches.

Quelques jours plus tard nous le conduisions au cimetière : un enterrement sans prière devant, sans femme ni enfant derrière.

Il portait en lui un mal qui ne pardonne pas.

Ses amis disaient que, depuis un an, il était condamné. Il savait que la mort pouvait le prendre d'une minute à l'autre. Il l'attendait.

J'écoutais les autres conter. Je songeais à notre dernière entrevue dans la maison de ce charlatan, je me rappelais l'ineptie du sorcier, nos plaisanteries, sa douleur à lui.

Et le cœur me manquait en songeant qu'à cette minute suprême, il était venu là chercher l'espérance.

MISÈRE ET MALADIE

I

L'HOSPITALITÉ DE NUIT

L'hiver a été exceptionnellement long et rigou-
reux, on a chômé dur, jamais peut-être on n'avait
vu se tendre plus de mains calleuses, honteuse-
ment, dans l'ombre des portes. Jamais on n'é-
tait rentré si souvent chez soi le cœur attristé
d'une de ces histoires de misère que dans les rues,
au soir tombant, à voix basse, de lamentables
ombres vous murmurent près de l'oreille. Si
l'on consulte le dernier rapport de l'Hospitalité
de Nuit, on y voit que le nombre des malheureux
sans asile qui sont venus frapper à la porte
des trois refuges a plus que doublé en sept ans.
Ils sont une vingtaine de mille en 1879, trente

mille en 1882, cinquante mille en 1884, cinquante-six mille en 1885 et *soixante-dix mille* en 1886. Immense armée de misérables, sans repos, sans gîte, exposés à toutes les tentations de la faim et du désespoir. Qui pourrait dire combien de suicides, combien de crimes ont été évités par ces huit cent mille nuits de couchée et par ce million de morceaux de pain dont l'œuvre a fait la charité depuis sa fondation ?

L'étude des rapports annuels et d'autre part, la lecture d'un rapport fort intéressant que M. le comte d'Haussonville a publié dans son livre *Misères et Remèdes*, m'avaient inspiré depuis longtemps le désir d'aller visiter, moi aussi, une des trois maisons de refuge à l'heure de la couchée. Il y a toujours des choses que les rapports officiels ne disent point et qu'on surprend d'un coup d'œil. C'était cela que je voulais voir, et aussi je venais chercher pour la rapporter ici toute chaude un peu de cette émotion pitoyable qui gagne les cœurs et excite à la charité. J'aurais bien pu dire que l'œuvre a distribué cette année douze cents paletots, mille pantalons, quatorze cents chemises, cinq mille paires de chaussettes, quatre mille menus effets, et pourtant neuf cents vêtements de moins que l'an dernier, alors qu'elle a eu treize mille malheureux de plus qu'à l'ordinaire à secourir. A cause de l'encombrement et aussi de la souffrance de certaines industries, elle n'a réussi à placer qu'un tiers de moins d'hommes sans emploi. Ces chiffres sont émouvants, et pourtant je crois qu'ils n'auraient pas aussi facilement que le récit que je vais faire, décidé les lecteurs charitables à mettre en paquets des vêtements hors d'usage et à les expédier à l'adresse d'un des trois asiles.

Un soir du mois de février dernier, vers huit heures et demie, je me suis présenté à la porte du refuge de la rue Tocqueville, le premier fondé, dans le quartier des Batignolles. Il est aujourd'hui administré par M. Audrillon, capitaine en retraite.

Ma première pensée avait été de demander au capitaine l'autorisation d'assister, près de lui, à l'entrée de ses pensionnaires et aux divers exercices qui précèdent la couchée. Mais il me parut, à la réflexion, que l'expérience serait plus intéressante si je me présentais comme un client avec la foule. Je savais que mon apparition ne provoquerait aucun étonnement ; on voit journellement des redingotes mêlées aux haillons dans les asiles, qui, cette année seulement, ont couché trois mille employés de commerce, cent quatre-vingt-seize artistes divers, dramatiques, lyriques, gymnastes, une centaine de professeurs, huit hommes de lettres, dix journalistes, vingt-deux architectes et deux cent vingt-huit clercs de notaire.

Donc, ayant fait une toilette de circonstance, je me présentai, une heure avant la fermeture des portes, à l'asile de la rue de Tocqueville. Les hommes ne stationnaient pas en file serrée, attendant l'ouverture réglementaire, comme on les voit faisant la queue à la porte des boucheries et des restaurants charitables. Ils entraient un à un, quelques uns après une seconde d'hésitation, une dernière révolte, la plupart résignés et muets.

La porte franchie, on a tout d'abord l'impression d'entrer dans une de ces métairies que l'on rencontre dans toute la campagne aux environs de Paris ; et, si je ne me trompe, cet établissement était autrefois une laiterie célèbre dans la plaine Monceau. Trois corps de bâtiments, blanchis à la chaux, entourent une petite cour. Sous le porche, je lis à la lueur d'un réverbère cette inscription en vers, qui fut jadis gravée sur l'un des portails du couvent de Saint-Mathurin et que l'on a peinte sur la muraille :

> Faites pour Dieu ! bonnes personnes,
> A cet hôpital vos aumônes
> D'argent, de lits, de couvertures,
> Pour héberger les créatures
> Qui viennent hôpital querir ;
> Et aidant à les soutenir,
> Ils prieront Dieu que soyez mis
> Dans le ciel avec vos amis.

Quand on débouche dans la cour, le petit logement du capitaine est à gauche. Je l'aperçois debout sur sa porte ; il regarde entrer les hommes.

Le capitaine est coiffé d'un képi galonné. Il porte la moustache et la mouche. Le ruban rouge brille à sa boutonnière.

Un surveillant se tient près de la porte, qui désigne aux hommes le bâtiment où sont installés « les lavabos ». Ce sont de petits baquets verts comme les marins en ont pour laver le pont des navires. Dans un coin, un fourneau de lessive chauffe un réservoir. Le surveillant tend à chaque pensionnaire un baquet d'eau tiède. Il lui fait tremper les mains dans un autre baquet plein de savon liquide et l'avertit qu'il doit se laver non seulement le visage, mais les bras et les pieds.

— Ceux qui ne se soumettraient pas au règlement, dit le capitaine, de façon à être entendu de tous, et qui, par leur faute, apporteraient de la vermine dans les draps, ne seront pas admis à coucher dans les lits la nuit prochaine.

Tandis que les hommes s'astiquent de leur mieux, je m'approche d'un tableau noir sur lequel sont écrits en grosses lettres ces mots : *Offres d'emploi.* Tous les matins, le capitaine relève dans les *Petites affiches* les demandes qui lui paraissent pouvoir intéresser ses pensionnaires. Je lis qu'un laitier à la Villette demande un jeune homme de dix-huit ans pour soigner un cheval, un boutiquier de la rue Turbigo offre une place d' « homme de peine», et c'est tout. D'ailleurs, je constate que les hommes considèrent cette affiche d'un air indifférent ; je me doute bien que, dans le nombre, il y a des vagabonds incorrigibles qui ne cherchent point de travail, mais il y a aussi des découragés qui ont usé leurs dernières semelles dans des courses inutiles et qui maintenant marchent les yeux baissés sur leurs pieds meurtris ; le moment est passé où une promesse d'affiche pouvait leur faire relever la tête, leur rendre l'espoir !

La toilette finie, le surveillant nous envoie dans une grande salle vitrée qui ouvre sur la cour. Cela tient de la chapelle protestante et de l'école de campagne. Des bancs de bois sans dossier, une petite bibliothèque dans un angle, un bureau vitré dans un autre, une grande table à écrire, puis une estrade d'une seule marche avec un pupitre et un registre posé dessus. Les hommes se laissent tomber sur les bancs dans des poses accablées et regardent devant eux. Quelques-uns font le geste de saluer au moment où le capitaine entre dans la salle.

Il monte sur l'estrade, puis :

— Mes amis, dit-il avec une bonhomie brusque, on va vous donner du pain. Avant tout, il faut m'indiquer vos noms, vos professions.

Il va s'asseoir dans le bureau vitré, et, un à un, les hommes défilent devant le guichet.

Quand vient mon tour, je m'approche et, comme il fait pour tout le monde, le capitaine me demande à voix basse :

— Votre nom?

— Lambert, Paul.

— Votre profession?

— Employé de commerce.

— Votre dernier domicile?

— 7, rue du Collège, à Dieppe.

— Est-ce la première fois que vous venez ici?

— Je suis arrivé à Paris ce matin pour chercher une place; j'ai perdu ou on m'a volé mon portefeuille à la gare. Je ne savais où coucher. Un agent m'a indiqué l'asile.

Et je montre au capitaine une de ces petites cartes bleues que l'œuvre distribue aux gardiens de la paix en les priant de les remettre aux personnes sans domicile qui s'adresseraient à eux pour demander un gîte.

— Avez-vous des papiers? me demanda le capitaine.

— J'ai tout perdu avec mon portefeuille.

— Vous savez que, dans ce cas-là, l'œuvre ne peut vous garder qu'une nuit? Enfin, vous viendrez me parler demain. Si vous voulez écrire à vos parents pour qu'ils vous rapatrient, vous trouverez du papier et des plumes là-bas sur la table. L'œuvre se charge d'affranchir les lettres. Voilà votre numéro.

Et il me tend une petite planchette de bois sur laquelle est imprimé au fer chaud le numéro 78, et au-dessus salle Saint-Vincent de Paul.

Je m'approche de la table. Plusieurs hommes sont assis autour et écrivent. L'un d'eux s'approche du capitaine et lui remet sa lettre décachetée. Il croit sans doute que l'on va lire son billet. Mais le capitaine refuse de le prendre.

— Ferme ton enveloppe, mon garçon. Je ne peux pas recevoir la lettre comme cela.

Puis, comme on a distribué la demi-livre de pain et l'eau, et que les hommes qui ont moins faim et qui commencent à avoir chaud se mettent à causer, le capitaine s'élance sur l'estrade et, frappant du poing sur son pupitre :

— Est-ce que c'est moi, crie-t-il d'une voix terrible, qu'il faut que je vous fasse faire le silence?

Les causeurs se taisent et aussitôt, d'une voix radoucie, le capitaine demande :

— Et maintenant, lequel qui va me faire une lecture? Allons! Un bon loustic!

Un homme qui causait et qui riait très haut tout à l'heure fait un mouvement. Le capitaine le voit, l'interpelle :

— Oui, toi, là-bas, le bavard. Nous allons voir si tu lis aussi bien que tu causes.

Un gros rire court sur les bancs.

— Et que si d'autres veulent lire chacun pour soi, c'est facultatif, on va leur donner des livres.

Mais l'homme qui s'est offert, un peintre avec des cheveux trop longs et des mouvements pleins de désinvolture, est déjà assis sur une chaise. Il croise les jambes. Il commence la lecture.

C'est l'ouvrage de M. Barrau intitulé : *Conseils aux ouvriers*. Il y est démontré qu'un bon travailleur qui mettrait seulement deux sous par semaine dans sa tirelire posséderait au bout de... (j'ai oublié le nombre d'années) quatre cents francs de rente !

— Mais voilà, dit le capitaine qui se promène à grands pas dans la salle, aux jours gras on casse la tirelire !

L'auditoire, qui suivait la lecture d'une attention pesante, éclate de rire pour la seconde fois. Et, en mangeant le pain, on continue de prêter l'oreille jusqu'à l'heure de la couchée. Presque sur tous les visages on lit un émerveillement de petits enfants à qui l'on conterait une de ces histoires féeriques dont le mensonge ne dupe point, mais qui tout de même sont bonnes à entendre.

A neuf heures, le capitaine reparaît, cette fois pour dire la prière.

— Mes amis, dit-il, ceux qui ne voudraient point prier avec nous sont libres de monter directement aux dortoirs, mais pour ceux qui resteront je leur demande de respecter la foi des autres en se tenant convenablement debout pendant la prière.

Tout le monde se lève, personne ne sort. Quelques visages se baissent ; est-ce d'émotion ou de honte? Le capitaine dit à voix haute l'oraison dominicale et la salutation angélique. Ensuite, il donne lecture du règlement.

ARTICLE PREMIER. — L'œuvre de l'Hospitalité de Nuit offre un abri gratuit et temporaire pour la nuit aux personnes sans asile, sans distinction d'âge, de nationalité ou de religion, et soulage dans la mesure du possible leurs besoins les plus urgents, à la condition qu'elles observent les mesures prescrites par le présent règlement, notamment celles de moralité, d'ordre et d'hygiène.

ART. 6. — Les personnes admises ne peuvent coucher à l'établissement plus de trois nuits consécutives, à moins d'une autorisation spéciale d'un des membres du conseil.

ART. 13. — En arrivant, chacun est tenu de se soumettre aux mesures de propreté en usage dans l'établissement.

Avant de partir, chacun est tenu de faire son lit et de balayer sa place, ainsi que de se laver.

Tout pensionnaire dont le lit sera trouvé en état de malpropreté en sera privé.

Et comme il faut mettre les points sur les *i*, le capitaine informe les personnes dont les vêtements seraient « contaminés de vermine » qu'elles doivent les porter à la salle d'épuration, où l'on brûle toute la nuit de la fleur de soufre. L'œuvre met à la disposition de ces pensionnaires, qui se sont dépouillés de leurs loques, de larges et épaisses chemises de toile qui tombent sur les pieds.

Au moment où le capitaine, qui nous a souhaité le bonsoir, va descendre de l'estrade, un homme s'approche de lui et demande un second morceau de pain.

— Tu n'as donc rien mangé de la journée?

— Tel que vous le dites, mon capitaine.

Il reçoit une deuxième miche, et sans bruit, dans l'ordre de nos numéros, nous montons au premier étage, aux dortoirs.

Quatre becs de gaz éclairent la salle Saint-Vincent de Paul, où je me trouve. La pièce est blanchie à la chaux, le carrelage d'une propreté irréprochable. Nous cherchons nos lits, qui ressemblent à ceux des soldats dans les casernes. Et, je l'avoue, à cette minute, un violent désir me prend d'aller trouver le capitaine, de lui dire la vérité et de me faire ouvrir la porte. Mais la curiosité l'emporte. Je me glisse tout vêtu dans les draps de grosse toile.

Par une pensée délicate, on baisse le gaz « jusjusqu'au bleu » pendant la couchée, par décence sans doute, mais aussi pour épargner la honte de leur misère à ceux qui sont trop déguenillés. J'ai, à droite, pour voisin un homme d'une trentaine d'années, en haillons, extraordinairement vigoureux, qui porte une barbe hirsute. J'ai essayé de lier conversation avec lui, il ne m'a répondu que par des monosyllabes. Il est trop triste, ou bien il se défie.

Mon camarade de gauche est plus bavard, c'est un comédien de province qui a battu tous les concerts et tous les théâtres de banlieue sans trouver d'engagement. Il est tout de suite devenu camarade avec moi, à cause de ma redingote. Une des basques de la sienne a disparu. Il ne montre point de linge et souffre beaucoup des picotements d'une barbe de quinze jours qui, dit-il, « le défigure ». Il est si loquace que le surveillant est obligé de s'approcher de son lit pour lui ordonner le silence.

Dix heures sonnent quelque part à une horloge du voisinage. Tout le monde est couché. Une à une, les conversations à voix basse se taisent. Tous ces hommes rompus de fatigue tombent dans de lourds sommeils sans rêve. Je suis peut-être seul éveillé dans le dortoir.

La nuit colle un vitrail d'étoiles aux petites fenêtres sans rideaux, de pâles clartés traversent la longue salle, éclairent les couvertures grises et, dans la blancheur des draps, ces visages de misérables ravagés de souffrances.

J'ai peur.

Cela ne ressemble plus du tout au dortoir d'é-coliers, ni à la caserne de soldats. Mais ces visages, ces sommeils, me rappellent d'autres visages, d'autres sommeils que j'ai vus quelque part, dans une maison sinistre, derrière une vitre trouble. C'étaient les mêmes postures rigides, la même horreur sur les faces muettes, la même stupeur des regards au fond des yeux mal clos.

Un cauchemar me hante qui m'obsède toute la nuit et ne se dissipe qu'au jour.

Et jamais je n'ai senti si fort combien le retour de la lumière était doux à ceux qui souffrent, et combien il rapporte avec soi d'espérance. Tous les visages s'étaient transfigurés. Quel bonheur tous ces gens-là attendaient-ils donc lorsque, descendus, ils allaient retomber dans la rue, recommencer leur éternelle promenade de vagabonds?

Je l'ai vu se lever sur la campagne, je l'ai vu se lever sur la mer, le soleil, l'Helios,

> Le jeune homme divin, nourrisson de Délos,

qui,

> Dans sa chlamyde d'or quitte l'azur des flots

tandis que,

> De leurs baisers d'argent son épaule étincelle
> Et sur ses pieds légers l'onde amère ruisselle.

Jamais il ne m'a semblé si radieux qu'à travers cette vitre d'asile, quand il a reparu apportant à ceux qui frissonnent, la joie inépuisable de la lumière.

II

L'ASILE DES FEMMES ET DES PETITS ENFANTS

Les deux échéances annuelles les plus fatales aux pauvres gens, les deux caps les plus féconds en naufrages, ce sont les deux termes du 8 janvier et du 8 juillet.

Au premier abord, il semble que janvier doit, entre tous les mois, être redouté des malheureux. Aussi bien, c'est le mois des nuits interminables, du froid qui fend les pierres, de la faim qui ne trouve pas à sa portée même un fruit pour se calmer. Mais, la part faite très large à ces souffrances physiques, janvier ne pèse pas aussi lourdement que le terme d'été sur les épaules du pauvre monde. Les gueux n'ont guère à ce moment-là de dettes arriérées à éteindre; ils sont de ceux à qui l'on ne fait point de crédit. Au contraire, il est bien rare qu'un peu de cette pluie d'or que les étrennes font tomber sur le pavé des villes n'arrive pas jusque dans leurs mains. Au moins ont-ils la ressource du travail, qui n'est jamais plus actif que pendant ces mois d'hiver, et aussi des besognes de circonstance, des corvées de froid.

Juillet, c'est la date fatale.

Ce mois de soleil, ce mois éblouissant apparaît de loin aux pauvres gens comme un désert, qu'il faut traverser le bâton de voyage à la main, le corps accablé, la gourde vide. C'est l'époque des longs chômages, le mois des renvois d'ouvriers, le mois où la charité déserte, le mois où l'on frappe en vain à toutes les portes. La pitié elle-même s'engourdit dans une torpeur d'indifférence. Par la bise et la neige, celui qui rencontre une main de pauvre tendue, qui, dans l'écartement d'une cape trouée, aperçoit un sommeil d'enfant, n'ose point passer droit son chemin sans donner son aumône. Mais par ces radieux soleils, par ces nuits bleues, par ces saisons de légumes et de fruits roulés à travers les rues à pleines charrettes, qui croirait que les pauvres souffrent du manque de toit et de nourriture? Ils sont pourtant plus nombreux que jamais, à cette époque-là, ceux que le propriétaire, las d'attendre, met à la porte de leur logis. Allez, un des jours des semaines de « petit terme », visiter les quartiers populeux de Paris, et vous la verrez, la lugubre procession de petites charrettes à bras, secouant sur les pavés des déménagements de pauvres. On a tout emporté, tout, jusqu'à la corde qu'on tendait au travers de la fenêtre de la mansarde pour faire sécher les hardes; et pourtant tous ces bagages tiennent en un haquet qu'une femme pousse; quelques pauvres meubles boitants, douloureux, las de dégringoler des étages, et qui, sur la litière de paille, semblent des blessés qu'on emmène.

M. le comte d'Haussonville, un des hommes de notre temps qui sont le plus au fait des misères parisiennes, m'avait dit l'hiver dernier que cette date du petit terme de juillet était un moment très favorable pour la visite de l'Asile de nuit ouvert aux femmes et aux enfants par la Société philanthropique. Nous avions alors pris rendez-vous pour faire ensemble, à cette date-là, un pèlerinage au pays de misère. M. d'Haussonville a bien voulu me rappeler nos engagements et, un soir de juillet dernier, j'ai été visiter dans sa compagnie, l'asile de la rue Saint-Jacques.

Cette maison de refuge a été offerte au mois de mai 1879 par la Société philanthropique. Elle a été installée dans de vieux bâtiments appartenant à l'Assistance publique, tout en haut de la rue, au delà de l'église du Haut-Pas, dans un quartier pauvre et populeux.

Nous arrivons un peu avant la chute du jour pour donner un coup d'œil à la maison et aux dortoirs que les femmes vont occuper tout à l'heure.

Nous sommes reçus par le directeur, sa femme

et leur fille, trois personnes toutes dévouées au service des pauvres. Le képi de M. Horny, sa tenue
d'ancien militaire, sa croix de la Légion d'honneur,
sa grosse voix de gendarme qui verbalise suffisent
à inspirer le respect nécessaire à maintenir dans
l'obéissance du règlement la centaine de femmes
qui viennent là, tous les soirs, demander un asile.
Mme Horny, la directrice, une Bretonne fort intelligente, fait causer les femmes; elle a le coup
d'œil qui distingue dans ce troupeau de hasard les
misères les plus intéressantes et qui leur donne,
avec des encouragements, des secours particuliers.

C'est ainsi que, dans l'étroit jardin, sous les arbres, elle nous fait voir dix-huit femmes qui tricotent autour d'une table des bas bleus, des cami-
soles de laine. Quelques-unes d'entre elles sont là
depuis quinze jours. On les garde en dehors du
règlement de l'asile, qui n'accorde qu'une hospitalité de trois à cinq nuits, grâce aux charités particulières de quelques dames du monde qui, en
dehors des dépenses de la Société, entretiennent
ces dix-huits lits de secours extraordinaire. Les
femmes que nous voyons sont presque toutes des
filles enceintes. Il y a dans la vie de ces malheureuses une minute particulièrement douloureuse,
lorsque, servantes ou bien ouvrières, après la
faute découverte, elles ont été chassées par ceux
qui leur donnaient du travail : c'est le dernier mois

de la grossesse. La Maternité ne peut s'ouvrir à elles. Elles n'ont ni la force ni le courage d'aller demander de l'ouvrage; le pain et le gîte leur manquent en même temps.

Au bout du jardin est un dortoir spécial, la « chambre des suspectes »; on loge là pour une seule nuit les personnes qui n'ont point montré de papiers et dont on a quelque raison de se défier. Elles dorment sur des lits de camp, sans drap, roulées dans des couvertures.

— Je me souviens d'avoir dû faire coucher là, nous dit Mme Horny, la mère d'un grand avocat parisien. Elle se présentait dans un tel état de malpropreté qu'il a fallu la bouchonner comme un vieux cheval. Une autre fois c'était une jeune fille, qui avait dû fuir la maison à la suite de tristes discussions de famille, et qui tout d'abord nous avait caché son nom. Elle nous l'a dit plus tard. Au moment même où je la recevais, son oncle, un général connu, dînait dans le monde, à côté de M. le marquis de Mortemart. Aujourd'hui, cette pauvre jeune fille est institutrice en Russie; elle nous écrit souvent.

Pour ces cas spéciaux, l'asile a dans un petit coin une modeste chambre qui a été le théâtre de bien des scènes pathétiques.

Il y a quelque temps, vers dix heures du soir, une jeune femme distinguée et élégamment vêtue vient se présenter à l'asile. La porte était close et l'on hésitait à recevoir la visiteuse tardive, mais elle supplia la directrice avec tant de larmes qu'on l'accueillit tout de même.

— Si vous ne voulez pas de moi, disait-elle, je n'ai plus qu'à aller me jeter dans la Seine.

Voici ce qu'elle conta :

Orpheline, elle était mariée depuis quelques mois à un homme qu'elle aimait et avec qui elle avait toujours vécu en bonne intelligence. Malheureusement, ce jour-là même, le coupable mari avait rencontré dans la journée deux anciens camarades de plaisir. Il s'était laissé entraîner par eux ; il était rentré chez soi après un souper, en leur compagnie, dans un état complet d'ivresse, et, en leur présence, il avait gravement outragé sa femme. Celle-ci, affolée, avait fui la maison.

— J'ai bien de l'argent sur moi, disait-elle à la directrice. Mais je n'ai pas voulu aller coucher à l'hôtel. Demain, mon pauvre mari aura retrouvé sa raison. Je le ferai prévenir, je veux qu'il me retrouve ici.

C'est ce qui arriva. Le jeune mari, désespéré, vint le lendemain chercher sa femme, et, en présence de M. et de Mme Horny, il implora à genoux un pardon qu'on ne lui refusa pas.

Tout en causant, nous visitions les dortoirs. Il n'y a pas moins de cent onze lits et de soixante berceaux à l'asile de la rue Saint-Jacques. Au milieu des deux grandes pièces où l'on couche à part, avec leurs petits, les mères de famille, ces lits-berceaux, mis bout à bout, comme des wagonnets de chemin de fer, propres dans leur nudité sans rideaux, font sourire d'un sourire triste. Au moins, quand le sommeil a fixé sur tous les petits oreillers toutes ces têtes frisées, aucun souci ne plane sur ces rêves d'innocents, et toute la crèche rit aux anges. Au réveil, ils trouveront, avec le lait et la soupe, quelque vêtement chaud au pied de leur lit; mais, pour que la provision ne s'épuise jamais, il faut que les mères de famille retiennent cette adresse : le 253 de la rue Saint-Jacques.

— Et surtout, me dit Mlle Horny, qui a la garde de la lingerie, demandez bien, monsieur, qu'on nous envoie du vieux linge et des chaussures. Sans doute tous les dons sont les bienvenus, mais que voulez-vous que je fasse de ces corsages de bal en soie rose? On n'a pas souvent l'occasion de se servir de ces choses-là ici, encore que nous ayons, une fois, fait un mariage et, pour la circonstance, habillé la mariée avec une superbe robe en velours vert.

La nuit est tout à fait venue, nous traversons la salle d'épuration où les vêtements sont désinfectés, et la salle de bain, où les femmes, les pieds dans un baquet d'eau chaude, se renversent, à l'abri d'un rideau, un autre baquet d'eau tiède sur la tête et sur les épaules, avant de manger la soupe et de s'aller mettre au lit. Puis nous passons dans le bureau de M. Horny pour voir arriver les femmes.

Une à une, elles se présentent au guichet.

— Votre nom et vos papiers, votre profession, votre dernier domicile, votre âge? demande l'ancien militaire qui, en sa qualité de logeur, doit tenir exactement le livre de police.

La première femme qui se présente est une vieille presque aveugle.

— D'où venez-vous?

— Du dépôt de mendicité de Villers-Cotterets.

— Qu'est-ce que vous venez faire à Paris?

— Je viens chercher des lunettes.

— Où êtes-vous née?

— A Moussay-Flauville.

— Où ça, Moussay-Flauville?

— Pourquoi me demandez-vous ça? Tout le monde sait bien où c'est.

Et on a toutes les peines du monde à arracher le nom du département à son entêtement de vieille mendiante campagnarde.

Puis vient une jolie fille avec des yeux cernés et tristes.

— Ça, c'est des Côtes-du-Nord, dit M. Horny. Je reconnais le bonnet.

Il connaît tous les bonnets de France, cet homme, depuis le temps que les provinces défilent devant son bureau. La petite Bretonne prend son numéro et s'éloigne sans rien dire. Quand on lui a demandé son état, elle a répondu :

— Servante.

Nous voyons qu'elle est enceinte.

Ensuite vient une femme presque en haillons, tenant un enfant de trois ans par la main et un autre au maillot.

—Qu'est-ce qui vous amène ici, madame? demande M. d'Haussonville.

La pauvre tend son livret de mariage.

— C'est mon mari qui m'a abandonnée. Il était tailleur de pierres. Voilà deux ans.

— Et quel âge a votre bébé?

— Cinq mois.

La femme baisse la tête et pleure.

Maintenant, c'est une dame avec une capote et des gants tricotés. Une petite fille d'une dizaine d'années, coiffée d'un chapeau de paille, l'accompagne. Elle a sur son tablier, très blanc, la croix d'honneur de l'école.

—Voilà mon livret de mariage et mes certificats d'ambulancière, dit la mère, si bas qu'on entend à peine.

— Votre profession?

—Je fais des petits tableaux.

On lui ouvre la porte du bureau.

Elle habite, avec sa fille et son mari, une chambre rue Lafayette. Depuis un an, le mari perd la vue. La douleur que son malheur lui cause est si

forte que sa raison en est troublée. Il vient d'avoir
un accès de folie. Il s'est jeté, le couteau à la
main, sur sa femme et sur sa petite fille. Elles
ont dû fuir pendant que les voisins s'emparaient
de lui.

Je regarde l'enfant. Elle est encore toute tremblante et pâle. En entendant parler de son père,
elle sanglote.

Après, c'est un interminable défilé de sorties
d'hôpital. Une campagnarde, une Marseillaise,
arrivée à pied avec ses deux plus jeunes enfants.
Le mari est allé coucher à l'asile des hommes, en
compagnie des deux aînés. Cette bonne commère
est ravie d'avoir trouvé ici des places pour sa famille et pour elle-même. Elle rit à pleines dents.
On ne voit plus ses yeux, tant les cousins l'ont
piquée dans les fossés où elle couchait, le long de
la route, avec sa marmaille, à la belle étoile. Une
autre femme la suit, en noir, à bout de forces.
Elle tient par la main un charmant petit garçon
de six ans, vêtu d'un costume marin bleu et bordé
d'un lacet blanc. Elle revient d'Angleterre, où
son mari est mort. Elle espère trouver à Paris
des travaux de couture.

— En ce moment, lui dit M. d'Haussonville en
secouant la tête, et quand vous êtes tout à fait
sans ressources.. Vous feriez mieux, madame, de
mettre votre enfant en pension dans quelque asile
et d'entrer vous-même en condition.

— Mais je n'ai plus que lui. Je ne pourrais pas vivre sans le voir, répond la veuve. Je me priverai de tout pour le lui garder.

— Prenez garde, cela n'est pas bien raisonnable.

— J'ai une maladie, monsieur, je meurs de la poitrine, je n'irai pas loin. Si je me sépare de lui et que je me mette en place, quand me permettra-t-on d'aller le visiter? De temps en temps, tous les mois. Ça me ferait une vingtaine de fois à le revoir... tout au plus. Oh! non, je ne peux pas !

Une autre, une Catalane, est assise avec deux enfants sur les genoux. Elle retourne au pays avec ses petits.

— Mon mari, depuis un an, s'est mis à boire de l'absinthe. Jusque-là, il avait été très bon pour moi. Mais maintenant, c'est fini, je ne peux plus rester. Je m'en vais.

— Il vous a maltraitée?

— C'est mon homme, monsieur, je ne dirai rien contre lui.

Et, au milieu du troupeau de femmes affaissées qui l'entourent, elle se tient très droite, très fière, une main posée sur la tête de son petit aîné qui dort contre sa jupe; ses yeux sont allumés d'une lueur de fournaise, sombres comme sa veste de velours bleu.

Tandis qu'on distribue les écuelles de soupe et

les morceaux de pain, nous regardons par la porte
vitrée de la cuisine, dans la salle d'attente où les
femmes inscrites viennent s'asseoir jusqu'à la couchée. Il n'y a pas moyen de regarder cela sans
larmes, à cause des enfants, de tous ces balance-
ments berceurs, de ces promenades de nourrices,
ces groupes tragiques de poussins serrés autour
de la mère, endormis quatre ou cinq sur elle,
dans son sein, sur ses genoux, dans sa robe.
Toutes celles qui n'ont point le petit sur les bras
l'ont encore dans la ceinture. Et toujours c'est
parce que l'homme a fui qu'elles sont tombées
là !

Tout d'un coup un cri domine les faibles vagis-
sements des petiots. C'est une femme que les douleurs de l'enfantement viennent de prendre. On va
chercher un brancard pour la porter à la Maternité. Mais elle n'a pas encore mangé sa soupe.
Elle demande son écuelle avant de partir, et elle
l'avale, sans plus crier, après la première surprise
des élancements, gloutonne, à cuillerées pressées,
contenant d'une main son corps qui tressaille. Ses
pieds meurtris dépassent sa robe.

L'heure du coucher est venue. Toutefois les
membres de la Société philanthropique ont pensé
qu'elle serait imparfaite la charité qui ne donnerait que le pain sans une parole d'espérance. Et,
tous les soirs, après la lecture du règlement, un
des membres de la Société, ou, en leur absence, la

directrice, lit une allocution qui commence par ces mots :

« Mesdames,

« Vous avez dû, vous toutes qui êtes réunies ce soir ici, bien certainement, passer par de dures épreuves.

« Ne vous laissez pas abattre par le découragement. Nous vous souhaitons au contraire patience, courage, espérance. »

On les engage ensuite à mettre leur confiance en Dieu, et sur les bancs court un « merci » chuchoté comme un « amen », au milieu de beaucoup de larmes.

Puis les femmes se lèvent et, dans l'ordre de leurs numéros, elles défilent, une à une, sous la lumière crue du gaz.

Nous n'avions plus rien à voir. Les membres de la Société se sont interdit de pénétrer jamais dans les dortoirs lorsqu'une fois les femmes et les enfants y sont installés.

En m'en retournant, je questionnais M. d'Haussonville sur le lendemain, tourmenté de la pensée qu'au retour du jour toutes ces malheureuses allaient retomber dans la rue, reprendre avec leurs petits le voyage de la souffrance sans terme.

— Nous faisons pour elles ce que nous pouvons, me répondit mon compagnon. Du 1er mai 1885 au 30 avril 1886, dans nos trois asiles de femmes, nous avons donné 28,115 nuits d'hospitalité à 1,830 enfants et à 6,819 femmes. Sur ce nombre, 1,922 ont trouvé du travail par nos soins, 7,531 depuis la fondation de l'asile. Pour celles à qui nous ne pouvons faire cette suprême aumône, au moins leur donnons-nous des vêtements, pour elles et pour leurs petits. Dites donc bien à ceux qui seraient émus au récit de votre visite de ne pas attendre au lendemain de leur attendrissement pour nous envoyer le vieux linge et les habits dont ils disposent. Dites que toutes les aumônes, les plus faibles, seront accueillies avec reconnaissance. Au nombre des bienfaiteurs de l'œuvre, nous comptons une femme qu'à la pauvreté de sa mise on prendrait pour une des personnes qui viennent demander l'hospitalité chez nous. Plusieurs fois par an elle nous apporte une pièce de cinq francs, parfois même une pièce de vingt sous, et dit :

— Voulez-vous recevoir cela ? Je ne suis pas heureuse, je ne puis faire davantage.

Une autre, une femme en deuil, nous a apporté un paquet de vêtements d'enfant, les hardes de son petit, qui, a-t-elle dit simplement, « n'en avait plus besoin ».

Et elle s'en est allée en pleurant.

Ces aumônes de la pauvreté et des larmes doivent nous porter bonheur.

III

LE DISPENSAIRE FURTADO-HEINE

Depuis ma visite à l'asile de la rue Saint-Jacques, le désir me tenait de venir un matin rôder les yeux grands ouverts dans ces quartiers populeux qui, au delà des boulevards du Sud, élargissent la tache d'huile de Paris. Au mois de juillet, ils ont, ces quartiers disgraciés, une gaieté qui leur vient du soleil, des arbres encore en feuilles, des serres et des jardins d'horticulteurs, aperçus par l'ouverture à deux battants des grandes portes. Et cela fait sourire de trouver là, égaré dans ce Paris ouvrier, un *passage des Thermopyles* dont un mastroquet fait l'encoignure.

Au bout de toutes ces ruelles est une voie large comme une route militaire, la rue d'Alésia, flanquée d'un bâtiment très grillé, très sombre, que j'avais pris de loin pour une caserne, de près pour une prison, et qui en réalité est une école.

Quand on passe par là, le matin, entre huit et neuf

heures, au lieu de l'escadron que l'on s'attendrait
à voir manœuvrer, sabres au clair, à travers ces
grands espaces vides, on est tout surpris de croiser
une armée de petites voitures d'enfants avec,
dedans allongés, couchés, pleurants, endormis, des
bébés que des bonnes gens roulent à la hâte. Tout
cela tourne à droite, par la rue Delbet, et va s'arrêter, capotes en l'air, devant la grille d'une magnifique bâtisse qui fait, au fond de la rue, un décor
d'architectures claires. Une inscription qu'on lit de
loin attire l'œil par ses lettres fraîchement dorées :

DISPENSAIRE FURTADO-HEINE

Il a été récemment question dans la presse, à
l'occasion de la nomination de Mme Furtado-Heine
dans l'ordre de la Légion d'honneur, de ce magnifique établissement de charité. Je m'étais promis,
à ce moment-là, de visiter le dispensaire un jour
ou l'autre. Le hasard m'avait amené à la porte.
Je me suis laissé accrocher par les belles lettres
d'or; j'ai suivi les petites voitures.

Tous les matins, le dispensaire ouvre ses portes
à sept heures, pour ne pas donner aux enfants
qui viennent chercher des soins quotidiens un prétexte à manquer l'école. En files de centaines, ils
passent par la pharmacie pour prendre les recons-
tituants énergiques dont presque tous ont tant
besoin. Garçons et filles, séparés, ils sont rangés

par compagnies sous la même rubrique de remède. Il y a des bataillons de buveurs de chaux, de phosphore, des régiments d'iodo-tanniques, et l'indénombrable armée des quinquinas et des huiles de foie de morue.

Aveu pénible à lâcher : aux débuts du dispensaire, avant qu'on eût exigé aux guichets de la pharmacie la présence des enfants, qui est la seule garantie de la régulière obéissance aux traitements médicaux, on s'était aperçu que nombre de parents vendaient à leur profit des remèdes distribués par la pharmacie, ou qu'au moins ils se livraient au trafic interlope des petits pots et des bouteilles vides. Il a fallu couper court à ces abus, et les médicaments sont aujourd'hui emportés seulement pour les enfants à qui leur infirmité ne permet pas des allées et venues quotidiennes. De même, c'est au dispensaire que se prennent toutes les catégories de douches, de bains simples, sulfureux, alcalins, amidonnés, électriques, salins, donnés, ceux-là, à trente enfants à la fois, dans une vaste piscine où l'on fait fondre chaque jour cent kilogrammes de sel marin. Auprès des salles de bain sont installées des salles de massage et de gymnastique orthopédique. Des volées de petits pieds-bots, de paralytiques et d'ankylosés, viennent là chaque matin étendre leurs membres contrefaits sous la pression du masseur. Et les os courbés se redressent, les muscles crispés s'assouplissent entre les doigts du modeleur de chair vive.

L'insuffisance de la nourriture distribuée dans la maison paternelle, qui bien souvent est une des premières causes du rachitisme de ces petits malheureux, est un obstacle contre lequel vient s'émousser la vertu curative du remède. Donc, pour frapper le mal à sa racine, dans les soussol du dispensaire on a établi un réfectoire où, journellement, une centaine d'enfants mis par le docteur au « régime » sont réconfortés de bon vin et de viande savoureuse. Et comme il convient, d'autre part — le jeune malade une fois remis sur pied — de l'armer de santé et de force pour la lutte des privations, voici que Mme Heine songe à couronner son œuvre philanthropique par l'établissement à Guérande d'un hôpital maritime où les petits scrofuleux iront mûrir leur guérison.

En attendant, le dispensaire, qui avait été fondé primitivement pour le soulagement des enfants malades de l'arrondissement, est devenu comme un phare de lumineux espoir que l'on aperçoit non seulement des quatre coins de Paris, mais des extrémités de la France, mais de l'autre bout du monde. Et, avec la renommée du soulagement que l'on apporte là aux douleurs des petits, le nombre des souffrants qui accourent va croissant dans une proportion dont témoignent ces chiffres surprenants :

Le dispensaire est fondé depuis trois ans.

En 1886, il a donné :

30,931 consultations ;

129,838 soins (bains, douches, gymnases, repas, etc.).

En 1887, l'inventaire des *six premiers mois de l'année* indique déjà :

51, 538 consultations ;

73,085 soins.

Ce sont tous ces petits clients de Mme Furtado-Heine qui troublent du roulement de leurs voitures le silence de la rue d'Alésia. Ils arrivent très tôt, les infirmes accompagnés, et, dans un pavillon liminaire, ils passent à la revue des deux internes, qui classent la fournée du jour, font la part du chirurgien, celles du médecin, de l'oculiste, du dentiste, du spécialiste de la gorge et des oreilles. Mais surtout ils s'appliquent à flairer les maladies contagieuses, diphtéries, rougeoles, scarlatines, coqueluches, tous ces maux épidémiques que les enfants prennent dans les parloirs d'hôpital et qui ne doivent pas franchir le seuil d'un dispensaire.

Ce premier tri, fait dès la porte, les malades, pourvus d'un bulletin, passent dans des salles d'attente spacieuses et claires.

La douleur des enfants n'a point le masque morne des souffrances d'hommes. Aussi on entend là comme un bruit joyeux d'école, des causettes de bonnes gens se contant, pour tromper l'attente, toute leur histoire, avec celle de leurs parents et les aventures survenues à leurs amis. De ci de là pourtant un petit malade couché dans sa gouttière, la pâleur du martyre sur la face, les yeux levés au plafond. Il tressaille quand, par l'entre-bâillement d'une porte jaillit un cri étouffé, et par instants tourne la tête, le pauvre, du côté de la chambre de torture au-dessus de laquelle sont écrits ces mots :

Cabinet du Chirurgien.

Il la voit d'avance dans sa belle lumière, dans le jour blanc qui tombe de ses rideaux. Le petit bureau de l'interne est à droite, et au milieu, comme un étal, la table-lit, couverte d'un drap blanc, où l'on s'étend sous l'œil de M. le docteur P. Redard.

— Eh bien! comment cela va-t-il, mon garçon ?

Le docteur Redard est un homme jeune, dans les trente-cinq ans. La barbe et les cheveux très bruns, le front bombé, l'œil long, toute l'expression d'attention presque aiguë du visage siège entre les sourcils, à la base du nez. Et de fait ce chirurgien d'enfants a la promptitude de coup d'œil, la sûreté de la main, l'audace clairvoyante. J'ai vu passer à sa consultation, qui a lieu deux fois par semaine, près de cent vingt enfants. Il y a eu pour eux cent vingt regards pénétrants, analyseurs, sans apparente fatigue, alors que j'avais, moi, .

l'éblouissement à ne plus distinguer les uns des autres ces petits visages pâles.

Oh! le triste défilé d'enfants portés!

C'est la scrofule et les tuberculoses locales, puis les maladies générales, l'anémie, la chlorose, le rachitisme qui font le plus de victimes. La scrofule se manifeste par des accidents fréquents du côté de la peau, des muqueuses, des os, des jointures, des yeux et des oreilles, et de même les tuberculoses locales par des abcès froids, des tumeurs blanches, des coxalgies, des maux de Pott, qui nécessitent presque toujours l'intervention chirurgicale.

L'enfant entre déjà à demi déshabillé. On le met nu, on l'examine. S'il est atteint de quelque déformation naissante de la colonne vertébrale, d'une ankylose, d'une difformité de membre que l'on peut espérer corriger, on lui ordonne une médication interne et on l'envoie au bandagiste et au photographe, qui prend des épreuves de l'état du malade au début du traitement et à son issue. Et cela forme une inestimable collection que j'ai feuilletée, le vrai livre d'honneur du dispensaire. Il y a des aveugles qui voient, des boiteux qui marchent, des allongés qui se relèvent.

Tous les appareils, quelques-uns fort coûteux, sont gratuitement fournis par le dispensaire. En des semaines on en a commandé chez Colin-Charrière pour des sommes de douze et de dix-huit cents francs. Ce sont des gouttières Bonnet, des lits d'immobilisation, des corsets en feutre, en plâtre de Sayres. Quelques-uns sont fabriqués séance tenante et moulés sur le malade par M. Redard lui-même avec des bandes de toile et du silicate de potasse. Cela forme un appareil très bon marché, très léger, très résistant, où le bandagiste n'a plus qu'à appliquer une garniture et des œillères.

Parfois l'intervention des appareils orthopédiques n'est point nécessaire. C'est ainsi que j'ai vu le docteur Redard, après avoir brisé dans un pied-bot les parties fibreuses qui formaient l'ankylose, faire le redressement forcé du membre, à la main, sous le chloroforme. Le massage et l'électricité interviennent aussi puissamment dans la régénération de toutes les pauvres jambes tortillées, de tous les dos qui bifurquent. D'aventure l'effet de ces auxiliaires monte jusqu'au miracle. Ainsi, j'ai vu sautiller sans béquilles, sur le tapis, une fillette d'une douzaine d'années à qui une balle de revolver a coupé la moelle, qui a été paralysée pendant des années, et que le massage et l'électricité ont fini par soulever de terre.

Sous une apparente brusquerie de manières, le docteur Redard cache une pitié délicate pour ses enfants malades; cela se trahit d'un mot, se perçoit dans une nuance. Le docteur vient de diagnostiquer le cas d'un petit patient étendu devant lui. Il y a une tumeur à ouvrir.

— Nous allons, dit M. Redard à son interne, faire là une petite...

C'est le mot « incision » qui lui vient sur les lèvres. Mais ses yeux rencontrent les yeux de l'enfant, fixes, pleins d'angoisse, et il reprend :

— Nous allons lui faire une petite *chose* là.

Et vraiment, je ne m'étonne point de la survivance de cette sensibilité. Il n'y a pas moyen de s'habituer à ces cris de chair d'enfant que l'on taille et que l'on brûle.

— Monsieur le docteur, vous n'allez pas me faire du mal !

Ils supplient, ils étendent les mains.

J'ai vu brûler au thermo-cautère une petite fille d'une douzaine d'années, scrofuleuse et qui souffrait sous la hanche d'une plaie profonde. Elle avait apporté sa poupée, déjà maternelle l'enfant qui ne sera jamais mère, et, couchée dans sa gouttière, elle serrait ce paquet de chiffons contre son cœur. Ce n'était point la première fois qu'elle y passait. Elle était venue de loin, avec l'appréhension de sa douleur.

— Oh ! ça fait mal ! Assez ! assez !

— C'est fini, c'est fini, ma petite.

Et l'horrible lance de feu va toujours.

— Assez !

— Là, c'est fini. Mettez-lui du coton.

Il flotte dans l'air une odeur légère de côtelette brûlée. Je lève les yeux. Il y a là un brave gen-

darme qui est venu du Loiret avec une petite fille
haute de deux pieds qui tient tout entière dans sa
main. L'homme est robuste, mais à travers l'enfant,
on aperçoit la jeune mère délicate, toute pâle, qui
est restée là-bas. L'enfant regarde avec curiosité
brûler la petite martyre. Le soldat essaie de faire
bonne contenance, mais les pointes de ses moustaches, son grand nez s'allongent de plus en plus,
et ses mains tremblent si fort qu'il n'arrive point
à dénouer la chemise de son enfant, à qui le
bandagiste va prendre mesure d'un corset. Malgré
tout il mettait une note comique, ce malheureux
Pandore, dans ce défilé de misère. Il croyait
toujours son tour venu, et, pour ne pas faire attendre « monsieur le docteur », il retirait avec pré-
caution la chemise de sa petite fille. On la lui a
bien fait rhabiller trois fois de suite.

— Mais laissez donc cette enfant-là tranquille,
disait l'interne; vous allez lui faire attraper une
fluxion de poitrine.

— A votre commandement, monsieur le docteur.

Et il recommençait son travail, enfilant les manches à l'envers, embrouillant les nœuds.

Pour ces tout petits il y a dans un flacon sur la
table, une boîte de pastilles que l'infirmière leur
glisse dans la main. Ils s'interrompent de pleurer,
les malheureux, pour dire :

— Merci, madame.

Tous d'ailleurs, les enfants comme les parents, sont d'une propreté touchante. On voit bien qu'ils ont fait toilette pour venir.

Quand le trajet est long, c'est d'ordinaire le père qui accompagne. L'ouvrier s'est peigné avec soin, il a mis sa chemise blanche. Il soulève l'enfant malade avec un geste fort.

— Tais-toi, tais-toi, je suis là.

Il écoute les grands mots savants qu'il ne comprend pas, ses sourcils se froncent et mécaniquement ses doigts tortillent sa casquette.

Souvent ce n'est même pas la mère, ni le frère, ni la sœur aînée qui amène le malade, mais simplement une voisine, une personne qui a bien voulu se déranger, les parents ne pouvant quitter leur travail.

C'était le cas d'un bossu, un petit Breton, venu par la main d'une pauvre femme qui semblait le connaître à peine. On l'a fait déshabiller. Quelle misère, mon Dieu ! Toute la cage thoracique écrasée, la tête enfoncée, sans cou, entre les deux épaules plus hautes que les oreilles, et à la cuisse, en dedans de la jambe, une tumeur grosse comme les deux poings, prête à crever.

Il fallait l'ouvrir.

Le petit ne comprenait guère le français, s'exprimait par signes. Il s'est laissé coucher sur le lit sans résistance ; seulement ses yeux trop grands, ses yeux bougeurs, brûlants de fièvre et de phtisic, suivaient tous les mouvements du médecin.

— Donnez-moi le bistouri et un grand bassin.

L'enfant voit l'acier clair. Il s'allonge, tourne sa petite tête, l'appuie sur l'épaule de la bonne femme, ferme les yeux.

— Bouge pas, mon vieux.

Et pendant les longues dix minutes qu'a duré l'opération, entêté dans son vouloir de ne point crier, les dents serrées, l'enfant n'a fait entendre qu'une petite plainte rythmée, presque musicale.

Après, ç'a été un voyou de Paris, une fleur de faubourg, l'air décidé, la voix canaille. Il fallait, à celui-là, lui enlever un abcès froid, et pour cette douleur l'endormir.

Il se défendait :

— Monsieur Redard, je veux pas de gouttière après. Tout doucement, monsieur Redard. Là, attendez une seconde. Maman va venir, je veux qu'elle soit là. Attendez, attendez. Ne m'endormez pas. Qué que ça vous fait? Je pleurerai pas ; je vous jure que je pleurerai pas. Je rigolerai.

Et comme je m'étonnais de son courage, l'infirmière me dit tout bas :

— Oh! cet enfant-là a supporté des douleurs atroces. Il est habitué. C'est un vieux malade.

Je le regarde le « vieux malade ».

Il a bien juste douze ans.

Au milieu de toutes ces souffrances au moins avons-nous eu le spectacle d'une grande joie.

Une mère avait amené un enfant d'une dizaine d'années, très blond, très pâlot, l'air lymphatique.

— Qu'est-ce qu'il a?

— Depuis huit jours, monsieur le docteur, il se plaint de son dos, là. J'ai regardé, il me semble que sa taille tourne.

Elle vient de voir, la malheureuse, tous les infirmes qui fréquentent ce cabinet. Elle se dit : si mon enfant allait devenir comme eux ! Et le cœur lui manque.

— Déshabillez-moi votre garçon. Qu'est-ce qui vous effraye? Cette saillie-là? Mais elle est normale. Le petit est maigre, voilà tout. Il faut le fortifier.

— Oh! mon chéri, tu n'as rien !

Si vous aviez vu de quelle tendresse elle l'a embrassé, de quelle vigueur de bras elle l'a emporté de ce lit de douleur pour un heureux retour au logis.

Hélas! de telles surprises sont rares, encore qu'elle soit bien consolante à feuilleter la statistique médicale de ce dispensaire par qui tant de douleurs sont économisées.

Le soir même de cette intéressante visite, j'étais monté sur la butte Montmartre pour voir se coucher le soleil sur Paris. J'avais à ma gauche les échafaudages monumentaux du Sacré-Cœur, et, songeant aux millions enfouis là, je n'ai pu m'empêcher de penser que le temps est passé où

le plus bel acte de foi en la justice était l'érection
d'une cathédrale de pierre.

On a porté la flèche de quelques-unes jusqu'aux
nuages, mais le cri de reconnaissance d'un malheureux monte plus haut, — jusqu'au ciel.

IV

LA FOLIE

Un grand nombre de gens persistent à croire
que l'affaire du baron Raymond Scillière a eu
« des dessous mystérieux ». Ils n'admettent pas
qu'un homme que l'on a jugé fou à enfermer soit
devenu deux mois après subitement si raisonnable qu'on ait put lui ouvrir à deux battants les
portes de sa prison. Et comme ils se refusent à
croire que le préfet de police aurait pris sur soi
de faire mettre en liberté un aliéné dangereux, ils
concluent sans hésitation que le pensionnaire du
docteur Falret n'a jamais été fou. L'élargissement
par ordre leur semble une preuve évidente de la
séquestration illégale.

Si l'on va au fond de ces certitudes, on voit
qu'elles reposent sur cette opinion fort répandue
et fort peu scientifique, qu'il n'y a dans la folie ni
intermittence ni degré, que l'on est fou ou raisonnable sans nuances, sain d'esprit ou délirant sans

trêve. A ce préjugé s'ajoute une ignorance complète des précautions auxquelles l'administration recourt pour empêcher toute erreur médicale, *à fortiori* toute surprise criminelle.

Il semble que le meilleur moyen de rassurer sur tout cela l'émotion du public soit de la débouter de ses ignorances par l'indication précise des règlements administratifs qui protègent la société contre l'aliéné et l'aliéné contre soi-même.

V

L'INFIRMERIE DU DÉPOT

Lorsqu'on longe, vers midi, le quai de l'Horloge, dans l'ombre dont les tours du Palais de Justice, à toute heure du jour, rafraîchissent la chaussée, après la porte sur laquelle est gravé cet avis : « Entrée des magistrats, » au numéro 3, on se heurte à la guérite d'un gardien de la paix qui monte la garde au coin d'une grille.

Le long du trottoir sont arrêtées les sinistres voitures cellulaires, les *paniers à salade*, comme dit le peuple, sans doute pour indiquer que là-dedans on secoue et l'on empile pêle-mêle toute la récolte des violons, depuis l'ivrogne qui a fait scandale sur la voie publique et la fille arrêtée par la police des mœurs, jusqu'à l'assassin, le futur héros d'assises, reconnu et pris au collet par un agent de la sûreté.

La consigne est sévère, on n'entre point sans le mot de passe, et quiconque vient demander à parler au médecin en chef, M. Paul Garnier, est accompagné par un agent du poste jusqu'à une petite porte située à droite dans la première cour et au-dessus de laquelle est peint le mot *Infirmerie*. On sonne : la porte est grillée et fermée à double tour. Un Corse, en uniforme, avec des bandes bleues brodées, au collet, d'étoiles d'argent, vous fait entrer dans une salle en contre-bas, très fraîche et presque obscure.

Plusieurs individus sont assis là sur des chaises. On vient de les débarquer des paniers à salade. Un infirmier en blouse, une espèce d'hercule, de fort de la Halle, l'air bon garçon et têtu, fait la police de cette antichambre. De temps en temps, la porte du bureau s'entre-bâille et il introduit un de ses clients dans le bureau du médecin en chef. On se tait dans l'antichambre ; seulement, par intervalles, un cri inhumain, un hurlement de tête blessée, part de derrière le mur. C'est un furieux, en surveillance, qui vient de se précipiter contre la porte de sa cellule. Alors, les autres malades se regardent d'un air inquiet et, souvent, subitement surexcités, se lèvent, vocifèrent, tombent en crise. A ces minutes, on en a vu d'apparence débile que sept hommes vigoureux parvenaient à peine à contenir.

Éclairé d'une fenêtre unique dont la clarté passe par-dessus le petit bureau de chêne et va frapper en plein le visage du malade, assis entre deux gardiens, — dans la nudité de son mobilier administratif, le petit cabinet du médecin en chef, semble une cellule de moine.

Avec son interne en face de lui, M. le docteur Paul Garnier vient chaque jour, à midi sonnant, s'asseoir sous cette fenêtre. Tous les Parisiens connaissent ce médecin, encore jeune, que, de première vue, à la tournure, à l'air, à la coupe des favoris, on prendrait pour un magistrat, encore qu'il y ait dans l'interrogation pénétrante de l'œil plus de lumière que dans les regards qu'a fatigués la lecture des codes et des nocturnes grimoires. Point de fonction plus délicate que celle de ce médecin qui a un pied dans la science, l'autre dans la justice. Point de poste d'observation qu'un moraliste et un savant puisse occuper avec plus de joie que ce cabinet médical du Dépot. Car c'est là, que la police vient quotidiennement vider le grand filet qu'elle jette dans les eaux troubles de Paris, et ce que le coup d'épervier ramène de ces bas-fonds, c'est, au hasard de la pêche, dans leur frétillement de vie libre, tous les échantillons de vices et de souffrances humaines.

Et cela est d'un prix inestimable pour l'observation psychologique et physiologique de l'aliéné. Dans la maison de santé, sous les verrous et sous la douche, le fou devient défiant et terne; il se surveille soi-même, il n'offre que peu de prise à l'observation scientifique. Il y a autant de diffé-

rence entre cet être abasourdi et l'aliéné du plein
air, qu'entre un lion de ménagerie et la bête libre
dont le rugissement terrifie les douars.

Sur la table de son bureau, le médecin du Dépôt
trouve accumulés les dossiers des malades du jour.
On sait que quiconque a causé un scandale sur la
voie publique est tout d'abord arrêté par les agents
et conduit au poste de police. Là le coupable, ou
la victime, car on « ramasse » dans la même hotte
les ivrognes qui ruent, les épileptiques qui tombent
dans une flaque d'écume, les suicidés retirés tout
nus de la Seine, les petits enfants abandonnés qui
appellent leurs parents — le coupable ou la victime est tout d'abord interrogé par le commissaire.
Pour peu que les réponses de ces arrêtés semblent
incohérentes, ou qu'ils déclarent n'avoir pas eu
conscience des actes qui ont amené leur arrestation, on les dirige sur l'infirmerie du Dépôt. Là,
en attendant la consultation du médecin, ils font
antichambre dans la société des malheureux subitement frappés de troubles cérébraux et qui, à la
réquisition de leurs familles, ont été amenés avec
un certificat de médecin pour être examinés.

C'est l'alcoolisme qui fournit le plus fort contin-
gent de malades.

Aujourd'hui, le premier suspect introduit est un
garçon dans la trentaine. Les cheveux bruns,
mouillés de sueur, sont hérissés par touffes sur la
tête. Les yeux, très cernés, sont pleins d'une

angoisse qui fait peine à voir. La charpente de son front et de ces pommettes fait saillie sous la peau sale, clairsemée de barbe.

Il s'asseoit sans résistance. Le gardien corse se tient debout derrière sa chaise, une main posée sur son épaule.

— Comment vous appelez-vous ? demande le docteur, après avoir considéré le nouveau venu un instant.

Il se nomme :

— Un tel, marchand camelot.

— Eh ! bien, racontez-moi votre histoire.

— Voilà ; à neuf ans, j'ai eu une méningite, j'ai été très malade. Mon père m'a cru mort. Depuis ça j'ai des moments d'absence...

— Des transports au cerveau ?

— Des moments d'oubli, quoi. Mais je ne suis pas méchant. Je n'ai jamais fait de mal à personne. Je ne tape pas. Je dis des bêtises.

— On ne vous a jamais répété les paroles que vous prononciez ?

— Si, je vois des animaux.

— Et vous ne vous doutez pas de la cause de votre mal ?

— Non.

— Vous buvez, mon ami ?

— Oh ! pour ça non, monsieur le docteur, c'est fini. Je ne bois plus. Ça me fait trop de mal.

— Étendez la main.

Il étend ses doigts, qui tremblent.

— Vous buvez de l'absinthe?

— J'en ai bu beaucoup en Tunisie ; on nous en donnait au litre ; nous n'avions que ça dans nos bidons.

— Vous ne vous souvenez pas de ce qui vous est arrivé avant-hier?

— Je ne me souviens de rien, monsieur le docteur. Je faisais le marché du Trône depuis le matin; je me rappelle encore un camarade avec qui j'ai causé à deux heures et demie, et puis...

— Et puis?

— Et puis, j'ai dû perdre ma pauvre tête.

Il regarde devant lui et pleure à chaudes larmes.

— Après?

— Je me suis réveillé au poste, dans la nuit. Il y avait un homme qui criait à côté de moi.

— Et vous avez eu peur?

— J'ai toujours peur dans l'obscurité. Je ne suis pas poltron, mais c'est plus fort que moi : dès que je m'éveille, faut que je me lève pour allumer la bougie.

Ce symptôme est caractéristique. Dès qu'il fait nuit, les « bêtes » commencent à grouiller autour de l'alcoolique : il lui faut à tout prix de la lumière.

Le docteur se tourne vers le malade et dit avec douceur :

16

— Nous allons vous soigner pendant quelque temps, mon ami ; vous avez besoin qu'on vous remette sur pied. Allez, et ne vous inquiétez pas.

Puis, dès que le Corse est sorti, tenant toujours le camelot par le bras, le docteur rédige son observation.

— Ce garçon-là, dit-il à son interne, est un alcoolique épileptique ; il a été pris avant-hier, en plein marché, d'un accès de fureur. Il s'est jeté sur les passants. On a eu toutes les peines du monde a se rendre maître de lui. En dehors de l'accès, je suis persuadé que c'est un garçon inoffensif. Mais, quand il perd la tête, il peut devenir terrible. Nous avons des exemples d'épileptiques qui, dans le vertige, ont tué jusqu'à sept ou huit personnes, en quelques minutes, d'affilée, dans la rue, et qui, revenus à eux-mêmes, ne se souvenaient de rien. Ces fous intermittents sont les plus redoutables de tous.

La porte s'ouvre de nouveau et deux gardiens introduisent un grand diable dans les quarante ans, l'œil souriant, l'air bon compagnon, qui tout d'un coup prend le docteur à partie :

— Entendez-vous ?

— Quoi donc ?

— Ils m'attendent dehors.

— Et qui ça ?

— La bourgeoise, tiens, avec papa et maman.

— Appelez-les.

— Marie ! viens si tu veux.

— Eh bien ?

— Elle ne répond pas. Elle doit être allée avec les autres, boire un verre, en attendant. Vous ne pourriez pas me faire apporter un demi-setier ? On gagne la soif à attendre chez vous.

Et, très gai, l'ivrogne halluciné se tape, en clignant des yeux, sur les cuisses.

— Il ne s'agit pas de ça, mon ami. Vous ne vous doutez pas de l'endroit où vous êtes ?

— Je suis chez un fabricant de sucre.

— Mais non, vous êtes dans une infirmerie.

— Ça ne m'étonne pas.

— Êtes-vous malade ? En quoi consiste votre maladie ?

— Ça consiste en une fluxion de poitrine. J'ai eu la sottise de me purger. Je suis tombé sur une autre maladie qui n'est pas encore découverte : des fraîcheurs dans le genou et à la fuite des reins.

— Et votre médecin ne vous a pas défendu de boire ?

— Pour ça, oui.

— Vous l'écoutez ?

— Bien sûr, de temps en temps.

Le docteur Garnier consulte le dossier du commissaire.

Ce joyeux ivrogne — un garçon brasseur — a

été pris dans la nuit d'un accès de délire alcoolique. Il a voulu sauter par la fenêtre, il a échappé à ceux qui le retenaient, il a couru devant soi, affolé, persuadé qu'il avait des assassins à ses trousses. On l'a retrouvé à six lieues de Paris, dans la campagne, couvert de boue, tombé sur un tas de pierres.

Tandis que le docteur feuillette le dossier, le brasseur s'impatiente, il se fâche, il veut partir.

— Voyons, mon ami, attendez au moins votre ordonnance.

— Il n'est pas question de ça aujourd'hui. Un jour que je serai moins pressé.

Et, comme les gardiens s'efforcent de lui barrer le passage, il s'emporte, devient menaçant :

— Voulez-vous me lâcher, oui ou non ?

Le docteur, voyant que l'ivrogne va entrer en fureur, le fait reconduire dans sa cellule.

Tandis qu'on l'emmène, il continue de crier :

— Marie ! viens si tu veux !

La personne qui succède à ces deux alcooliques entre toute seule ; le gardien la suit, ne la tient pas. C'est une jeune fille ; elle a la mise et les manières d'une ouvrière. Une grande mélancolie est répandue sur son visage. Elle couche depuis deux jours dans une cellule du Dépôt. Un marinier l'a retirée de l'eau, où elle s'était jetée pour mourir. On l'a sauvée malgré elle et amenée là.

Elle n'a pas caché qu'elle renouvellerait sa tentative dès qu'elle serait libre.

— Pas plus qu'hier je ne vous donnerai, monsieur le docteur, ni mon adresse ni mon nom. J'ai eu confiance, j'ai été déshonorée. A présent, je n'ai plus où aller. Je veux mourir. Avez-vous quelque chose de mieux à me proposer ?

Elle secoue la tête, repousse tous les conseils ; son désespoir sans cris n'admet pas de consolation. Il faut la renfermer dans sa cellule, où elle est l'objet d'une continuelle surveillance.

Ces cas, et il s'en présente fréquemment de semblables, sont infiniment délicats pour le médecin. Quand on se trouve en face d'une de ces fermes volontés de mourir, il faut tâcher de démêler si l'on a affaire à des troubles d'origine morbide ou à une exaltation purement passionnelle. Si le monomane est poussé au suicide par la croyance à des persécutions imaginaires, s'il cherche dans la mort un refuge contre des machinations soi-disant dirigées contre lui, il appartient au médecin : c'est un fou classé, un persécuté ; on peut le guérir, au moins le protéger contre lui-même. Mais, quand on a devant soi une personne raisonnable, qui a des motifs sérieux de souhaiter en finir avec la vie, on n'a pas le droit pour cela de la garder sous clef indéfiniment, ni de l'envoyer dans un asile. Quand sont écoulés les quatre jours réglementaires pendant lesquels le médecin du

Dépôt garde d'ordinaire ses malades en observation, on est bien obligé de remettre ces malheureux en liberté, quelles que soient leurs dispositions.

Comme on le voit, le médecin doit ici non seulement soigner les corps, mais les âmes. Que de confidences tragiques le docteur Garnier n'a-t-il pas reçues dans ce cabinet! Souvent c'est une femme grosse qui a volé et qui, son désir satisfait, revient à soi-même et meurt de honte. Ou un malheureux impulsif poursuivi d'affreuses hantises : depuis longtemps, quand il voit une arme, un couteau, une épée nue, un désir irrésistible l'assaille d'en user, de frapper avec, et le vertige se fait si impérieux qu'au bord du crime il s'arrête et vient demander protection contre soi-même.

Il n'y a pas longtemps que l'on a conduit au médecin du Dépôt un enfant atteint de cette cruelle monomanie. C'était un petit de quatre ans, non pas un arriéré; il semblait plutôt trop intelligent pour son âge. Cet enfant fou avait déjà tenté plusieurs fois de couper la gorge à son frère, un bébé de dix-huit mois, et quand on lui a demandé quel motif le poussait à accomplir un tel acte, il a répondu simplement :

— C'est pour voir.

Je ne veux pas finir sur ce mot troublant ; aussi bien, parmi tant de drames, se passe-t-il quelques comédies dans ce petit cabinet médical du Dépôt.

Tous les frais en sont faits par une catégorie de
clients fort peu dignes d'intérêt, les *simulateurs*.

Depuis l'application de la loi sur la relégation,
M. le docteur Garnier a remarqué que le nombre
de ces faux fous avait presque doublé. Un certain
nombre de récidivistes, qui ont dans les prisons de
Paris toutes leurs habitudes, ne peuvent se faire
à l'idée d'aller tâter de Cayenne ou de la Nouvelle. C'est bien loin ces pénitenciers d'outre-mer !
On ne sait jamais au juste si l'on en reviendra. On
préférerait beaucoup un petit internement à Sainte-
Anne, et pour cela on se force à quelques grimaces.

Mais le médecin-chef est plus malin que ces
imposteurs, qui d'ailleurs, pour la plupart, jouent
assez médiocrement la comédie. Ils sont trop fous,
plus fous que nature. Ils arrivent avec des gesti-
culations de théâtre, imitant des acteurs qu'ils ont
vus, dans des rôles d'aliénés, sur les petites scènes
des boulevards extérieurs. L'un promène ses yeux,
sans trêve, du plafond au parquet, on ne peut jamais rencontrer ses regards qui fuient. Un autre
déraisonne sans vacance, répond « rue de la Lune »
quand on lui demande son âge et « un demi-suisse
sans sucre » quand on s'informe de son nom.
D'ailleurs, tous sont atteints de danses de Saint-
Guy compliquées ; ils « sonnent » de l'épaule,
comme des chevaux malades, feignent d'émietter
du pain avec leurs doigts ou se livrent à toute

autre pantalonnade sans rapport avec la folie.

On les dépiste facilement ; mais il est moins aisé de faire tomber dans le piège ceux qui ont l'adresse de rester muets et de s'abstenir du langage mimique aussi bien que du langage articulé. On parvient cependant à confondre ceux-là comme les camarades. Il y a pour cela des recettes infaillibles. En voici une, entre autres :

Après avoir vainement interrogé le malade supposé qui s'obstine au silence, le médecin chef se penche à l'oreille de son interne et, à voix basse, comme s'il voulait éviter d'être entendu, il dit à peu près :

— Évidemment cet homme-là est dans un état de prostration violente. Mais cela ne peut pas durer bien longtemps. Je suis sûr qu'avant demain minuit, il aura une violente attaque de nerfs et qu'il prononcera des paroles incohérentes.

A heure fixe, le simulateur lève les jambes en l'air, danse la gigue et récite le monologue annoncé. On sait alors à quoi s'en tenir sur sa maladie, on le traite en conséquence et il n'est pas possible de donner une idée de la fureur qui s'empare du faux aliéné quand il s'aperçoit trop tard qu'on l'a joué.

Tel est le rôle du médecin en chef du Dépôt, tel est le fonctionnement de cette infirmerie spéciale dont l'installation date d'une quarantaine d'années tout au plus, et où M. Paul Garnier a eu pour

prédécesseurs les docteurs Lasègue et Legrand du
Saulle.

L'infirmerie du Dépôt rend de précieux services
à la société. Elle sauve de l'asile, de la tare de
l'internement, une foule de gens dont une exaltation passagère, une douleur passionnelle ou un
accident comme l'ivresse a momentanément troublé les facultés mentales.

VI

LES ALIÉNÉS DE SAINTE-ANNE

Dans ces quartiers perdus qui dorment derrière l'Observatoire, au delà des boulevards de Port-Royal et Saint-Jacques, en plein Paris de misère, au bout de la rue Ferrus, l'asile dessine au milieu des jardins comme un village irrégulier de pavillons et de grandes casernes.

Le panier à salade passe sous le drapeau de la grille, monte une longue avenue de tilleuls où les feuillages plafonnent et, laissant l'asile sur la droite, va s'arrêter sur la gauche devant un bâtiment isolé. Des infirmiers en uniforme, des bonnes en petit bonnet blanc attendent l'arrivée de la voiture, groupés sur le perron. On leur remet leurs malades ; ils les conduisent aux dortoirs.

C'est dans cette demeure qu'a été installé le cours de clinique des maladies mentales que M. le professeur B. Ball, de la faculté de médecine de Paris, a inauguré le 16 novembre 1879.

Les malades amenés par la voiture du Dépôt sont répartis entre les cinq grands asiles d'aliénés de la Seine : l'asile proprement dit de Sainte-Anne, Bicêtre (hommes), la Salpêtrière (femmes), la Ville-Évrard (colonie de fous agriculteurs), Vaucluse et Villejuif.

Un petit nombre d'entre eux sont attribués au service de la clinique.

M. le professeur Ball a bien voulu me faire visiter son service, en compagnie de son chef de clinique, M. Rouillard, et de M. le docteur Bellangé.

Dans un petit jardin, à l'ombre d'une allée de tilleuls, une trentaine d'hommes vêtus pour la plupart de blouses et de pantalons de toile bleue, coiffés de ces chapeaux de paille à grands bords que le peuple appelle des « yokos », étaient, comme des soldats, alignés sur une seule file pour la visite du médecin.

L'un d'eux rompt le rang et s'avance à notre rencontre. Il donne des poignées de main à tout le monde, dans un accès de belle humeur et de bavardage communicatif. Cet homme est devenu aliéné à la suite d'une violente secousse : il a été frappé de la foudre. Son délire, longtemps violent, s'est apaisé ; la maladie se dénoue par la paralysie générale.

— Prononcez le mot *inamovibilité,* ordonne le professeur.

L'homme sourit d'un air *béta* et, se tournant vers l'interne :

— Dites-le, vous, pour voir ?

A la fin il s'exécute.

— Inabilité... inovilité... bovilité...

Il n'a pas plus de chance avec le mot *trans-substantiation*, avec d'autres beaucoup plus simples au bord desquels il trébuche.

On lui fait tirer la langue.

Nous voyons que le membre est agité d'un frisson convulsif.

— J'ai vu en Suède, me dit M. le professeur Ball, un exemple bien remarquable de folie consécutive, comme l'est celle-ci, d'une émotion violente. Le sujet en question avait eu les jambes broyées dans un accident de chemin de fer. Amputé des deux côtés, il était immédiatement devenu fou, mais fou furieux. Il ne voulait supporter aucun vêtement et, dans sa cellule, il courait nuit et jour, nu, porté sur ses deux moignons.

A ce moment, notre attention est attirée par le monologue d'un aliéné qui interpelle le professeur, les visiteurs, tout le monde, soulignant son discours d'une pantomime presque menaçante.

— Qu'est-ce que je demande ? Du travail, l'occasion de gagner ma vie pour moi et pour ceux qui ont besoin de moi. Je suis Français, dans mon pays ; si on ne distingue plus les Français des étrangers, faut le dire. Et maintenant, vous (c'est

au professeur qu'il s'adresse), si je vous incommode, ne vous gênez pas : Oh! une pincée de poudre de perlinpinpin dans ma soupe et j'irai faire
lanlaire. Ne craignez rien, j'avalerai le paquet
sans grimace. J'aime mieux ça que de rester à
m'embêter ici.

Il scande toutes ces divigations de claques qu'il
s'administre sur toutes les parties du corps, tiraille
sa barbe, trop grise pour sa figure encore jeune,
et s'efforce de rendre terrible le roulement de ses
yeux, clairs comme des lanternes.

Cette idée de la patrie, de la France où l'on ne
devrait pas être malheureux, cet orgueil d'être
Français, je l'ai retrouvé dans les discours sans
suite d'un grand nombre de malades. A la minute
même où nous écoutons le monologue de cet agité,
un autre aliéné s'approche de Mme Ball, qui accompagne fréquemment son mari dans ses visites, et
que les malades ont plaisir à voir, à charger de
leurs requêtes, touchés de cette grâce, de cette
compassion féminine de regard qu'ils sentent descendre sur eux et qui rafraîchit comme un baume
les douleurs les plus cuisantes. Ce fou, qui se
prend pour un général, remet à Mme Ball une
adresse au ministre de la guerre ainsi conçue :

« Prière à Son Excellence le ministre de la
guerre de faire reconduire à la frontière le nommé
Ball, sujet anglais, qui a manqué de respect à un
général français... »

Il n'y a pas moyen de n'être pas frappé de ce fait : à l'exception des persécutés, presque tous les malades sont ravis de se mettre en scène, de raconter une fois de plus leur histoire devant un public frais, — ils sont presque tous comédiens d'intonation, de geste, d'allures. — Ainsi, tandis que nous lisons le placet du général, un petit homme trapu, remarquant à la visite quelques visages nouveaux, s'efforce, par sa gesticulation et par les phrases qu'il lance d'attirer sur lui l'attention des visiteurs.

— Numéro un ! Le Roi Soleil ! crie-t-il d'une voix de bonisseur en parade.

Et il se renverse la tête en arrière, regarde les nuages fixement.

— Numéro deux ! Changement à vue !

Il rentre sa tête dans ses épaules, s'arc-boute sur ses jarrets dans une attitude de bête accroupie.

— Il représente le lion de Belfort, me dit l'interne, M. Rouillard.

L'homme cligne de l'œil d'un air malin.

— Hé ! non, pas ça ! Tenez, voilà le lion de Belfort. Ce que je viens de vous faire là, — il retombe en position, — je ne voulais pas vous le dire parce qu'il y avait une dame, c'est le lion amoureux !

L'homme qui s'est aligné près de ce rugisseur nous épie d'un petit œil sournois avec, sur les lèvres, un sourire de bêtise cauteleuse.

On me pousse le coude, on me dit tout bas :

— C'est Camille Mercier, le jardinier de Villemomble.

Je regarde l'homme plus attentivement. Sans malformation crânienne, il a la tête petite. Un nez énorme tombe sur de petites moustaches grises coupées en brosse. Il a les mains derrière le dos et, tout en parlant, il tourmente nerveusement le bord de son « yoko » entre ses doigts.

— Je désire, dit-il, être toujours avec mes sœurs, les voir, en attendant notre liberté.

Dans une étude sur *la Responsabilité partielle des aliénés,* M. Ball a publié une curieuse observation sur cet étrange personnage. Je l'ai là sous les yeux.

Camille Mercier avait une profonde admiration pour sa sœur Honorine.

« Ce qu'elle a de révélations, a-t-il dit textuellement dans son interrogatoire, c'est immense. J'en ai aussi, moi, qui ne suis pas à comparer avec elle. Ainsi, Mlle Ménétret, je l'ai vue en vision.

« Je vous assure qu'elle est bien agréable à Dieu. Elle m'est apparue trois fois à Mazas. Quand vous regardez le ciel, vous voyez les étoiles ; je vois aussi facilement Mlle Ménétret. Dernièrement, c'est Euphrasie qui est venue me trouver. Elle m'a appelé par mon nom : Camille. Mais tout cela n'est rien en comparaison avec Honorine, qui a fait des écrits immenses ; c'est magnifique. Quand elle tombe en crises et qu'elle vous parle, vous savez la vérité exacte. C'est Dieu qui parle en elle. Moi qui ne suis pas si savant qu'elle, j'ai pourtant fait venir au monde un enfant. Sa mère était dans les douleurs depuis quatre heures du matin. Il est bon de vous dire que j'allais tous les jours à l'église faire le chemin de la croix. Une voix me dit : « Prends ton livre, dis ce qui va arriver. — Elle va accoucher d'un petit garçon. » Et c'est arrivé. Le monde qui était présent a dit à Honorine : « C'est très bien de la part de votre frère. » Une autre fois, notre propriétaire, M. Renaud, m'a demandé : « Monsieur Mercier, vous qui avez une croyance en Dieu, pourriez-vous nous faire donner de l'eau, ça nous manque. » Je leur en faisais donner à volonté, en priant Dieu. Pour ça, je faisais le chemin de la croix, je me confessais et je communiais. D'ailleurs, j'entends fréquemment des voix. Dernièrement Dieu m'a fait baiser le parquet ; je me disais : « On va me prendre pour un fou, si on me voit. » Mais la voix de Dieu m'a dit de nouveau : « Si tu ne fais pas ce que je te dis, je te châtierai. » J'ai obéi. »

Il n'y a pas que les mystiques qui entendent ainsi des voix. On nous a fait voir, dans un des dortoirs de l'infirmerie, un sujet qui est un cas tout à fait remarquable de folie communiquée.

— Vous avez souvent entendu affirmer, me dit

M. Ball, que l'aliénation était un mal contagieux ;
c'est un des arguments dont se servent le plus
victorieusement contre nous les adversaires des
asiles. Ma conviction personnelle est que la folie
ne se gagne point dans un établissement de fous,
où le mal est répugant à voir dans ses manifestations, mais bien sous le toit de famille, où l'influence du fou s'exerce directement sur tous ceux
qui l'approchent. Vous connaissez l'histoire des
Mercier. Il est arrivé chez ces gens-là ce que l'on
voit toujours en pareil cas : Honorine Mercier, la
plus intelligente de la bande, a détraqué tous
ceux de ses parents qui vivaient près d'elle. C'est
la règle ordinaire : la contagion va d'un esprit
supérieur à un esprit inférieur. Il y a d'innombrables exemples de vieux garçons, vivant en tête
à tête avec leur cuisinière, qui sont devenus persécutés ; bien souvent la servante a épousé leur
manie.

La visite s'est terminée par une promenade
dans le quartier des femmes.

A notre entrée, nous entendons un bruit terrible de coups de pied lancés dans une porte,
avec un grand tapage de cris et de chansons. C'est
une malheureuse qui a un accès furieux et que
l'on a dû enfermer dans une cellule matelassée.

Le professeur ordonne d'ouvrir la porte ; mais
avant il faut parlementer à travers le grillage du
judas.

— Vous ne nous frapperez pas ?

— Non !

— Vous ne nous cracherez pas à la figure ?

— Non !

La porte s'ouvre.

Dans l'entre-bâillement paraît une chambre vide, tapissée, jusqu'à une hauteur de deux mètres, d'étoupes recouvertes de toile cirée. Une femme d'une trentaine d'années est debout au milieu. Elle est entièrement nue et se dresse, en ricanant, dans le nuage que fait autour d'elle son matelas de varech, qu'elle a dépecé.

— Tiens vous voilà, vous ?

Elle vient de reconnaître M. Ball.

Et traînant derrière elle, comme une dépouille, l'effilochement de sa paillasse, elle s'avance tranquillement au bord de la cellule, dans la flaque de soleil, et prend la main du docteur. Elle est très gaie, elle a dans l'œil la fierté de sa révolte et de sa destruction. C'est un spectacle affreux.

J'ai été encore plus troublé pourtant par la vue des deux sœurs Mercier, Honorine et Sidonie.

Nous les avons trouvées dans le réfectoire, à table, en compagnie d'une cinquantaine de femmes. A l'approche de Mme et de M. Ball, elles se sont levées avec des révérences obséquieuses.

Sidonie, qui a tout près de soixante ans, a dû

être fort belle. Le profil, d'une grande pureté, rappelle celui de Marie-Antoinette. Avec sa toilette encore coquette, les boucles de ses cheveux gris bizarrement assemblées sur le front, ses yeux bleus un peu voilés, sa peau très mate, elle a tout à fait l'air d'une grande dame tombée dans le malheur. Elle est loin d'avoir autant d'activité d'esprit que sa sœur. Elle obéit, elle accepte aveuglément toutes les convictions qu'Honorine lui impose. Elle est très réservée, non par système, mais par lassitude. Tout effort semble lui être pénible.

On lui rappelle le voyage qu'elle a fait autrefois à Vienne, où elle a travaillé avec sa sœur comme modiste. Elle répond d'un air dolent :

— Oui, nous sommes allées là, deux fois, pas longtemps, il a fallu partir. Honorine a pensé que c'étaient des gens qui voulaient nous avoir, amant.... maîtresse.... Moi, je n'ai jamais pensé à tout cela.

Elle est bien loin de ce qu'on lui dit. Elle répète comme un écho les phrases de sa sœur, imite ses gestes.

C'est en effet Honorine qui paraît avoir été la cause du détraquement d'esprit définitif de toute la famille.

Elle a cinquante-deux ans, des yeux bruns, toujours errants, des regards très furtifs, très gênants. La figure est d'un modelé singulièrement mouvementé, trop expressive et mobile. La peau, comme celle de Sidonie, très fine, très délicate, donne au visage une grâce particulière; pourtant dans l'expression, dans toute l'allure, Honorine a quelque chose sinon de masculin, au moins de « désexué ».

Cette femme, d'allures câlines, parle une langue choisie. Elle écrit des vers mystiques et de nombreux grimoires. Toute sa vie, elle a été persécutée et elle a eu des visions. La fatalité qui pèse sur elle et sur les siens est cause de la disparition de Mlle Ménétret et de tous les autres malheurs qui ont accablé la famille.

— Mais qu'entendez-vous par « une fatalité », mademoiselle Mercier ?

— Un jour, monsieur, étant dans l'état naturel, j'ai demandé à ma mère de répondre dans un songe si réellement la fatalité existait. La nuit suivante, je fis un rêve dans lequel ma mère m'adressa cette réponse : Lorsque nous naissons, nous sommes marqués d'un sceau au front, et, pour t'en donner un exemple, figure-toi ceci : Quand on envoie une lettre à une destination, on la timbre. Eh bien ! c'est exactement la même chose pour le voyage de la vie. Nous ne pouvons pas ne pas aller où le destin nous envoie.

Et la folle nous conte que depuis la mort de M. de Châteauneuf, son amant, le père de son fils, elle a été souvent en communication avec le trépassé. Elle l'a vu ; il était dans le monde des abîmes, « qui n'est ni l'enfer ni le purgatoire ». Elle a dû y pénétrer pour délivrer son âme et elle a enduré de terribles souffrances dans cette entreprise. Mais elle a réussi, M. de Châteauneuf lui a indiqué l'emplacement où il avait été inhumé. Elle l'a vu percer le mur de son tombeau, et, debout, il lui a adressé ces paroles : « Un démon familier m'a enchaîné dès mon enfance et m'a obligé à faire le mal malgré moi. »

On respire dans le souffle de cette fille une odeur de folie qui grise, et je ne me sens bien à l'aise que quand nous nous retrouvons de nouveau dans le jardin, au bon soleil, au bruit des mouches qui bourdonnent autour d'un parterre de ravenelles.

VII

LA MAISON DE CHARENTON

On ne voit guère défiler dans le cabinet du médecin en chef du dépôt, à la préfecture de police, que des aliénés indigents, en faveur de qui les familles demandent l'assistance gratuite de l'État, ou encore les inconnus que le mal a surpris en pleine rue et qui n'ont pu fournir l'indication ni de leur nom, ni de leur adresse.

Il en va différemment pour les aliénés des classes aisées de la société que la violence ou la fréquence des crises a rendus dangereux pour leurs parents. Les familles désirent éviter, autant que possible, l'éclat d'un enlèvement par les agents de l'autorité; elles préfèrent, pour leurs malades et pour elles-mêmes, le secret de l'internement dans un asile privé.

Ces établissements sont nombreux autour de Paris et dans toute la France; ils sont calqués sur une maison de santé modèle qui appartient à l'État

et où sont exclusivement traités des fous que l'on
soigne à leurs frais : la maison nationale de Charenton.

Je suppose qu'une personne soit subitement
frappée d'aliénation mentale et que, dans son intérêt propre, aussi bien que pour la sécurité publique, un médecin appelé à constater l'accès estime
qu'il convient de recourir à l'internement; aussitôt
ce médecin délivre aux personnes qui ont qualité
pour faire enfermer l'aliéné un certificat où il exposé les motifs de son avis. Et, avec le plus de
douceur possible, afin d'éviter toute appréhension
au pauvre dément, on dirige le malade sur une
maison de santé.

Je me souviens d'avoir fait jadis une de ces dou-
loureuses conduites en fiacre à un camarade que
subitement la folie nous avait pris.

C'était un étudiant en médecine, tout jeune, un
garçon de bel avenir. Un matin de novembre, nous
avions frappé vainement à la porte de sa chambre.
Il s'était barricadé en dedans et il resta sous clef,
sans boire ni manger, trois jours de suite. Il fallut
prendre la fenêtre d'assaut sous une fusillade qui,
par chance, ne blessa personne, terrasser le malheureux et l'emmener lié avec des cordes. Pendant
la route, tout garrotté, il bondissait encore, s'ef-
forçant de briser les glaces avec son épaule.

Et je ne l'oublierai jamais, cette longue course
de voiture à la tombée du jour le long de la berge

morne de la Seine. Un à un nous regardions s'allumer les petits cabarets de mariniers, à la *Matelote*, à la *Belle Nivernaise*, au *Flotteur Morvandiot*, au *Vieux Pilote*, où, en des jours plus heureux, on était venu manger au bord de l'eau des fritures arrosées d'un petit ginglar de Bercy. Le pauvre camarade avait été de toutes ces fêtes-là, il les égayait par sa belle humeur méridionale, et au dessert de ses chansons en patois, auxquelles, du milieu du fleuve, répondaient les ohé! des mariniers.

Et maintenant...

J'avais gardé une impression farouche et fausse de cette maison de Charenton, vue cette fois-là dans le brouillard d'une nuit d'hiver, avec des yeux troubles de larmes. Aussi, l'autre jour, quand je suis venu visiter l'établissement en curieux cette fois, sans angoisse au cœur, — celui que nous aimions n'est plus là, — je n'ai pas reconnu dans ces blancheurs de bâtiments neufs au soleil d'août, dans cette gaieté des jardins, dans ce bourdonnement des abeilles, la maison de mon souvenir, celle qu'on imagine de loin, la triste géhenne de ténèbres et de douleurs.

Derrière une grille gigantesque, au-dessus de laquelle flotte un drapeau, se groupe un quinconce d'arbres : on dirait un mail de petite ville. De chaque côté, deux maisons carrées coiffées de toits plats, en couvercle de boîte à thé, servent d'habi-

tation aux deux médecins de la maison, au docteur
Ritti, qui est chargé du service des femmes, au
docteur Christian, qui est chargé du service des
hommes. Le nombre des malades des deux sexes
est à peu près égal. Il y a environ trois cents hommes soignés à Charenton et trois cent quarante
femmes.

A l'arrivée du malade, on demande tout d'abord
aux personnes qui lui ont fait conduite de produire un certain nombre de pièces exigées par la
loi, savoir :

1° Une demande d'admission, contenant les nom et pré-
noms, la profession, l'âge et le domicile, tant de la personne
qui forme la demande que de celle dont le placement est
réclamé, puis l'indication du degré de parenté ou, à défaut, de la nature des relations existant entre elles ;

2° Un certificat médical sur *papier timbré, légalisé et
ayant moins de quinze jours de date*, constatant l'état
mental du malade, les particularités de sa maladie et la
nécessité de le faire traiter dans un établissement spécial.
Le médecin qui délivre ce certificat doit être étranger à
l'établissement et n'être ni parent ni allié du directeur ou
de la personne qui fera effectuer le placement ;

3° L'acte de naissance ou de mariage du malade, ou
l'extrait sur papier libre de ces actes, et les documents
propres à établir la situation légale.

Puis les parents ou les correspondants du fou
payent la première échéance de la pension et s'engagent par écrit à acquitter régulièrement les
autres termes.

Un des internes du service examine alors le malade ; il l'interroge, ainsi que les personnes qui l'ont amené ; il prend note de toutes les circonstances dans lesquelles l'accès a éclaté. Il s'informe des précédents et des hérédités ; les plus minutieux détails sont consignés dans cette observation, qui est ensuite placée sous les yeux des chefs de service au moment de leur examen.

C'est par les chefs de service qu'est signé le fameux certificat dit des *vingt-quatre heures*, lequel ne suffit point à faire maintenir le malade dans la maison d'aliénés. La loi exige que le nouveau pensionnaire soit placé pendant deux semaines dans une surveillance particulière, et c'est seulement au bout de quinze jours qu'est signé le certificat définitif qui décide de l'internement ou de la mise en liberté immédiate.

Comme Charenton est une maison de l'Etat, cette nouvelle pièce est rédigée et signée par les médecins mêmes de la maison. Dans les asiles privés, c'est un médecin inspecteur, nommé par le préfet, qui fait au malade cette dernière visite et ordonne du maintien ou de l'élargissement.

Comme je le disais tout à l'heure, cette maison nationale de Charenton a été destinée par l'État à servir de modèle à tous les asiles privés. Sa situation est unique. Placée sur un plateau élevé et couvert de verdure, adossée au bois de Vincennes, avec lequel son parc communique, elle a sur les

bassins de la Seine et de la Marne une vue étendue et riante.

Les bâtiments ont été construits d'après les
plans d'Esquirol, dont on aperçoit la statue au
bout d'une allée de tilleuls dans le jardin central,
qui semble un jardin de cloître. La chapelle — un
petit temple grec — domine tout l'édifice de la
hauteur d'un escalier monumental. L'aile droite
du bâtiment est occupée par les dix sections
d'hommes, l'aile gauche par les dix sections de
femmes.

Chacune de ces divisions a ses appartements,
ses salons, ses réfectoires, ses salles de bain, ses
galeries, ses préaux. Des fontaines y font couler
l'eau sans interruption ; toutes les cours sont plan-
tées d'arbres et ornées de plates-bandes de fleurs.
Ces nombreuses divisions permettent de traiter
séparément les différents genres d'aliénation et de
classer toujours les malades d'une façon conforme
à leur état mental.

Au quartier des hommes et au quartier des femmes sont joints deux petits bois ; les malades dont
l'état est satisfaisant peuvent s'y promener tout
seuls ou, les jours de visites, dans la compagnie
de leurs parents. Les médecins sont à cet égard
d'une extrême tolérance. Quand l'état de l'aliéné
ne s'y oppose pas absolument, ils laissent volontiers les pensionnaires aller déjeuner dans la société de leurs proches, hors de l'établissement,

dans les petits restaurants du bord de la rivière. Quelques fous tranquilles vont même de temps en temps passer deux ou trois jours de vacance, en famille, à Paris. D'ailleurs, ils sont traités dans la maison avec une charité, une douceur vraiment parfaites.

J'ai visité tout le service des femmes; j'en ai remarqué de dangereuses, d'étrangement violentes, que des domestiques tenaient par le bras et ne quittaient point d'une seconde; je n'ai pas vu une seule camisole de force. Et tout a été tenté pour adoucir la triste position de ces malheureux. C'est ainsi que, les exercices du corps étant considérés comme un moyen puissant de guérison, des terrains sont mis à la disposition des hommes pour des travaux de jardinage, et des ateliers d'ouvrages à l'aiguille, tapisseries et broderies, sont exécutés par les femmes sous la direction de sœurs Augustines.

C'est le ministre de l'intérieur, qui nomme le directeur de l'établissement, ainsi que les membres d'une commission consultative, pris dans les Chambres, dans le Conseil d'État, dans la Cour de Cassation, la Cour d'appel de Paris et la Cour des Comptes. Cette commission délègue chaque année un de ses membres pour remplir (conformément aux prescriptions de l'article 31 de la loi du 30 juin 1838) les fonctions d'administrateur provisoire des biens des pensionnaires de la maison qui ne sont ni interdits ni pourvus d'un administrateur judiciaire.

C'est par cette commission qu'a été réglée la question du prix et des conditions des pensions, dont les taux ont été fixés ainsi qu'il suit :

Pour les pensionnaires couchant en dortoir :

Première classe........ ..... 1.800 fr.
Deuxième classe........ ..... 1.400
Troisième classe........ ..... 1.000

Les malades pour lesquels on désire une chambre particulière doivent avoir un domestique attaché à leur service personnel, et ces prix de pension sont alors augmentés d'un supplément de 900 fr. De plus, dans la section des dames, il y a un quartier — dans la maison on l'appelle « le faubourg Saint-Germain »—où se trouvent plusieurs appartements séparés, composés d'une chambre à coucher, d'un salon et d'une chambre pour une ou deux bonnes. Pour ces appartements, la pension varie entre 3,000 et 3,800 francs.

La nourriture diffère naturellement avec les classes ; elle est suffisante dans la troisième classe, tout à fait choisie dans la première. D'ailleurs, le menu est quotidiennement placé sous les yeux des médecins en chef de chaque service, qui l'approuvent ou demandent des rectifications en faveur des malades qui suivent des traitements particuliers. Chaque matin, les médecins divisionnaires trouvent cette petite carte, avec leur courrier, posée sur la table de la bibliothèque, et c'est seulement après en avoir pris lecture qu'ils vont faire aux malades, en compagnie de leurs internes et des surveillants, la visite quotidienne.

M. Ritti, chef de service de la division des femmes, a bien voulu me faire assister à une de ces visites générales. Les femmes sont, comme les hommes divisées en trois catégories de malades : les *tranquilles,* les *semi-agitées* et les *agitées.* Nous avons successivement traversé ces trois cercles de croissante horreur.

Tout d'abord, on est favorablement impressionné par le décor. Figurez-vous de petites cours carrées, entourées d'arcades, comme des cloîtres italiens, avec, au milieu des jardins qui embaument et de chaque côté des allées, des grenadiers fleuris dans des caisses. Là-dessus un grand morceau du ciel et, du côté du midi, la vue merveilleuse des deux rivières et d'un horizon illimité.

Sous ces arcades des vieilles femmes tricotent.

Elles ont des yeux d'enfant, trop clairs, des gestes courts, un peu saccadés. Très curieuses, vaguement craintives, elles vous suivent de loin.

M. Ritti aborde l'une d'entre elles qui ne travaille point et regarde devant elle, les yeux fixes ; elle me rappelle, avec sa figure d'ascète, son expression contrainte, les portraits que j'ai vus des vieilles jansénistes du siècle passé qui portaient le

Christ au cou dans un crucifiement des bras parallèle à la tête.

— Eh bien, ma bonne mère, vous tourmente-t-il toujours le démon?

— Ne parlons pas de ça, monsieur Ritti.

Elle fait un geste de défense, comme pour repousser la vision diabolique.

Cette pauvre vieille se croit possédée. Comme tous les malades atteints de folie religieuse, elle refuse de pénétrer dans la chapelle et de s'approcher des sacrements. Elle se croit indigne et elle meurt lentement de sa souillure.

Une personne grasse, costumée comme les douairières du temps de Louis-Philippe, s'approche de nous.

— Bonjour, madame la duchesse.

— Je suis heureuse de vous rencontrer, monsieur le docteur, pour vous remercier de vos soins et vous annoncer que je n'ai plus que peu de jours à demeurer ici.

Et elle ajoute à demi-voix, avec une feinte modestie :

— Sa Majesté me réclame.

— Qui ça?

— Le roi de Hollande.

Nous entrons dans un salon fort convenablement meublé où l'on entend le bruit d'un piano. Chaque quartier a ainsi son salon commun et sa salle de bain. Une femme en noir, encore jeune, avec deux beaux yeux craintifs de terre-neuve, se lève à notre entrée. Une petite personne follette, très ridée, très agitée, qui porte des cheveux gris coupés ras, comme un homme, à l'artiste, est assise dans l'ombre du piano ; elle dessine le profil de son amie. Nous saluons, on nous répond par des révérences cérémonieuses.

On lit dans la bibliothèque beaucoup de romans, et même quelques livres sérieux. Au silence qui règne, on se croirait dans un salon du casino. C'est un petit coin aristocratique où les bonnes femmes n'entrent guère. Elles aiment mieux s'asseoir sur les bancs et prendre le bon soleil. Justement en voici une qui nous aborde, bien vieille, ridée comme une orange dont sa peau brûlée a le reflet. C'est une femme de campagne.

— Quel âge avez-vous, ma bonne mère ?

— Mon âge ! Oh ! il y a si longtemps !

Elle a tout oublié, son nom, son pays, son mari. Elle se souvient seulement qu'elle a eu des enfants et qu'ils sont tous morts. Elle rit quand on lui parle de ces choses passées. C'est une des doyennes de la maison.

Nous passons ensuite dans la section des semi-agitées. La propreté des chambres et des dortoirs est toujours aussi éblouissante, mais on a dû renoncer aux plates-bandes de fleurs, que les malades piétinaient.

A l'écart, je remarque une jeune femme qui se

promène. Elle tient un bouquet fané à la main et le respire à chaque pas.

— C'est, me dit la sœur, une jeune femme mélancolique. Son mari lui apporte un nouveau bouquet chaque dimanche. Elle le garde ainsi toute la semaine et pour dormir le cache sous son oreiller. Elle ne parle à personne. Elle se croit morte. Depuis deux ans que nous l'avons en traitement ici, il faut la nourrir à la sonde.

Mais on a remarqué notre entrée dans le préau et tout de suite des groupes se sont formés. On nous touche, on nous prend par le bras. Une femme injurie le docteur de loin.

— Faut-il que ces hommes soient hardis pour venir dans une maison où l'on commet tant de crimes.

Et, s'adressant à moi :

— Qu'est-ce que tu viens faire ici, canaille?

Le docteur s'efforce de la calmer; il lui explique que je suis un médecin et que je viens visiter les malades.

— Ma foi, monsieur, me dit-elle un peu radoucie, il ne faut pas être surpris de mon accueil, nous ne voyons ici que de malhonnêtes gens.

Il y a dans cette cour une femme qui se prend pour la reine d'Angleterre, une autre qui s'intitule la « sultane chef universelle ». C'est la folie des grandeurs et le délire des persécutions qui fournissent à cette section le plupart de ses malades.

Ces folles sont plus dangereuses pour leurs gardiens que les véritables agitées. L'une d'elles s'est précipitée sur M. Ritti au moment où il s'approchait pour lui adresser la parole. On a eu toutes les peines du monde à la contenir et nous nous sommes esquivés, suivis par toute la meute jusqu'à la porte

Ce spectacle est triste, moins horrible pourtant que celui de la cour des agitées.

On la devine de loin aux bruits des voix, aux gémissements qui s'élèvent.

Presque toutes les malheureuses qui sont là ne veulent supporter aucun vêtement; elles marchent échevelées, pieds nus, dans le sable, ficelées dans de grands sarraux de toile qu'on leur lace dans le dos comme un corset. Elles se jettent en hurlant contre les murs, s'accroupissent pour gémir dans les coins; il faut les surveiller incessamment pour les empêcher de se détruire.

L'une d'elles est venue nous conter qu'elle était la Vierge Marie.

— Oui, je suis la beauté, la perfection, l'amour, la jeunesse.

Elle voit que j'écris, et devenant subitement menaçante, elle me saisit la main, m'arrache mon carnet.

— Écrivez-vous ce que je vous dis? Ajoutez que je suis devenue enceinte de ma propre volonté de deux enfants qui vont naître. On les appellera

Henri de Jésus et Conrad de Jésus. J'ai voulu que cela soit et cela a été.

Nous avons terminé notre promenade par la visite des paralytiques et des tombées en enfance. Après le spectacle de ces effrayantes agitations, la vue de cette immobilité est un repos.

Là, sur une chaise, on me montre la plus ancienne pensionnaire de l'asile. Une femme de quatre-vingt-dix ans. C'est une bonne qui, il y a bien des années, laissa tomber l'enfant de ses maîtres au Jardin des Plantes dans la fosse aux ours. Elle devint folle de douleur. On n'a pas pu la guérir. Encore aujourd'hui ce sont les héritiers de ses maîtres qui payent les mille francs de la pension pour elle.

Dans le salon de cette section d'endormies, j'ai trouvé, assise devant un clavecin, une vieille dame qui porte un des plus beaux noms de France. Toute déjetée, elle semblait dormir, penchée sur son vieux clavecin qui ne faisait presque plus de bruit.

— C'est une charmante femme, me dit la sœur. Elle est devenue folle à la suite d'un incendie de château où elle a failli mourir. Elle joue ainsi presque tout le jour. Souvent elle chante. Elle a une si jolie vieille petite voix fêlée. Chantez donc un peu quelque chose à ces messieurs, madame.

— Mais je voudrais bien, pour vous faire plaisir, ma sœur. Quoi?

— Le *Petit Chat*, vous savez bien?

La pauvre vieille s'agite, trop émue.

— Non, en vérité, je ne me souviens plus.

Elle essaye pourtant, mais le chant ne lui revient point, et elle exécute seulement de ses pauvres doigts raidis un vieil accompagnement d'ariette.

Une heure après, quand nous avons repassé par là, le vieux clavecin jouait encore; il faisait, sous la voûte de la galerie, un bruit mélancolique et monotone, calmant tout de même, et qui m'a laissé dans le cœur je ne sais quel apaisement, après les angoisses de cette cruelle promenade au pays des damnées.

VIII

LE GEOLIER DU BARON SEILLIÈRE

Il me restait, pour terminer cette excursion au pays de folie, à visiter une maison de santé privée, dirigée par un aliéniste libre.

Ce genre d'établissement, — les feuilletonnistes y sont pour quelque chose, — est particulièrement suspect au gros public. En effet, quoi qu'en disent les frondeurs, le contrôle administratif inspire à l'opinion une confiance presque absolue. On comprend sans peine que l'État n'a point d'intérêt à conserver dans sa maison de Charenton, et encore moins dans ses asiles gratuits, des gens de folie douteuse. On peut craindre, au contraire, que le médecin qui ouvre une maison de santé, et qui se fait un beau revenu avec le traitement des malades, soit trop enclin à retenir peu scrupuleusement les bons payeurs, à garder au delà du temps nécessaire les convalescences sous sa clef.

J'avoue que j'ai été tenté de remettre indéfiniment cette dernière visite.

L'aliéniste qui vit au milieu des déments, qui les examine avec une curiosité vraiment scientifique, se blase sur la tristesse du spectacle quotidiennement offert à ses yeux. Il faut entendre de quel ton ces messieurs vous disent : « Ah! nous allons vous faire voir un bien beau cas de *delirium tremens!* » pour comprendre que toutes les impressions sont ici transposées : l'intérêt supérieur de l'examen transfigure tout. Mais pour celui qui vient là en observateur d'occasion, avec des élans de pitié toute fraîche et des économies d'attendrissement, le spectacle est insoutenable ; il laisse dans l'esprit des souvenirs qui persécutent, au cœur une angoisse qui ne se détend pas vite.

Il a fallu la publication, dans le *New York Herald,* du journal intime de M. le baron Seillière, pour m'engager à passer encore une fois le seuil d'une demeure de fous et à visiter une de ces maisons de santé privées dont les bonnes gens ne longent pas les murailles sans trembler, et à qui les lecteurs de romans à un sou la livraison montrent de loin un poing furieux.

Ces établissements sont nombreux autour de Paris; auquel devais-je donner la préférence? Les circonstances m'indiquaient de choisir la maison de M. le Dr Falret. Aussi bien, M. Laborde, médecin inspecteur de la préfecture de police,

m'avait-il vivement conseillé cette démarche ;
d'autre part, M. le Dr Ball avait gracieusement proposé de m'accompagner dans ma visite.

La maison de santé qui a été fondée par l'illustre aliéniste Falret, et qui est aujourd'hui dirigée par son fils, est située à la lisière des deux
communes de Vanves et d'Issy ; elle enferme dans
ses murailles un parc de quinze hectares. On arrive, par les petites rues tortueuses du village de
Vanves, devant une porte pleine. A l'appel du
cocher, les battants tournent sur leurs gonds, et
notre victoria fait rapidement le demi-tour d'une
cour sablée.

Long et bas, le pavillon d'habitation du docteur
ferme de ce côté l'horizon de la cour et masque les
jardins ; mais, à travers les fenêtres vitrées de
l'antichambre à courant d'air, on aperçoit, de
l'autre côté de la maison, des pans encadrés de
pelouse.

M. le Dr Falret vint à notre rencontre.

C'est un homme d'une soixantaine d'années :
mince, de taille moyenne, entièrement rasé, très
chauve, il porte, rejetées derrière l'oreille et coupées droites à la base, les mèches ondulées d'une
couronne de cheveux blancs. Le profil est d'une
délicatesse charmante, le nez presque trop fin. Le
menton un peu long et la timidité réelle du regard
donnent à tout le visage une expression de bonté

craintive. Les épaules très tombantes, le docteur marche la tête inclinée en avant.

J'ai fait, ces derniers temps, le tour du monde des médecins aliénistes. Partout, dans le cabinet des professeurs, à la salle de garde, dans les causeries des internes, j'ai entendu louer, presque avec passion, la rare délicatesse de cœur, l'élévation morale et la science profonde de M. le Dr Falret. L'ordre du jour des membres de la Société médico-psychologique, qui, dans la séance du 27 juin 1886, ont tenu à assurer MM. Falret et Motet de leur haute estime, a été accueilli avec une joie très vive dans le monde médical, où les violentes attaques dirigées contre deux hommes universellement aimés avaient causé une véritable consternation.

— Vraiment, m'ont dit tous ceux qui m'ont parlé de cette triste affaire, le blâme ne pouvait pas plus mal tomber, la calomnie ne pouvait pas plus odieusement choisir sa victime. Si ceux qui ont attaqué M. Falret avec tant de violence n'avaient pas le loisir de venir à Vanves se rendre compte des faits par eux-mêmes, au moins auraient-ils bien pu aller à la Salpêtrière, où M. Falret est médecin, pour interroger les internes et les pensionnaires du service. Peut-être après cela n'auraient-ils pas osé attrister comme ils l'ont fait, un homme de bien dont la vie a été un long dévouement à la science et aux malades.

M. le docteur Falret est loin d'être remis de cette algarade.

— Vous allez voir, monsieur, m'a-t-il dit avec un sourire amer, ce que l'on a appelé mes cabanons ; voilà une clef qui ouvre tous les pavillons des malades, nous entrerons où vous voudrez.

Nous traversons la maison, nous entrons dans le parc.

C'est un lever de rideau admirable. Des peupliers géants montent de la pelouse, où zigzague une petite rivière. Un cirque d'arbres ferme l'horizon. De loin, dans les sentiers du gazon, nous voyons des malades qui se promènent, suivis à quelques pas par leurs domestiques — car le docteur Falret est un des aliénistes qui croient le plus à l'efficacité de la liberté comme moyen curatif de la folie.

Nous tournons à droite pour visiter les pavillons. Il y en a, en tout, une vingtaine ; ils sont disposés comme des alvéoles de ruche, tout à l'entour du parc. Ils sont perdus dans les arbres; on ne les aperçoit point de la pelouse. Chacune de ces petites villas est isolée par une palissade élevée et par une sorte de sentier de ronde de la villa voisine. On ne tolère nulle part de portes mitoyennes au travers desquelles les malades pourraient communiquer entre eux. Les jardins sont d'une variété de dessin charmante. L'un d'eux n'est qu'un berceau de capucines en fleurs. Un autre est tout planté de fraisiers que le malade cultive. Il y a partout des tonnelles, des bancs de repos.

Les habitations sont d'un aspect riant. Malgré soi, on s'écrie quand on entre :

— Mon Dieu ! je voudrais bien être assuré pour mes vieux jours d'une pareille demeure.

On a peine à se figurer que la douleur et la maladie logent là.

La plupart de ces chalets ont été achetés dans des expositions. Un grand nombre n'ont qu'un étage. Ils possèdent tous une salle de bain, un salon boudoir et plusieurs chambres à coucher, pour le malade et ses domestiques. Le désir d'ouvrir beaucoup d'entrées à la lumière a fait installer au-dessus des cheminées des glaces sans tain. Toutes les fois que la maison possède un étage, l'escalier est bâti sans cage, pour éviter les accidents. D'ailleurs, le malade est toujours sous la surveillance d'un ou de plusieurs domestiques.

J'ai demandé à M. Falret s'il tolérait auprès des aliénés en traitement des personnes de service amenées par le malade lui-même.

— Oh ! non, m'a-t-il répondu. Ces gens-là ne nous obéiraient pas, et nous avons besoin d'être les maîtres ; puis, ces domestiques ne manqueraient pas de rabâcher à leur malade une foule d'histoires anciennes, affaires de famille, dissentiments, querelles, qui bien souvent ont contribué à mettre le fou dans l'état où il est. Il importe de le séparer de tous ces souvenirs, de toutes ces influences. Vous allez voir, d'ailleurs, que nous mettons beaucoup de tact dans le choix de ces serviteurs imposés.

Nous venons d'entrer dans un petit chalet habité par un homme du monde, encore jeune, fort riche. C'est l'heure du repas ; le malade dîne seul dans une salle à manger presque luxueuse. Un maître d'hôtel en livrée le sert dans de la vaisselle plate. Très poliment, son œil bleu souriant, il nous invite à visiter sa demeure. La table du boudoir est encombrée de menus objets de fumeur. Un jeu de pipes d'écume, admirablement culottées, est disposé en éventail sur la table. La chambre à coucher est décorée de meubles de Boule infiniment précieux. Ce malade est démeuré entouré du luxe et des soins auxquels il était habitué autrefois.

Mais il y a des cas d'agitation où il est impossible de donner ce confort à l'aliéné. Dans un des chalets visités ensuite, nous avons trouvé, assise dans le jardin sur un banc, une femme hagarde, échevelée, qu'une servante contenait à grand'-peine, et qui se débattait contre la trompette qu'on s'efforçait de lui faire boire.

Elle se lamentait sans trêve, à demi-voix, étendant ses pauvres mains devant elle.

— Je suis morte... je suis partie... il y a long-temps...

— C'est une gémisseuse avec délire de négation,

nous dit M. Falret. Elle serait dans un asile public qu'on devrait recourir à la camisole et à la sonde pour la nourrir. Il faut parfois passer des demi-journées pour arriver à lui faire prendre son repas.

Le docteur ouvre une porte et, subitement, nous nous trouvons hors du parc dans la rue.

Devant nous est la grille cochère d'une villa qui fait l'angle de deux chemins : à gauche la rue de Clamart, à droite la rue de Chevreuse. La grille est flanquée de deux petites portes surmontées de vases de fleurs ; on n'aperçoit pas la maison, perdue dans un bouquet d'arbres.

C'est dans cette villa qu'a été soigné le baron Seillière.

Avant d'entrer, M. Falret nous montre dans un champ à gauche un maraîcher qui travaille.

— C'est cet homme-là dont on avait acheté les services. Il devait faire le guet et avertir les deux messieurs, qui s'étaient installés dans la rue de Chevreuse avec des toiles et des chevalets, comme des paysagistes, de la minute où le baron traverserait la route pour passer de sa propriété dans mon parc. J'étais prévenu, j'ai dû prendre les plus grandes précautions pour éviter l'enlèvement, et d'abord j'ai fait établir cette double enceinte.

La porte est franchie, nous nous trouvons en face d'une seconde porte, une palissade qui fait au jardin de la villa une ceinture intérieure.

De grands ombrages encadrent une pelouse ronde sur laquelle on voit encore la trace de la promenade du baron. L'herbe est foulée circulairement comme une piste de manège. A droite de la maison s'élève, noir, crevant le ciel, un cèdre du Liban.

— J'ai passé là, nous dit le docteur, une des plus mauvaises journées de ma vie. Oh ! je n'oublierai pas la date, c'était le jour de l'interpellation à la Chambre. Le baron a eu plusieurs syncopes de suite. J'avais fait amener son lit au grand air ; j'ai passé trois heures à le rappeler à la vie. De temps en temps, il ouvrait les yeux, il me serrait la main ; il me remerciait, puis il m'échappait de nouveau. J'avais avec moi mes deux aides, MM. les docteurs Cottard et Potier, un prêtre qu'on avait appelé, le secrétaire du préfet de police et le curateur du baron. M. Seillière avait eu un accès violent dans la nuit et il avait défoncé deux portes. Aussi nous avions été obligés de le descendre de la chambre du premier dans une chambre du rez-de-chaussée, où il n'y a pas de rideaux au lit. Pendant que nous le rappelions à lui, une dame de ses parentes était placée derrière la palissade que vous voyez là. Elle a assisté à toute la scène. C'est dans l'après-midi du même jour que M. Seillière a déshabillé un lieutenant-colonel de ses amis, qu'il l'a obligé à se promener avec lui, tout nu, et qu'il l'a frictionné sur le gazon.

Le jour où le préfet de police est venu nous voir, le baron était dans une phase de délire ambitieux. Du plus loin qu'il a aperçu le préfet, il lui a crié :

« A genoux, Gragnon, à distance, chapeau bas, prosterne toi devant le fils de Mahomet. »

Et il a tout de suite entraîné son visiteur dans une pièce du rez-de-chaussée qu'il avait consacrée à la sainte Vierge, à Junon et à Mahomet. Le préfet a été très crâne ; le secrétaire craignait pour son chef et voulait pénétrer dans la chambre, mais M. Scillière s'y est opposé.

« Ne crains rien, Gragnon, disait-il, rien pour ta place, je te confirme définitivement dans tes fonctions. »

Avec cet état d'excitation alternaient des idées de persécution. Pendant plusieurs jours, le malade n'a voulu avaler que du lait qu'il allait traire lui-même dans la vacherie, ou bien il se jetait à plat ventre dans la cressonnière du parc et mangeait à même. Toujours hanté de ses idées d'empoisonnement, il avait imaginé d'introduire un goujon dans sa carafe.

« S'il vit, disait-il, c'est que le liquide n'est pas empoisonné. »

Mais il jetait dans l'eau de la terre, des feuilles, une foule d'ordures ; le goujon mourait, et alors le baron entrait dans des colères épouvantables.

« Vous voyez bien, hurlait-il, que vous en voulez à mes jours. »

Nous montons au premier étage de la villa — une jolie maison de briques roses et blanches. Au premier palier à gauche, il y a sur le devant un petit salon meublé de fauteuils de velours sombre et d'un secrétaire qui porte, sous un globe, toute une volée d'oiseaux-mouches empaillés. Au milieu est une table ovale recouverte d'un tapis. C'est sur cette table que le baron a écrit le journal qui a été publié par le *New York Herald*.

M. Falret m'a fait voir tout un dossier d'écrits du malade, tracés d'une grande écriture saccadée et incohérente, au bas desquels le baron a invariablement tracé son nom dénaturé «Cheillière». Une de ces lettres est adressée à M. Renan :

« A Monsieur RENAN ,
       « à l'*Académie française*.

« Mon cher Renan,

« Lorsque vous faisiez avec Mariette, en 1867, vos études pour écrire la *Vie de Jésus*, je vous accompagnais et vous observais... »

Une autre du **21** juin :

« Au singe et descendant du singe, Cottard (le docteur adjoint), si tu ne mets pas ordre à ce que l'on ne me serve plus des choses que je ne dois pas manger, dont tu sais le secret, tu périras dans des tortures affreuses, et je vouerai ta race aux souffrances éternelles. »

Enfin, ce morceau :

« Note pour le gouvernement de ma province de Gaule : le cheik Gragnon télégraphiera au grand aléma d'accourir de Constantinople pour se prosterner devant le prophète, petit-fils de Mahomet. »

(Traduire en arabe par la légation de mon vassal.)

N.-B. — Important pour éviter de grands massacre.

Entre temps le malade avait des moments de lucidité ; il se rendait compte de son état, remerciait le docteur et ses gardiens ; c'est ainsi que, dans ce même mois de juin, il a adressé au docteur Falret la lettre suivante :

Juin 1887.

« Mon cher docteur,

« Je me fais un véritable plaisir de vous constater par écrit ce que je ne cesse de penser depuis ma demeure dans votre établissement, qui est, sous tous les rapports, propreté, cuisine, moralité, discipline, soins médicaux, personnel, vous et vos lieutenants, vos employés en un mot, une perfection autant que les choses humaines peuvent l'être.

« C'est une douce joie pour moi d'avoir trouvé

au moins une chose morale et logique dans ma malheureuse ancienne patrie.

« Croyez-moi votre ami sincère et dévoué,

« Baron Raymond Seillière. »

Et, quelques heures avant son départ pour l'Amérique, dans un élan de reconnaissant souvenir, le baron a envoyé du Havre une chaîne d'or à la petite fille d'un des surveillants.

Dans les derniers temps de son séjour, M. Seillière dînait une fois par semaine, le mercredi, à la table de M. Falret. Il y a ce jour-là réception ouverte à Vanves, et le docteur a l'usage de réunir à ses convives ceux de ses pensionnaires qui se distinguent par leur apaisement.

J'ai dîné ce jour-là dans cette société un peu mélangée : professeurs d'aliénation mentale, jeunes internes, parents, amis et pensionnaires du docteur. On éprouve, je le confesse, un petit vertige quand, pour la première fois, on se trouve dans une réunion de ce genre. On se penche timidement à l'oreille de son voisin, et tout bas, très bas, on lui demande, en désignant du coin de l'œil un des convives :

— Et celui-là, est-ce qu'il est fou ?

On ne tombe pas toujours juste. Il n'y a rien qui ressemble à un homme parfaitement raisonnable comme un fou qui se surveille.

J'étais placé près d'un monsieur d'une cinquantaine d'années qui n'avait rien de remarquable qu'un nez très long —le nez de David la Gamme — et que tous les amis de la maison appelaient familièrement par son nom de baptême : M. Michel.

On m'avait prévenu que c'était un fou érotique. Bien que je lui aie perfidement tendu la perche pour le faire tomber dans sa monomanie, il est resté dans une correction irréprochable de discours.

Ayant appris que j'étais journaliste, il m'a fait un éloge ému de la presse française.

—Je suis moi-même abonné à un journal quotidien, mais systématiquement je ne lis jamais que les collections de l'année dernière. Il n'y a rien qui me soit plus insupportable, quand arrive un événement intéressant, un crime, un incendie, un duel, que d'être obligé d'attendre au lendemain pour savoir la suite. Grâce au parti que j'ai pris, j'évite cet inconvénient.

Cet ingénieux aliéné m'a fait un grand éloge du Dictionnaire de la Conversation. Il a parlé avec mépris des autres malades :

—Des fous, monsieur, — des gens qui demandent à sortir !

Il songe souvent, la nuit, quand il ne dort point, qu'à Paris beaucoup de lampes sont allumées et qu'un grand nombre de gens travaillent penchés sur des livres.

— Et cela me casse la tête de rêver à cela. Quand j'en parle à M. Falret ou à M. Cottard, ils me répondent : « Ne vous tourmentez pas de ces choses-là, monsieur Michel. » Et je fais comme ils me disent, car ces pensées me fatiguent.

La nuit venue, la lune levée, nous avons fait un dernier tour de parc, avant de partir.

La petite rivière fourmillait d'étoiles, un frisson faisait trembler les grands peupliers. La pelouse se perdait dans l'ombre et le silence.

Oui, ce parc, ces eaux, ces verdures, tout cela est d'une beauté admirable. Pourtant, j'ai été pris à cette heure nocturne, dans ce magnifique décor, d'une mélancolie plus douloureuse qu'à la traversée des cours d'asile où les malades tournent en rond comme des bêtes encagées, car jamais je n'ai senti si fort qu'en face de ce luxe de vie la suprême impuissance des hommes à éviter la douleur.

CHEZ LES ESCARPES

I

UN CABARET D'ASSASSINS

Quelques jeunes et jolies Parisiennes, de celles qui aiment bien à s'amuser et qui n'ont pas trop peur qu'on parle d'elles, ont reçu, au mois de mars dernier, la circulaire suivante :

« Vous êtes certainement, comme nous, effrayées de la fréquence des attaques nocturnes ; il s'agit d'y mettre un terme — au moins en ce qui nous regarde.

« Réclamer la protection de la force publique est chose illusoire. Nous avons pensé que le seul moyen de remédier à cette situation était de nous créer des relations parmi les voleurs et les assassins, — de fort braves gens, en somme, que nous avons le tort de ne pas connaître assez.

« De là un malentendu regrettable qu'il serait

aisé de faire cesser par l'établissement de bons
rapports entre ces messieurs et nous.

« Dans ce but, nous donnons, au milieu d'eux,
un déjeuner samedi prochain, au *Père Lunette,* rue
des Anglais, à une heure. Nous vous prions de
vouloir bien y assister.

« Nous viderons avec MM. les voleurs et les assassins quelques coupes de champagne. Cette marque
d'estime et de sympathie leur sera d'autant plus
sensible que, jusqu'ici, elle leur a été obstinément
refusée, par suite de préjugés absurdes au-dessus
desquels nous n'hésitons pas une minute à nous
placer... »

Vous devinez que pas une des invitées ne voulut
manquer à cette petite fête. Elles avaient fait ce
jour-là une toilette couleur de muraille, toute
simple, sans bijoux ; ces messieurs étaient venus
les chercher, coiffés de chapeaux mous, des nerfs
de bœuf à la main, un vague défi dans les yeux.
On quitta les voitures assez loin du rendez-vous
et l'on alla à pied, par les petites ruelles mysté-
rieuses, jusqu'au cabaret des chourineurs. Quel
délicieux serrement de cœur en entrant ! Il n'y a
pas de volupté qui, pour des raffinés, vaille les
émotions de la peur et ce petit frisson qu'elle fait
monter à la nuque.

Et toutes ces jeunes femmes revinrent de leur
expédition diurne fières comme des conscrits qui
auraient vu le feu. Elles ne se doutaient pas une

minute qu'on leur avait fait voir des chourineurs pour rire — les vrais sont couchés à l'heure du lunch.

Une autre fois, si vraiment elles ont la curiosité de surprendre quelque chose de la vie des rôdeurs de nuit, si elles souhaitent d'avoir une vision pittoresque, exacte de leurs tavernes, elles feront bien de ne pas annoncer leur visite à l'avance, mais de tomber un soir, à l'aventure, entre onze heures et minuit, dans un des bouges de la rue Maubuée ou de la rue du Château-des-Rentiers.

Il y a quelques années, un soir qu'après un bal, je descendais le boulevard Saint-Germain en voiture dans la compagnie d'une jeune femme ; je fis la proposition de nous arrêter au coin de la rue des Anglais, pour aller visiter le cabaret du *Père Lunette.*

— C'est la belle heure, disais-je, afin de décider ma compagne. Ces messieurs ne sont pas encore sortis pour « travailler » ; il y a au moins deux heures qu'ils boivent ; nous allons tomber au milieu des chansons et des expansions. Ne craignez rien, je suis honorablement connu dans la maison, on nous fera certainement bon accueil.

On fit ce que je proposais, et bras dessus, bras dessous, la voiture ne pouvant entrer dans la ruelle trop étroite, nous nous glissons le long des horribles maisons jusqu'au cabaret.

L'établissement du *Père Lunette,* peint en rouge

sang, est reconnaissable à un magistral binocle dessiné sur la vitre avec deux yeux bleus derrière les verres qui vous regardent. Des rideaux d'ardrinople empêchent de voir du dehors ce qui se passe dans la boutique.

Au moment où j'ouvrais la porte, ma compagne aperçut d'un coup d'œil rapide l'intérieur de l'estaminet, elle me serra le bras et fit en arrière un mouvement pour fuir ; mais, tout de suite remise, elle entra courageusement.

La première salle du cabaret est presque entièrement occupée par le comptoir. En face sont disposées de petites stalles comme on en voit dans les chœurs d'église. C'est là que les garçons apportent, assoient et sanglent avec des ceintures de cuir les femmes ivres-mortes qui font trop de bruit dans la salle du fond. Tous les quarts d'heure, on jette un seau d'eau devant ces dames et l'on donne un coup de balai vers la rue.

Les consommateurs se tiennent au fond dans une seconde pièce fermée, qui ouvre sur la cour du garni à la nuit, où l'on a arrêté Gamahut, un des habitués de la maison. La salle, petite — une trentaine de personnes tout au plus peuvent s'y asseoir autour des tables, — est toujours pleine d'un public étrange : quelques maçons échoués dans ces garnis, pour payer moins cher qu'ailleurs, mais surtout des escarpes, des jolis cœurs de barrière, tous ceux que le bagne et la prison ont revomis sur le pavé de Paris, pourris corps et âmes, pervertis pour toujours. Les femmes sont nombreuses. Des fillettes de quinze ans avec des cheveux dans des résilles, des chlorotiques blanches et roses comme des fondants, des mégères à cheveux gris, des inclassables, des filles à tête de clowns, pâles de plâtre avec les taches de sang de la phtisie sur les joues.

Tous ces gens-là ne mangent guère, ils boivent. Une inscription sur la muraille avertit *qu'il n'y a pas de consommation au-dessous de dix centimes.* Le Père Lunette verse lui-même et pose négligemment sa main sur le verre jusqu'à ce que le client ait fait voir ses deux sous ; alors, d'un double geste rapide, l'un tire le verre à soi, l'autre la monnaie, et cela en souriant, en causant, sans se fâcher, il est tout naturel, n'est-ce pas, qu'entre honnêtes gens on prenne ses petites précautions ? Ces défiances ne blessent personne.

Au moment où nous entrons, le silence se fait. Les consommateurs jettent un coup d'œil rapide sur cette jeune femme en toilette de bal, bras nus et couverte de bijoux, puis ils baissent les yeux, regardent en dessous.

Il faut expliquer notre présence.

Je demande très haut :

— Est-ce que M. Fantin est là ?

Quelqu'un répond :

— Il est soûl.

Puis un concert de voix crie en chœur :

— Ohé ! Fantin ! éveille-toi. V'là des clients qui viennent pour te voir travailler.

Sur le dernier banc, au fond de la salle, un grand garçon se lève avec un grognement d'ivrogne. Il y a comme un voile sur sa belle figure que le vice a fanée. Les yeux éteints, presque aveugles, font peine à voir.

Fantin s'approche, me reconnaît, s'excuse.

— C'est une dame, lui dis-je, qui aime les poètes ; je lui ai parlé de vous. Elle a désiré venir vous entendre.

Fantin salue gracieusement. Ce malheureux a été éduqué et instruit. Il est bachelier. Il fait des vers. Il les débite, debout sur les tables, d'une voix de cuivre toute trouée, où des notes manquent, avec une exaltation d'inspiré, un coup de vent de barricade dans les cheveux.

Ce soir-là, il fait quelques façons pour réciter, il se défend, il dit que cela n'en vaut pas la peine. Mais toute la salle, flattée de notre curiosité et de la confiance dont nous faisons preuve, hurle en chœur :

— Allons ! Fantin, ne fais pas ta poire !

Le poète monte sur une chaise. Il récite une assez longue pièce où il décrit l'établissement.

Voici quelques-uns de ces vers :

A gauche, en entrant, est un banc
Où le beau sexe en titubant
          Souvent s'allonge.
Car le beau sexe, en cet endroit,
Adore la chopine et boit
          Comme une éponge.

A droite, un comptoir en étain
Qu'on astique chaque matin.
          C'est là qu'on verse
Les rhums, les cognacs et les marcs
A qui veut mettre trois pétards
          Dans le commerce.

Puis, Fantin passe en revue les fresques grotesques qui décorent les murs :

En costume de chiffonnier
Diogène, vieux lanternier,
          Observe et raille,
Semblant tout prêt à ramasser
Les hontes qu'il voit s'amasser
          Sur la muraille.

Les pieds posés sur un dos vert,
Une Vénus de la Maubert,
          Mise en sauvage,
Reçoit des mains d'un autre dos,
Une cuvette pleine d'eau
          Pour son usage.

Cassagnac, on ne sait comment,
Arrive juste en ce moment,
          Toujours sévère ;
Et Gambetta, plus libertin,
Fixe ardemment sur la catin
          Son œil de verre.

Gambetta, toujours peu flatté,
Se retrouve décapité
          Dans sa sonnette,

Observant d'un œil polisson
Un autre groupe où le poisson
        Porte casquette.

Le chien, la maîtresse et l'amant
S'en vont tous trois, fièrement
        Et haut le ventre,
A la conquête de celui
Qui sera ce soir le mari,
        Disons le pantre !

Puis deux êtres qui ne sont qu'un.
Femelle blonde et mâle brun,
        Ardents, farouches,
Dans l'ovale d'un médaillon,
Se font un amoureux bâillon
        De leurs deux bouches.

Toute la salle écoutait dans un religieux silence, les yeux fixés sur nous, guettant des signes d'admiration.

Et, dans ce recueillement, une jeune personne à qui son voisin venait de voler sa prune à l'eau-de-vie ayant articulé un juron énergique, un monsieur se leva en face d'elle qui lui asséna sur la tête un formidable coup de casquette en prononçant ces mots épiques :

— Dis donc, toi ! où te crois-tu ici ?

Et cette phrase comique ne nous fit pas sourire, car, au fond, c'était un hommage naïf, presque touchant, rendu par ces infâmes, à la grâce et à la beauté d'une femme.

II

ANDRÉE SACÉPÉE

Je passais l'autre jour dans cette vieille rue
Racine, où les blancheurs neuves de l'École de
Médecine font une tache aveuglante qui force à
lever le nez de dessus le bouquin que l'on vient
d'acheter sous les galeries de l'Odéon et que l'on
parcourt en descendant le trottoir, à petits pas,
coudoyé par les passants qui se croisent.

Ayant donc fermé mon livre et levé les yeux,
j'aperçus à ma droite, dissimulé derrière les carreaux pseudo-gothiques d'une des innombrables
brasseries qui occupent presque tous les rez-de-
chaussée de ce pâté de maison, un écriteau ainsi
conçu :

ICI

ANDRÉE SACÉPÉE

Aussitôt je me souvins d'avoir lu, dans les faits
divers d'un journal, qu'un patron de taverne, doué

d'un sens tout à fait moderne de la réclame, avait engagé à son service, au sortir de l'hôpital, la victime de l'assassin Roblot. Et j'eus la curiosité d'entrer, moins pour voir que pour écouter ce que pourrait me conter cette fille. On n'a pas tous les jours l'occasion d'entendre de la bouche même d'une assassinée le récit de ses impressions.

Il était à peine deux heures de l'après-midi, et, outre la caissière, il n'y avait dans la brasserie, au moment où j'y entrai, que deux filles assez belles, soigneusement frisées et maquillées, qui comptaient leurs jetons au coin d'une table. Andrée Sacépée était occupée, au premier, à exhiber ses cicatrices à un notaire de province amené par son fils.

En attendant, j'interrogeai une des filles qui étaient là sur sa camarade.

Entre autres choses, elle me dit qu'Andrée était rouennaise, fille d'ouvriers filateurs, et qu'elle ne s'appelait pas tout à fait Sacépée, le nom a été un peu arrangé — cherchez un pseudonyme comique, très rabelaisien. Sac-à-...? — Vous y êtes. Quant au caractère d'Andrée, tout le monde s'accordait à louer sa douceur et sa gaieté :

— Une gaieté d'aveugle, dit une voix derrière moi.

Je me retournai et je me trouvai en face d'un homme en manches de chemise, qui avait une serviette à la main et un torchon sous le bras ; il me parut que ce garçon de vaisselle était un homme de lettres tombé dans le malheur, quelque philosophe qui appréciait à son juste prix la résignation souriante d'Andrée Sacépée.

Là-dessus, un bruit de voix dans l'escalier en colimaçon m'avertit que l'assassinée descendait.

Je vis une fille dans les vingt ans, brune, petite et maigrelette, presque une gamine. Autant qu'on peut en juger, aujourd'hui que son pauvre visage réduit en bouillie et tout ficelé de cicatrices n'a plus un trait en place ni deux lignes d'accord, Sacépée n'a jamais été jolie ; mais elle devait posséder une grande fraîcheur de peau, un teint éblouissant et un certain éclat de jeunesse.

Et puis, sans doute, il y avait sous les grands amours qu'elle a inspirés quelque piège d'alcôve où voulaient tomber les hommes, puisque, avant Roblot, Sacépée a déjà causé dans sa vie le suicide d'un garçon boucher, son amant, que le refus du mariage avait poussé au désespoir.

Traînant un peu sa jambe gauche, dont le jarret avait été presque coupé, Sacépée était venue s'asseoir en face de moi, je lui dis que j'étais entré pour la voir, et tout de suite elle me conta la petite histoire qu'elle récitait, un instant avant, au notaire, et qu'elle a dû répéter à bien d'autres encore.

« Je connaissais très peu M. Roblot. » (Sacépée ne prononce jamais le nom du garçon coiffeur sans le faire précéder de ce « monsieur », haut sur échasses, qui prend dans la bouche de la pauvre fille une dignité tout à fait comique.) « Ce matin-là, j'avais eu le malheur de le recevoir. Il s'était levé et faisait sa barbe, tandis que j'étais encore au lit. Tout d'un coup il s'interrompt pour me demander si je voulais me mettre en ménage avec lui. Je lui répondis : Ni avec toi ni avec personne. Alors il devint tout de suite furieux, il se rapprocha du lit et me menaça avec son rasoir. Puis, comme je le bravais, il me porta un premier coup. J'avais fait un mouvement pour me retourner, lui échapper. La lame m'entailla tout le cou auprès de la nuque, ici..... »

Et, écartant sa collerette, elle me montra une estafilade rouge et profonde qui, contournant le cou, descendait en ligne droite par devant, entre les seins, sur la poitrine.

« Quand M. Roblot vit mon sang couler, il devint tout à fait furieux et me porta encore trente et un coups avant de s'enfuir.

« Je vais vous montrer ça. »

Là-dessus, Sacépée commença à déboutonner son corsage, un maigre petit corsage noir de nourrice facile à mettre et à défaire, taillé tout exprès pour ces exhibitions.

Et si vous aviez vu cette pauvre poitrine tailladée, cette horrible lézarde crevée dans la chair, ce corps haché menu dans un affolement de misérable, qui, le premier coup porté, s'étant senti perdu, avait voulu se venger sur sa victime avant de mourir lui-même.

Et je me représentai la scène, dans cette petite chambre de la rue Monsieur-le-Prince, claire comme une lanterne, ou un de mes amis avait logé autrefois, au temps où des étudiants habitaient encore le vieil hôtel et lorsque les blanches « matinées » de Sacépée et de ses camarades n'apparaissaient pas encore à toutes les fenêtres de la façade.

Cependant Sacépée ayant reficelé son corsage, je lui demandai :

— Avez-vous tout de suite perdu connaissance?

— Non, me dit-elle, je ne me suis évanouie qu'en arrivant à la Charité, parce que je perdais trop de sang. Et même, je me souviens bien que, tandis qu'on m'emportait, cette idée m'est venue : Comment ferai-je maintenant pour gagner ma vie? J'essayais de remuer mon bras pour voir si mon pouce était détaché de la main. Et quand j'ai senti qu'il tenait, ça m'a donné du courage. Je me suis dit : Je pourrai encore travailler; je me ferai laveuse de vaisselle, je ne mourrai pas de faim.

Vous comprenez bien, n'est-ce pas ?

Tandis qu'on l'emmenait, toute sanglante et dépecée sous le tendelet de coutil, ce n'est ni le désespoir ni la pensée de la mort qui lui sont apparus; mais tout de suite, avec cette stupéfiante résignation que les petites gens ont devant les coups du sort, la pauvre créature a accepté son malheur, et, avant de perdre le sentiment, elle a arrangé sa vie, elle s'est évanouie sur l'espérance du pain qu'elle pourrait encore gagner.

J'engage les pessimistes qui liront ces lignes avec stupeur à aller demander à la pauvre Sacépée le secret mystérieux de la joie de vivre.

III

L'AMOUR ET L'ARGENT

Les amateurs de chorégraphie tintamarresque,
qui trouvent trop « spiritualiste » la danse de
M⠀ˡˡᵉ Cornalba, entouraient l'autre jour dans une
des salles du Palais, où elle était venue déposer
comme plaignante, la Terpsichore naturaliste de
l'Alcazar, M⠀ˡˡᵉ Louise Weber, plus connue sous le
surnom de La Goulue.

Le prévenu, une espèce d'hercule, sans front,
avec un casque de cheveux noirs et drus descendant bas sur les sourcils et sur les tempes, répondait, très digne, d'une voix mélancolique, aux
questions du président :

— Je m'appelle Charles Tazzini.

— Sans profession ?

— Homme de confiance.

— Qu'entendez-vous par ces paroles ?

— Je veux dire que, depuis trois ans que je me
suis mis en ménage avec M⠀ˡˡᵉ Weber, — c'était

moi qui avais apporté le bois de lit, c'était elle qui avait apporté le matelas, — j'ai toujours eu ses intérêts à cœur comme les miens, et je lui ai toujours donné de bons conseils. Louise a un grain de folie dans le corps, moi j'ai toujours été sérieux; je pensais à l'avenir; j'engageais Louise à faire des économies; je me chargeais de ses placements. Depuis qu'elle a cessé de battre le linge pour battre des entrechats, je me suis aussi occupé de sa cuisine. C'est moi qui faisais le marché, et tenez, monsieur le président, maintenant que me voilà sans position, si vous pouviez me trouver une place comme approvisionneur de restaurant, j'ai un flair pour le poisson...

— Il ne s'agit pas de ça. Vous abusiez de la confiance qu'on vous témoignait, et vous faisiez sur tous les achats des bénéfices illicites.

— Si on peut dire! J'acceptais le sou du franc, c'est l'usage. Jamais je n'ai fait danser l'anse du panier; mais, pour le reste, il n'y a rien à me reprocher. Je ne suis pas dépensier ni exigeant sous le rapport de l'argent de poche...

La Goulue, de sa place :

— Parbleu, je ne le laissais manquer de rien. C'était moi qui payais le terme, ses habits, sa nourriture...

Le prévenu, d'un ton de reproche :

— Louise!

— Et pour me remercier, il m'assommait.

— Pardon, mon président, quand nous avions une explication ensemble, et que mademoiselle cherchait à m'égratigner ou à me mordre, je me contentais de lui tenir les bras.

La Goulue, très surexcitée.

— Il ment ! Ma camarade Grille-d'Égout a vu mon beurre-noir. (Elle se tourne vers les jeunes gommeux qui l'entourent.) Ces messieurs aussi… D'ailleurs, ce n'est pas de cela qu'il s'agit. J'avais assez de ses services, je lui ai ordonné de sortir de chez moi, il a refusé ; j'ai envoyé chercher les agents. Mais il est revenu le lendemain, encore plus ivre qu'à l'ordinaire, il a enfoncé ma porte et a tout cassé dans l'appartement.

Le prévenu, baissant la tête :

— C'est vrai, j'avais bu, une fois par hasard, pour me consoler de notre brouille.

Le tribunal a condamné Tazzini à un mois de prison pour violation de domicile. Il s'est laissé emmener, désespéré, en murmurant :

— Ce n'est rien le cachot ; mais après ? Me voilà sans position !

Et le public, trouvant cette expiation insuffisante, allait huer l'homme de confiance de La Goulue, quand on a fait évacuer la salle.

Il n'est pas indulgent pour « les petits hommes » le public du Palais. Il y a quelques mois, ce n'était pas d'une batterie, mais d'un assassinat qu'il s'agissait. La victime, un nommé Honoré, avait trahi la confiance de son amie, et celle-ci, une Manon cloîtrée, s'était vengée en enfonçant ses ciseaux dans le cœur de l'infidèle. Les jurés, qui sont bon public, accordèrent à l'auteur de ce mouvement de vivacité les circonstances atténuantes de derrière les fagots ; et, comme si la boue empêchait de voir le sang, tous les chroniqueurs firent des gorges chaudes aux dépens de cet Honoré immolé par une femme trop aimante sur l'autel de Neptune.

Sans doute, il est bon que l'opinion publique et surtout l'opinion populaire soient impitoyables pour les séducteurs de carrefour ; une turpitude mène à l'autre, et presque tous ces Léandres finissent en assassins ; mais l'honnête homme qui regarde les choses d'un peu plus haut peut bien faire remarquer à l'occasion qu'en ces matières délicates le jugement de l'opinion n'a pas toujours été aussi absolu qu'on pourrait le croire.

Sans rechercher quelles étaient là-dessus les opinions des Grecs et des Romains, il est certain qu'au siècle dernier les honnêtes gens n'étaient point choqués de voir une femme du monde payer les dettes de l'homme qu'elle aimait, l'équiper à ses frais pour la guerre, lui faire cadeau de bijoux de prix que le galant courait, sans déshonneur, engager chez le prochain usurier. Les cadets de famille qui arrivaient à la cour sans autre ressource que leur bonne mine, battaient monnaie de leurs faveurs. Les romans, les mémoires et les confessions du dix-huitième siècle sont pleins de confidences qui, à cet égard, ne laissent point de doutes. Si Desgrieux a été mis à l'index par ses contemporains, ce ne fut pas parce qu'il puisait dans la bourse de Manon, mais parce que Manon se vendait pour remplir son escarcelle. Si Manon eût été une grande dame, croquant sa dot ou même les revenus de son mari, Desgrieux n'eût pas choqué la morale du temps ; il eût vécu dans la règle de tous les chevaliers sans fortune : un gentilhomme, dit le proverbe, ne reçoit argent que de son roi et de sa maîtresse.

Et j'aperçois, à cette façon de sentir, si différente de la nôtre, cette raison entre autres : les honnêtes gens de l'ancien régime n'étaient pas choqués de voir un homme vivre aux crochets d'une femme, parce qu'ils n'avaient pas pour l'argent une estime unique, prépondérante. Ils le prisaient bien au-dessous des avantages du rang et de la naissance, dans un degré tout à fait secondaire ; le fait qu'on pouvait tricher au jeu sans se perdre d'honneur et que de fort bons gentilshommes faisaient sauter la coupe sans scrupule est une preuve concluante du peu d'estime où l'on tenait l'argent.

Aujourd'hui, l'argent est roi.

Dans le naufrage successif de tous les privilèges auxquels la société d'autrefois était si fort attachée, l'argent a pris toute l'importance. Il est le signe incontesté du pouvoir. Il est le mérite et la force.

Et c'est pour cela sans doute que nous ne souffrons point que, dans un renversement anormal des rôles que doivent jouer les deux moitiés de l'humanité, l'argent passe du sexe faible au sexe fort, qu'il arrive à l'homme par la femme.

Les nuances mêmes de l'opinion sont ici intéressantes à saisir; on en veut bien moins au gentilhomme ruiné qui épouse la fille millionnaire de M. Poirier qu'au jeune bourgeois adroit qui, appelé dans un château, pendant les vacances, pour enseigner le rudiment à des écoliers, se fait aimer de l'héritière, leur sœur, et force les parents de la demoiselle à le prendre pour gendre. Et ces deux mesures se justifient : le précepteur est toujours suspect d'avoir conclu une affaire; en tout cas, il reçoit tout et n'apporte rien; le gentilhomme, on le sait, estime que son nom et son titre ne sont pas des valeurs vénales, et que tous les millions du monde ne peuvent payer son apport.

Il est si vrai que le mépris ou l'estime exagérée de l'argent font toute la moralité d'un acte ni bon ni mauvais en soi que, là où vous trouverez l'indifférence sincère de la richesse et des préoccupations d'âmes supérieures aux choses du gain, vous rencontrerez souvent du même coup une secrète propension de l'homme à attendre tout de la femme.

Je pense en ce moment aux artistes; non pas aux misérables Delobelles dont le cabotinage ne dupe qu'eux-mêmes et les êtres qu'ils martyrisent, mais aux vrais artistes, à ceux, si nombreux, qui ont eu les débuts difficiles. Aux minutes découragées, il y a bien peu d'entre ces jeunes gens-là qui loyalement, dans le fond de leur cœur, n'aient rêvé de la créature idéale, moitié déesse, moitié grande dame, qu'ils payeraient de reconnaissance et d'amour, et qui les débarrasserait de tous les soucis matériels où la volonté s'use dans un effort stérile.

Et, bien souvent, cette femme tant appelée, l'artiste la rencontre sur son chemin. Elle est passionnée, déjà mûre, habile à deviner quelles tendresses un peu maternelles séduisent les hommes au cœur d'enfant. Bonne, vraiment dévouée, elle peut être pour celui qu'elle aime l'inspiratrice, la muse divine; au contraire, égoïste et artificieuse, elle change en bête, comme Circé, celui sur qui elle a jeté son dévolu et, machiavéliquement, elle le conduit à sa perte. Les liaisons avec ces dangereuses bienfaitrices ont parfois de tragiques dénouements. Le commandant Henri Rivière a étudié dans une de ses meilleures nouvelles, *la Marquise d'Argantini,* une de ces aventures amoureuses. Le héros, les yeux dessillés trop tard, se suicide pour échapper au déshonneur.

Quelle que soit la honte dont on note l'homme qui vit de la femme, — je ne pense plus ici aux exceptions, mais à la règle, à ceux qui, comme Tazzini et Honoré, font métier de leur infamie, —

il faut reconnaître pourtant que, par une ironie du
sort, ces misérables sont toute la dignité, toute
l'humanité des malheureuses qui les aiment.

De nombreux écrivains, M. Guy de Maupassant
en tête, se sont arrêtés complaisamment à la peinture de la psychologie rudimentaire, simplifiée, des
pauvres créatures qui vivent, comme la meurtrière
d'Honoré, dans les cloîtres luxurieux; ce qu'on ne
saurait trop répéter après eux, sans crainte de paraître réchauffer un paradoxe facile, c'est l'enfantine innocence, l'innocence amorale, animale, pri-
mitive, l'inconscience à laquelle parviennent tôt ou
tard ces femmes qui, les dernières pudeurs usées,
recouvrent la chasteté où vécurent nos premiers
parents avant la consommation du fruit du bien et
du mal.

Et, dans ce retour à la nature, si perverses qu'on
ait vu ces filles à l'origine de leur dégradation,
l'instinct primordial de la féminilité s'éveille en
elles, violent, fougueux comme une force sans emploi : le désir de la maternité.

Moralement, elles sont indignes d'être mères;
physiquement, elles en sont incapables. De la maternité elles ne peuvent connaître,—pour leur châtiment, — que les joies amères du sacrifice. Il leur
faut un être qui profite de leur douleur et de leur
abjection, à qui elles procureront les joies maté-
rielles de l'oisiveté, du vêtement chaud, du vin, de
la bonne nourriture. Elles ne sont jamais lasses de

satisfaire les exigences de ce maître et de cet enfant qu'elles se donnent; elles ont entre elles d'étranges rivalités dans la concurrence du sacrifice; il faut qu'Honoré soit plus élégant que les autres, qu'il ait plus d'argent dans ses poches que tous ses camarades, afin qu'il juge, par là, à quel point il est aimé.

Et le goût de protéger, de faire du bien, qui est au fond de ces amours de femmes perdues comme au fond des amours des autres femmes, s'affirme curieusement dans le choix de ceux qu'elles appellent, les malheureuses stériles, d'un mot ignoble et touchant, leurs *bébés !* Allez visiter les bouges et les bals des boulevards extérieurs, vous serez très surpris de voir que les beaux lutteurs arrachés par l'amour à leurs poids et à leur ceste sont en petit nombre. Ceux-là, on les entretient pour l'utilité, comme on nourrit un dogue vorace qui vous défend, en attendant qu'il vous dévore. Mais, ceux qu'on aime, ceux qui portent les casquettes de soie les plus hautes et nouent à leur cou les foulards les plus voyants, ce sont des gamins mal venus, malingres, rachitiques, qui font encore plus pitié que dégoût.

Je me souviens d'avoir entendu dire au bal de la *Boule-Noire,* par une femme que l'on raillait sur le choix de ses amours — c'était un affreux voyou de dix-huit ans, poitrinaire et scrofuleux — cette phrase d'une insondable mélancolie :

— Je l'ai pris pour lui faire porter de la flanelle.

Maintenant — et comment en serait-il autrement avec de pareilles créatures? — en même temps qu'elles ont le besoin d'aimer, ces femmes ont aussi le désir d'être aimées, et leur maternité artificielle est étrangement souillée de débauche. Mais là encore, à y regarder de près, elles semblent plus dignes de pitié que de mépris, à cause des artifices auxquels elles recourent pour conserver à ceux qu'elles aiment dans l'infidélité physique la fidélité sentimentale.

Si l'on a quelque surprise à trouver ici un pareil souci, on n'est pas moins étonné de constater que la jalousie règne despotiquement dans ces carrefours de la Vénus errante; entendez la vraie jalousie, non pas celle qui fait des scènes, mais celle qui fait des meurtres. Quelquefois, c'est la femme qui tue; plus souvent, c'est l'homme, et rien que dans le cours de cette année on pourrait citer trois crimes fameux : l'assassinat d'Eugénie Langlois par le souteneur Roméo; celui d'Andrée Sacépée, frappée de quarante coups de rasoir par le coiffeur Roblot, enfin le crime de ce fantaisiste qui clouait à la fenêtre, avant de se suicider, la tête sanglante et échevelée de sa maîtresse.

Lorsqu'on plonge si bas, c'est, pour les gens qui ne sont pas philosophes, une surprise de retrouver, au dernier degré de la corruption, une société d'hommes et de femmes vivant non seulement avec les mêmes passions, mais àvec les mêmes opinions que nous. Les préjugés sont transposés, mais, appliqués à des objets différents, les jugements gardent leur valeur absolue.

J'en donnerai comme une preuve entre mille autres une phrase que j'ai entendu prononcer par un souteneur dans le cabaret où fut arrêté Gamahut. Elle me paraît éclairer d'un jour curieux ces bas-fonds du monde moral.

Je m'informais de ce qu'on pourrait tenter pour arracher à la misère où il s'éteint Fantin, le poète populaire du *Père Lunette* et du *Château-Rouge*.

L'honnête Alphonse que j'interrogeai me répondit d'un air navré :

— Rien à faire de ce garçon-là, monsieur.. Vous me croirez si vous voulez, mais il est si paresseux qu'il n'a même pas de femme, de peur d'être obligé de se battre pour elle!

IV

DISSECTIONS ET CONFRONTATIONS
DE LA MORGUE

Le cours de médecine légale de M. Brouardel est
une des curiosités de Paris.

Il a été créé par le savant professeur, avec l'appui de la municipalité, qui en fait tous les frais.
Le nombre des médecins étrangers qui le suivent
est considérable. Bien que la petite salle d'autopsie
contienne bien juste soixante places *debout*, plus
de cent auditeurs trouvent moyen, à chaque cours,
de s'entasser sur les gradins. D'autre part, on a
dû diviser les élèves par séries et n'accorder à
chaque groupe qu'une douzaine d'entrées par an.
Et cette mesure vexatoire n'empêche point que,
faute de place, plus de trois cents inscriptions
soient forcément refusées à chaque réouverture.

Il y a peu de personnes ayant visité Paris qui
ne connaissent la Morgue, ce tombeau grec élevé
sur de hauts pilotis, qui fait à la pointe extrême

20.

de l'île de la Cité comme un éperon de navire. Le quai de l'Archevêché borde le bâtiment en façade. Tout le long du trottoir s'alignent des marchands d'oranges, de pommes, de ces pâtisseries populaires qui se vendent les jours de visite aux portes des hôpitaux. Ces rouleurs de charrettes savent bien que sur les marches de la Morgue ils retrouveront leur clientèle ordinaire : ouvriers en « ballade », faiseurs de lundi, paysans en partie à la ville, bonnes gens en blouses, venus pour voir si, d'aventure, ils ne retrouveront pas sur la dalle un camarade d'atelier ou un parent, qui a disparu sans laisser son adresse. L'homme du peuple garde toute sa vie la spontanéité sentimentale de l'enfance : une journé de chômage — si douloureux qu'en soit le motif — demeure toujours pour lui une journée de plaisir ; il faut qu'il boive un litre à la descente du cimetière, qu'il s'offre quelque friandise de bouche à la porte de la Morgue, avant d'aller voir si décidément le camarade s'est — comme on dit à l'atelier — fait « frapper à la glace ».

Tous les mercredis, une porte mystérieuse s'ouvre à gauche de l'escalier, dans le mur, et, par cette ouverture, comme par une entrée des artistes pratiquée pour les initiés à côté du péristyle d'une maison de spectacles, un à un, de graves personnages se glissent. Ils ont sous le bras de grosses serviettes, bourrées comme des panses de moines.

Ils murmurent, en entrant, à quelque gardien invisible, un mot de passe qui leur ouvre la route.

Au mois de juin dernier, je me trouvais un mercredi, à l'heure du cours, en visite chez M. Pierre, le greffier de la Morgue, avec Paul Ginisty, qui est dans les bonnes grâces de ce fonctionnaire important.

Il faut dire tout de suite que M. Pierre est un lettré très délicat ; il ne vit point si absorbé dans ses statistiques funèbres qu'il ne lui reste le loisir de se tenir au courant de la littérature et particulièrement de la poésie contemporaine.

Nous lui avions apporté, pour le mettre de belle humeur, les *Odes funambulesques* de Théodore de Banville ; aussi, le volume de vers posé sur son grand registre, M. Pierre lisait à demi-voix les strophes fleuries de roses et d'amour, sans paraître entendre l'inquiétant bruit d'eau, qui dans cette demeure fait une basse monotone à toutes les mélodies.

— Exquis, délicieux... murmurait M. Pierre par intervalles, en hochant la tête.

Et il marquait la mesure des hémistiches en frappant sur le livre ouvert avec son couteau à papier.

Il finit par s'arracher à sa lecture et par se souvenir que nous étions là.

— Voyons, dit-il, comment pourrai-je bien vous payer du plaisir que vous venez de me procurer?

— Dites-nous, lui demandai-je, où se glissent ces fantômes que nous voyons passer en ombres chinoises sur le rideau blanc de votre croisée.

— Ce sont, répondit M. Pierre, les élèves de M. Brouardel. Ils se rendent au cours de médecine légale.

— Pourrait-on leur emboîter le pas?

M. Pierre sourit, du sourire glacial d'un homme qui de sa vie n'a violé une consigne.

— Êtes-vous médecins ou magistrats?

— Ni l'un ni l'autre, monsieur Pierre.

— En ce cas..., conclut l'incorruptible greffier.

Et il esquissa un geste éloquent qui signifiait, à ne s'y point méprendre : la porte est close.

Nous allongions des mines un peu déconvenues. M. Pierre s'aperçut de notre chagrin, et très courtoisement, avec le gracieux avancement de menton d'un bookmaker qui offre la « consolation » à des parieurs décavés :

— Au moins, ajouta-t-il, si le cœur vous en dit, je puis vous faire visiter mon petit domaine.

Nous ne demandions pas mieux. Il se leva donc, ferma son livre, posa son coupe-papier parallèlement à ses bâtons de cire, dans son grand encrier de bureaucrate, puis, s'étant coiffé d'une casquette confortable, il dit :

— Nous allons faire le tour du propriétaire.

Et il riait en se frottant les mains.

On traversa d'abord le bureau du greffe, étroit, propre, encombré comme une cabine de navire, où un seul employé veillait sur quatre piles de cartons verts tout neufs, étiquetés de titres macabres : *Reconnus, Inconnus, Débris, Papiers, Signalements, Identités*, etc.

Puis M. Pierre ouvrit devant nous une porte à deux battants, et s'effaçant pour nous laisser passer :

— La salle des reconnaissances, prononça-t-il avec emphase.

Nous entrâmes dans une grande pièce claire, meublée d'acajou et de velours, tendue de vert aux quatre murs, avec de hautes plinthes, peintes en marron, qui montaient plus haut que les dossiers des fauteuils.

— Quand une famille, commença notre cicerone, croit avoir reconnu son disparu dans un des signalements que nous affichons à la porte, on l'introduit ici. Deux porteurs amènent le cadavre sur une civière, et la reconnaissance a lieu. Je suis toujours là avec mon registre. C'est vous dire que j'ai assisté, depuis que je suis en fonctions, — oh! il y a des années! — à pas mal de crises de nerfs et de scènes de larmes. On se blase, c'est le métier qui veut cela, et puis on a la préoccupation de son rapport, le désir de ne point rédiger son travail trop bêtement, et de mériter par là les éloges de ses chefs. Mais il y a une émotion qui pour moi ne s'émousse point par la fréquence, c'est la confrontation d'un assassin avec le cadavre de sa victime, en présence des magistrats.

Nous écoutions fort intéressés.

— Vous savez, reprit M. Pierre, que beaucoup de coquins, voire très endurcis, ne peuvent supporter la vue du malheureux qu'ils ont fait mourir, et que l'on compte sur la surprise d'un tête-à-tête imprévu avec le corps de la victime pour leur arracher un aveu. Dans ce cas-là, les magistrats amènent leur homme en voiture cellulaire. On le débarque dans la cour, on l'introduit dans ce salon ; il ne sait pas trop où il est. Tout à coup la porte s'ouvre à deux battants : le mort entre. L'assassin se lève comme si un ressort le poussait. Il devient très pâle. Ses lèvres tremblent. Il y en a beaucoup qui fondent en larmes et qui avouent pour qu'on les délivre de l'affreuse vision. Mais il y en a aussi qui ne se troublent point, qui ricanent, et cela c'est horrible.

Nous regardions cette salle toute nue, son mobilier administratif, et, tandis que M. Pierre parlait, il nous semblait assister aux scènes d'épouvante auxquelles ces rouleaux de papier vert avaient si souvent servi de décor.

En silence, le greffier jouissait de notre émotion. Tout à coup il me toucha le bras.

— Levez-vous, me dit-il, et retournez la chaise sur laquelle vous êtes assis.

Je fis ce qu'il m'ordonnait.

Sur la sangle tressée qui doublait le velours du siége, une pancarte de parchemin était collée. Dessus, des noms s'enlevaient, écrits en belle ronde, avec des dates en regard :

Sur cette chaise se sont assis :

1° Tropmann (le jour du mois et la date) ;

2° Moyaux (le jour du mois et la date) ;

3° Provost (le jour du mois et la date);

Etc...

Noûs retournâmes successivement toutes les chaises du mobilier ; chacune portait une liste plus ou moins nourrie de noms d'assassins.

— Hein? demanda l'ingénieux greffier, en se frottant les mains de son geste mécanique, que pensez-vous de mon idée ? Croyez-vous que ce mobilier-là serait payé cher par un Anglais, pour son cabinet de travail ? Venir lire un conte d'Edgar Poë dans un de ces fauteuils-là... à minuit..., au clair de lune... Brrrrr.

Et il ajouta en se rengorgeant :

— Je ne crains pas d'affirmer, messieurs, que c'est une collection unique au monde.

Après ces émotions tragiques, la visite aux chambres de désinfection des hardes, au magasin de cercueils et aux boîtes à froid, où les inconnus sont couchés, nus, dans des tiroirs, ne nous causa que du dégoût. Le sourire reparut pourtant quand M. Pierre, fier de faire admirer à des visiteurs

les « embellissements de la Morgue », nous conduisit à une petite plate-bande de terre où ger-
maient quelques haricots.

Contre le mur on avait péniblement édifié, avec
des bâtons d'osier, un squelette de tonnelle. Quelques feuilles de vigne vierge grimpaient dessus,
et tout ce coin des bâtiments était rempli des spirales
d'une fumée âcre, nauséabonde, qui tout d'abord
nous prit à la gorge.

— C'est le jardin du gardien, de ce brave
homme-là, nous dit M. Pierre en nous désignant
un manant mi-ouvrier, mi-campagnard, qui faisait
brûler un tas de vêtements immondes — des habits de noyés — dont la cendre lui servait à fumer
sa terre.

Nous regardions écœurés, mais M. Pierre continua :

— Que dites-vous de sa tonnelle ? N'est-ce pas
qu'on se croirait à la campagne?

Et s'adressant à son subordonné :

— Eh bien, mon ami, où en sont vos haricots
verts ?

— On vous en fera goûter un de ces jours,
monsieur Pierre, répondit le gardien d'une voix
réjouie.

Le greffier fit gracieusement « oui » de la tête
avec un claquement de langue de gourmet contre
ses dents. Puis, se tournant vers nous :

— Mes chers messieurs, je vous dis adieu, je

retourne à mon bureau, la besogne me presse, les morts vont vite. Tenez, vous pouvez sortir par ce couloir.

Et il nous quitta, pressé d'aller en paix dans son bureau, au bruit de l'eau intarissable, se régaler de la lecture des *Odes funambulesques*.

Nous nous engageâmes dans le corridor qu'il nous avait désigné. A notre gauche, une porte était entre-bâillée, derrière un bruit de voix.

Ginisty passa sa tête dans cette fente, puis la retira bien vite :

— Le cours de Brouardel, me dit-il à voix basse.

On se consulta du regard.

Nous n'étions ni médecins, ni magistrats ; mais, ma foi, puisque la porte était entre-bâillée et que pas un gardien n'en défendait l'entrée...

Nous entrâmes sur la pointe du pied sans faire retourner personne.

Nu-tête, presque tous le cigare aux dents, à cause de l'odeur fétide, ils étaient là une centaine de jeunes hommes et d'hommes, groupés sur les gradins d'un petit amphithéâtre, accoudés à des balustrades de fer, qui séparaient les marches. De chaque côté, les escaliers étaient chargés d'auditeurs accroupis. Il y avait tant de monde autour du professeur que, pendant le premier quart d'heure, nous ne pûmes nous approcher assez près pour le voir.

21

J'en profitai pour examiner ceux qui étaient là.

Vous avez tous remarqué, dans le salon d'attente de votre médecin, le fameux tableau de Rembrandt, *la Leçon d'anatomie*, qui représente, dans une sorte de cave voûtée, le savant Nicolas Tulp disséquant le bras d'un cadavre devant les maîtres jurés de la *Guilde* amsterdamoise. La gravure est mauvaise, uniformément noire, et pourtant elle provoque une impression saisissante : on sent que la leçon de Tulp est faite avec autorité et recueillie avec respect.

Dissipez ces ténèbres de cave, ouvrez au-dessus des gradins la large baie d'un atelier, versez sur toute la scène une lumière de plein jour, le bel éclairage permis à une œuvre scientifique que l'ignorance des temps n'oblige plus à cacher comme une besogne criminelle. C'est, sur les bancs de cet amphithéâtre moderne, le même recueillement qu'autour de la table de Tulp, la même ardente inquisition des yeux, la même suspension des attentions dociles à la parole du maître. De-ci de-là, seulement une ou deux paires de regards distraits de l'occupation commune, uniquement préoccupés de dévisager les nouveaux arrivants. On devine tout de suite à qui l'on a affaire. La police a des yeux qui veillent là pour elle. Le policier sait que l'assassin vient fatalement rôder autour du corps de sa victime : les yeux sur la porte, il guette l'entrée du meurtrier.

Les habitués du cours ne se doutent point de ce contact. Debout, leurs crayons à la main, ils notent au vol les paroles du maître, ils s'efforcent de surprendre sur le vif le secret de sa méthode.

Rien de moins doctoral, rien de moins « pontife », rien de plus moderne que cet enseignement pratique du docteur Brouardel.

Coiffé d'un petit bonnet de drap, un grand tablier blanc sur la poitrine, les manchettes légèrement retroussées, son éternel cigare fumant dans sa moustache blonde, le professeur examine le corps d'une jeune femme fraîchement exhumée.

La malheureuse est morte avec soupçon d'empoisonnement. Elle est étendue tout de son long sur l'étal de zinc, ses cheveux superbes pendent jusqu'à terre. Le garçon de laboratoire, qui apporte les bocaux aux aides, marche sur cette opulente chevelure chaque fois qu'il s'approche.

Elle a dû bien souffrir avant d'en venir là, car, jeune comme elle est, tout son corps a des maigreurs de vieillesse fripée. Ce qui gît là, c'est bien le cadavre anonyme, sans âge, sans sexe, ce je ne sais quoi d'horrible « qui n'a de nom dans aucune langue ».

De temps en temps, le docteur Brouardel s'arrête :

— Un instant; je voudrais bien rallumer mon cigare.

Le professeur se détourne, il étend ses mains

sanglantes sous le robinet, il aspire tranquillement deux ou trois bouffées, puis il revient à sa besogne.

Vous connaissez ces boîtes à jeux que l'on donne aux marmots pour leurs étrennes ? La petite caisse est pleine jusqu'au bord de quilles, de volants, de toupies, habilement casés. Il n'y a qu'une manière de ranger ces divers objets de façon que tout tienne dans la boîte ; et c'est là le secret du marchand. Quand une fois on a dérangé cette belle ordonnance, jamais on ne peut refermer le couvercle sur le rangement des joucts. — Toutes les fois que j'ai vu un cadavre ouvert sur un étal d'anatomiste, j'ai songé à ces boîtes merveilleuses. Ce paquet d'entrailles tremblotantes, ce poumon, ce cœur, ce foie, cette rate énorme, quoi ! tout cela entrait là-dedans ?

Nous avons tenu bon jusqu'au moment où le professeur, enfonçant sa main dans le coffre béant, en retira une poche noirâtre qu'il déposa dans un bocal en disant :

— L'estomac et son contenu.

Une odeur effrayante se répandit dans la salle ; je crus que j'allais défaillir et je poussai le coude de mon camarade. Lui aussi il était très pâle :

— Si nous sortions.

Il ne demandait pas mieux et les carabins étaient si fort occupés qu'on pouvait gagner la porte sans déranger personne.

Hélas! de quelle boue sont-ils donc pétris nos cœurs d'hommes ! Le spectacle de cette charogne nous avait enfoncé dans la chair au lieu de dégout, je ne sais quel aiguillon voluptueux. Comme par un besoin de réaction de la vie, par un désir instinctif de nous rassurer sur la beauté charnelle, tout en marchant à l'air libre, nous faisions assaut d'histoires luxurieuses.

Et pendant ce temps, l'autre, à sa table de bureaucrate, tandis que séchait sa page souillée comme les dalles d'exposition, lisait un sourire errant sur les lèvres, la ballade du poète à l'enfant bien-aimé :

> Enfant dont la lèvre rit
> Et, gracieuse, fleurit
> Comme une corolle éclose,
> Et qui sur ta joue en fleurs
> Porte encore les couleurs
> Du soleil et de la rose...

V

LA GUILLOTINE

Ce n'est pas le désir de l'émotion rare, la curiosité de la souffrance humaine qui m'ont conduit au supplice de Pranzini. Je n'avais jamais vu guillotiner personne, et, dans la nécessité où se trouve fréquemment un journaliste de faire chorus avec les adversaires ou avec les partisans de la peine de mort, je souhaitais éprouver directement, une fois, les impressions qui naissent de ce spectacle.

En allant voir mourir Pranzini, j'avais pris vis-à-vis de moi-même l'engagement de m'abandonner à ces impressions extérieures, de les accueillir sans résistance, dans leur pêle-mêle, leur banalité, leur imprévu, leur contradiction. Je les rapporte ici en oubli volontaire de leur moralité absolue, uniquement préoccupé de leur sincérité.

C'est à sept heures du soir, au moment de se mettre à table pour dîner en plein air, au milieu

des bois, que la nouvelle de l'exécution m'est parvenue, une dépêche, une ligne :

« C'est pour ce soir ».

Le papier bleu a passé dans toutes les mains
autour de la table et chacun a dit son mot.

Cette nouvelle de mort, on ne l'attendait plus
après de longs et peut-être indispensables ater-
moiements. La veille, on avait parlé de l'indul-
gence du Président de la République pour les
condamnés.

On avait dit :

« S'il fait grâce à celui-là, l'avis en sera mal accueilli du public..... Autant supprimer la peine. »

Mais quand on a su que cela était décidé, que
la justice aurait, comme on dit, son cours, les
cœurs se sont serrés et il m'a paru que, si l'exécution avait dépendu de ceux qui étaient là, tous
ils auraient dit :

« Eh bien! non. »

C'est le cri naturel, le mouvement de la chair
que la pensée de la mort révolte. La phrase des
gens de bon sens : « Moi, je songe aux malheureuses victimes », est un raisonnement qui n'arrête
point ce premier frisson. Car la pitié, amorale,
ne comprend pas quel remède la suppression d'une
quatrième vie apporte à la destruction de trois
autres.

Il n'y a pas eu cet été de plus belle soirée que
les débuts de cette nuit de supplice.

Vers onze heures, au moment où je traversais les bois, la lune était tout à fait montée dans le ciel clair, une lune d'opéra versant des flaques de lumière bleue sur les chemins de forêt, par les trouées des arbres. A Paris, le long des boulevards, elle pâlissait les flammes des reverbères, qui tremblotaient inclinées sous le vent, prêtes à s'éteindre.

De la rue Richelieu à la rue « Monte-à-regret », le long du boulevard Voltaire, nous faisons escale de café en café. Celui qui nous mène, un abonné des exécutions capitales — il en est à sa vingt-unième chute de tête — a partout par là des rendez-vous mystérieux. On s'assoit une minute autour de consommations bues à la hâte, on trinque avec des gens en paletot sombre, en collet relevé, roussins, vagues reporters de journaux inconnus; on échange des mots de passe.

Il paraît qu'il y a de la presse ce soir aux abords de la Roquette. Les plus petites places seront disputées, les agents ont reçu des consignes sévères. La pensée que peut-être on n'assistera pas à l'exécution, ou que l'on ne sera pas bien placé, que l'on verra la chose de loin, mal, occupe seule les esprits.

On laisse les voitures, on monte à pied la rue de la Roquette. Sur chaque trottoir, les cafés flambent, pleins de monde, des gens de tout costume. Mais de ce côté-là surtout des jeunes gens,

des employés de commerce, des étudiants, des
petits bourgeois, beaucoup de femmes. Le peuple
est de l'autre côté de la place vers la rue de la
Folie-Regnault, le boulevard de Ménilmontant.
D'ailleurs la rue est calme : point de cris, point
de chansons. Des roulements de voitures et cette
rumeur de foule en mouvement, silencieuse, que
l'on entend la nuit à la sortie des théâtres.

Et de fait c'est bien comme à un drame émouvant
pour la seule émotion, sans férocité, sans colère
contre le condamné, sans désir de l'expiation que
ces gens-là sont venus. Tout le monde se croit
si bien au théâtre qu'il y a des marchands de
billets qui viennent vous pousser le coude.

— Monsieur, vous ne désirez pas voir ? Il y a un
homme là-haut qui loue un toit.

— Une bonne place ?

— Comme si on y était.

Et les amateurs ne manquent point, car, si les
officiers de paix devaient admettre dans le carré
de troupes tous ceux qui tendent leur carte
et qui supplient, il ne resterait plus à Monsieur
de Paris et à ses aides assez de place pour faire
leur besogne.

Le carré de troupes une fois franchi, on est
hors de la bousculade.

L'espace contenu entre les deux bastilles, — la
prison de la Roquette et la prison des jeunes
détenus, — est vide. Sous les arbres, des formes

21.

immobiles de chevaux et de cavaliers descendus
tenant leurs montures par la bride. Des escouades
d'agents vont et viennent d'un pas lourd. On cir-
cule comme on veut, sur la chaussée, sous les
arbres, jusqu'à l'angle de la rue Merlin ; là le cor-
don de troupes ferme les issues. Pas moyen de
faire un pas sans rencontrer une main tendue :
le « Tout-Paris des dernières », comme dit l'autre,
s'est donné rendez-vous là.

Instinctivement, en passant devant la Roquette,
on tourne la tête à droite, on regarde la grande
porte par où le condamné sortira dans quelques
heures. Elle est fermée. Seulement, en haut, derrière l'arc de cercle vitré qui la couronne, une
lanterne est suspendue à la voûte intérieure. Ce
couloir de prison doit être très éclairé, car chaque fois que s'ouvre, dans le battant de gauche,
la petite porte volante de la largeur d'une paire
d'épaules, un carré régulier de lumière se découpe
un instant comme à l'emporte-pièce dans l'obscurité de la façade.

Dans les promenades de long en large que
l'on fait d'une haie de soldats à l'autre on s'arrête à l'encoignure de la rue Merlin, au pied de
la formidable maison à sept étages qui domine
toute la place. Le rez-de-chaussée est occupé par
un marchand de vin. Il continue de verser à boire
derrière ses volets clos, et l'on entend du milieu
de la place le bruit des soucoupes de porcelaine

qui s'entassent sur les plateaux. Une seule fenêtre, la deuxième fenêtre de l'entresol, sur la rue
Merlin, est éclairée.

Des porteurs stationnent en face sur le trottoir; je
m'approche, je m'informe.

Il paraît que c'est une dame de Versailles
qui vient tous les jours avec sa bonne, son oreiller dans un sac, ses bijoux dans un autre. Quelqu'un dit tout haut :

« C'est Mme Sabatier. »

J'ai eu l'occasion de voir la maîtresse de Pranzini il y a quatre jours à peine, j'ai tout frais dans
l'œil le souvenir de sa silhouette. Ce n'est certainement pas elle qui est là. Je suis demeuré une
bonne demi-heure en observation devant la fenêtre. Il y avait dans la tenue de cette curieuse,
dans ses gestes, dans l'illumination inutile
de sa chambre, un désir manifeste d'intriguer
la foule.

Deux heures et demie sonnent au loin à quelque horloge. La lune, jusque-là éclatante, s'est
tout à fait couverte de nuages. Et, dans l'obscurité, il semble que les deux prisons, mornes,
désolées, ont encore grandi. Maintenant on entend les chevaux sous les arbres, la foule derrière les barrières, on ne les voit plus ; avec la
nuit plus profonde, le chuchotement des voix
devient plus distinct, au delà des cordons de
soldats, la rumeur des rues plus haute.

Les gardiens de la paix ont fait évacuer l'allée qui aboutit à la porte cochère de la Roquette. J'ai mesuré cette voie. Elle a vingt mètres de long sur sept de large. A dix-sept mètres, comptés du pied de la porte, cinq dalles rompent la régularité du pavé.

C'est à cette place précise qu'on dresse l'échafaud.

On attend le bourreau.

C'est à lui beaucoup plus qu'à l'autre qu'on pense en ce moment. Vers deux heures, le bruit a couru sur la place que Pranzini dormait d'un profond sommeil. Cela a rappelé à propos son existence. Dans l'ennui de la longue attente, la fatigue des jambes, l'ahurissement du vent, on avait presque oublié le condamné; on n'était plus que des volontés de rester debout qui prenaient patience.

Enfin, du côté de la rue de la Folie-Regnault, l'obscurité s'agite, s'ouvre ; lentement, sans bruit, rasant les trottoirs, deux fourgons longs, noirs, sans lanterne, s'avancent d'une allure rampante de cloportes. Un groupe d'hommes coiffés de chapeaux à haute forme marche devant. Ce cortège silencieux tourne à gauche, va s'aligner près de la porte de la prison, parallèlement au mur.

L'une des voitures s'ouvre, l'intérieur apparaît éclairé d'une lanterne sourde. Quatre hommes y montent. A travers les petites fenêtres du fourgon on les voit lever les bras. Ils ôtent leurs vêtements noirs, passent des blouses de travail.

Un homme les attend au pied de la voiture.

Il est vêtu d'une redingote à grands pans; il tient un pardessus sur le bras, à la main un parapluie.

C'est le bourreau.

Sous sa direction, les aides ouvrent la seconde voiture. Lentement, sans bruit, ils descendent les bois de justice. C'est au bord du trottoir un tas de formes étranges. A quatre hommes, comme un cercueil, les aides portent la plate-forme sur l'empreinte des cinq dalles. Une seule lanterne carrée où brûle une longue chandelle éclaire le travail. On entend des glissements de joints qui s'emboîtent, des coups de maillet sur des têtes de chevilles. Un montant se dresse, puis l'autre.

On a une surprise à les trouver si hauts, si rapprochés.

Quelqu'un crie :

« Ça a l'air d'un jeu de mailloche ! »

Le mot est juste. A cette distance de sept ou huit mètres, l'échafaud ressemble au jeu forain de la « tête de Turc », sur lequel on frappe avec un maillet énorme pour faire monter, entre deux poteaux parallèles, l'indicateur mobile qui, sur une échelle graduée, marque la vigueur du coup. Les montées et les descentes du couperet que l'on fait manœuvrer dans ses coulisses rendent cette illusion plus complète. D'ailleurs, ce souvenir imprévu écarte tout dégoût et rend presque risible le geste sec dont Deibler arrête la chute du couteau avant qu'il touche la lunette.

Cependant quelque chose fonctionne mal. Un aide adosse une échelle aux montants, il y monte. Le voilà au milieu de l'échelle, il a l'air de dépendre on ne sait quoi qu'on ne voit point. Les autres hommes se tiennent au pied des montants.

Je reçois un grand coup dans le cœur.

Je les ai déjà vus quelque part, ce groupe, ce geste, cette tragique montée d'échelle, oui, oui, c'est bien cela, dans les pieuses images de crucifiements. La vision persiste, et aussi mon angoisse. L'indifférence est déchirée. Ce que j'ai là sous les yeux, ce n'est pas une mailloche et un saltimbanque : c'est bien un gibet et un bourreau.

A partir de ce moment, tout se précipite. Le gaz des réverbères s'éteint. Surpris par le changement de lumière, tous les yeux clignent au matin blafard. On n'aurait pas cru qu'il faisait déjà si jour. Un frisson, le frisson de la nuit sans sommeil, passe sur la foule, et d'un bout à l'autre de la file les quatorze chevaux de gendarme qui font face à l'échafaud se réveillent dans l'engourdissement de la pose longtemps tenue, secouent leurs gourmettes, s'ébrouent, hennissent au jour levant.

La guillotine est installée.

De derrière l'échafaud, où l'on nous a placés, on

voit le jour dans le cercle de la lunette, qui de là semble l'objectif d'un photographe.

Tout est prêt.

Le bourreau, suivi de ses aides, se dirige vers la porte de la prison.

Je le vois de près. Il est petit, avec un air souffreteux. Il passe en traînant la jambe, la figure baissée. Il a toujours son pardessus sur le bras et son parapluie à la main.

La porte retombe sur ses talons avec un grand bruit qui la secoue tout entière. En haut, la lanterne s'éteint.

On vient de réveiller le condamné.

Est-ce la fatigue de la nuit d'attente, debout, sans mouvement possible depuis des heures? Bien que le dénouement soit tout proche et cette minute suprême, je n'éprouve ni émotion ni soulèvement de pitié. C'est une complète atonie sentimentale. Je ne cherche point à imaginer ce qui se passe derrière le mur. Je ne suis plus qu'une attention très éveillée, qui s'attache à l'ouverture de la porte. Cependant je ne songe pas à rallumer mon cigare éteint et la fatigue de mes jambes, le désir de m'accoter disparaît brusquement dans une raideur d'ankylose qui me grandit, me soutient sur les pointes des bottines.

Et cela dure ainsi une courte demi-heure. Le jour est tout à fait levé, très pur. Un cerf-volant, dont la corde cassée est demeurée attachée aux arbres de la place, plane au-dessus de la prison.

Cinq heures cinq.

C'est l'heure.

On entend des chuchotements derrière la porte, des « chut » qui commandent le silence, et, de très loin, une venue de gens qui vont vite.

Presque en même temps les deux battants de la porte s'écartent, les gendarmes mettent sabre au clair.

Je suis placé contre le pilier de la porte : la chaussée mesure sept mètres de large, le condamné va passer à trois mètres de moi, je le verrai bien.

La première personne qui sort est un officier de paix en uniforme, puis un vieux soldat — sans doute un gardien de prison — casquette plate, croix sur la poitrine, — puis lui.

Je ne vois, je n'ai vu jusqu'au bout, que sa tête. Elle est très haute, au-dessus de toutes les autres, en cire. A la sortie, il l'a levée pour voir où c'était, il la tourne à droite, à gauche. Il va vite sans qu'on l'aide, maintenant il est passé, je l'aperçois de dos; au haut de la tête une calvitie naissante. L'envergure des épaules est énorme. Une veste marron est jetée sur son dos, nouée par les manches sous le menton. Il arrive au pied de la guillotine. Il se tourne à gauche. Je le revois de profil. Il dit quelque chose à quelqu'un, invisible de ma place. Un prêtre, sans doute. Je remarque qu'il a jusqu'à la moitié de la joue la trace bleue d'un favori. Il se tourne d'un seul mouvement d'épaules, le voilà devant la guillotine. Il a l'air de s'avancer, de mettre lui-même sa tête dans la lunette. C'est l'attitude d'un saltimbanque qui va faire un tour et dont le dos exprime l'attente d'un choc. Comme c'est long! Voilà quinze secondes qu'il est en place et le couteau n'a pas bougé.

Pan! pan!

Deux bruits de sonorités différentes : la chute déjà entendue du couperet, la bascule du corps dans le panier de son. Les deux mouvements sont presque simultanés, on ne les décompose pas. L'homme y était, il n'y est plus.

Une heure plus tard, je l'ai revu sur la table de dissection, à l'École pratique.

Je rencontre dans l'escalier la bière de sapin qui redescend vide : les vêtements sont dedans, la manche de la petite veste brune dépasse.

Un garçon de laboratoire suit, qui porte dans son tablier sanglant quelque chose de rond et de lourd.

Il court chez le mouleur.

Le corps est étendu sur la table de zinc dans la lumière crue du laboratoire.

La première impression, c'est la blancheur égale, immaculée, enfantine. Il n'est point étalé dans l'à-plat détendu des cadavres; la convulsion du dernier spasme a laissé tous les membres un peu arrondis et comme soulevés.

Je suis là avec Jules Garnier, qui prend un croquis du corps.

Il est beau, d'une beauté de formes incomparable. Jamais nous n'avons vu un modèle de cette pureté et de cette plénitude de ligne. La poitrine, qui bombe, a une largeur de buffet d'orgue, les bras et les épaules sont d'un lutteur. Les hanches sont étroites, les jambes ont la gracilité harmonieuse des Antinoüs. Au bout des bras, les mains pendent, presque féminines, les doigts en dedans, légèrement infléchis. Les poignets portent encore la trace des liens qui les garrottaient. Les ongles ont été rongés. Les deux index sont jaunis du roulement des cigarettes.

En face de cette beauté et de cette vigueur de jeunesse, l'idée païenne se lève, quoi qu'on en ait, de la monstruosité d'un supplice qui détruit une telle splendeur de vie, gâche un si magnifique animal humain.

Malgré moi, j'ai songé à tous ces souffreteux, à tous ces déjetés que j'ai vus sur les tables des dispensaires, prolongés par des prodiges de soins pour des vies laides, pour des maux incurables, puis mes regards sont retombés sur l'être superbe qui gisait là et je me suis rappelé la page troublante de Renan dans son *Marc-Aurèle* sur « la beauté qui vaut la vertu ».

Quelle qu'ait été l'énormité du crime, quand on a là, encore tiède, sous les doigts qui le palpent, le corps de l'homme que l'on a vu passer une heure auparavant, devant soi, dans la force et dans la jeunesse, quand on soulève, entre les mains, la tête décolorée, on pense que le mort a payé sa dette, on le regarde sans colère.

Et les bras vous demeurent lassés plus d'une heure du poids de cette tête coupée.

Pour moi, j'ai évoqué souvent depuis ce jour les impressions de cette nuit sanglante. Quand les portes se sont ouvertes et que j'ai vu l'homme paraître, quand j'ai compris qu'il allait réellement mourir, ce que j'ai senti planer au-dessus de l'échafaud, c'est l'inévitable, l'antique Nécessité, la Destinée broyeuse d'hommes, ce n'est pas la Justice.

FIN

TABLE

DANS LA FOURNAISE

LES DÉTRAQUÉS

MISÈRE ET MALADIE

CHEZ LES ESCARPES

Paris.— Imp. Paul Dupont (Cl.)1131.1.88.